ジェンダー分析で学ぶ

女性史入門

ジェンダー分析で学ぶ

女性史入門

総合女性史学会〔編〕

岩波書店

序　ジェンダー分析はおもしろい！

服藤早苗

一　額田王は男？女？

「あかねさす紫野《むらさきの》行き標野《しめの》行き野守《のもり》は見ずや君が袖振《そでふ》る」、『万葉集』の歌で、作者は額田王とされている。「額田王を何と読みますか。男ですか、女ですか」と質問されたら、高校生でも「ぬかたのおおきみ（ぬかたのきみ）、女です」と正答率は高いだろう。「では、なぜ女なのに「おおきみ」と呼ばれるのですか」との問いへの答えはいかがだろうか。じつは、七世紀後期頃まで、王族はともに「ミコ（御子・王）」と呼ばれ、男女の区別はなかったのである。また、蘇我稲目《そがのいなめ》の娘で崇峻《すしゅん》天皇（五五三？―五九二）生母の蘇我小姉君《そがのおあねきみ》は、女でも「キミ」の名称をもっていた。年長者を「オオキミ」と呼ぶこともあり、額田王もけっして特異な名前ではなかった。

では、「刀良《とら》」は男女どちらの名前であろうか。東大寺の正倉院に遺る大宝二（七〇二）年の筑前《ちくぜん》国

(福岡県)嶋郡川辺里《かわのべり》戸籍の物部《もののべ》細の戸に載っている名前であるが、「刀良」は男、「刀良売《とらめ》」は女と区別され、「売」「女」は「メ」で女性名の後ろにつけられている。戸籍を作成するときに男女の区別が必要になり、女性にはメをつけたことが現在では解明されている。本来は男女ともに「トラさん」だったのであろう。なぜ男女の区分が必要だったのであろうか。もちろん、男に租庸調の租税や兵役を課すためであり、班田支給も男女で違っていたからである。

王族でも、七世紀末―八世紀初頭頃から、男は「ミコ(皇子・王)」、女は「ヒメミコ(皇女・女王)」と、今でも使用されている男女で異なる用語が見られるようになる。八世紀に律令国家体制が成立すると、男は王族(皇親)という血統的権威を背景に官僚として高い位やポストにつくが、女は基本的には男性官僚と同じには扱われなくなる。「額田王」だと男女の区別がわからない、だから男女呼称が必要になったのである。『万葉集』では「額田王」とあるが、養老四(七二〇)年に成立した『日本書紀』では、「額田女王」「額田姫王」と記され女性とわかる名前になり、「ヌカタノヒメミコ」と訓じられている。まさに、「メ」「ヒメ」は社会の変容に合わせて創成、構築されたジェンダー記号だったといえよう。

ジェンダーとは、「男らしさ、女らしさといった、社会的・文化的に作られた性差。生物学上の雌雄を示すセックスとは区別される」(『日本国語大辞典』)と説明されている。平安時代、『源氏物語』の時代では、平仮名は「女手《おんなで》」、漢字(真名《まな》)は「男手《おとこで》」と記される。光源氏が平仮名で和歌を書いても「女手」である。これもまさに、ジェンダー記号であることが明らかになろう。しかし、これらのことが多くの歴史研究者に理解されるようになったのは、女性史研究の進展とジェンダー概念の導入によるものであり、さほど古いことではない(1)。

二　女性史研究の進展

女性史の先駆者は？　と聞かれると、高群逸枝《たかむれいつえ》(一八九四—一九六四)を挙げたい。人生の前半を詩人・アナーキストとして女性解放運動に捧げた高群は、昭和六(一九三一)年、東京の世田谷に新築した「森の家」で、本居宣長の『古事記伝』一冊を机の上において女性史研究をはじめ、一九三八年『母系制の研究』、一九四八年『女性の歴史』、一九五三年『招婿婚の研究』などを刊行した(2)。たしかに戦前にも、たとえば一九三七年には、雑誌『歴史教育』で女性史研究特集が組まれていた。しかし、執筆者は東京女子高等師範学校の下村三四吉や潤光学園女子部の北山茂夫など全員男性研究者であり、女性を国民化する教材のために書かれた論文だった(3)。在野の研究者としての高群は、やはり女性史研究を開拓した一人として特筆されよう。

戦後、高群逸枝『女性の歴史』は、井上清『日本女性史(4)』とともに、多くの女性たちの集まりで読まれ、さらに、自らを含む地域の女性の姿を掘り起こす地域女性史サークルの発展を導く原動力になっていった。裾野を広げる導きの書でもあった。

一九七〇年代になると、世界的なフェミニズム運動や社会史の潮流のもと、女性史研究が本格的にはじまった。歴史科学協議会編集の雑誌『歴史評論』では、早くも一九六〇年代後半から女性史特集号が組まれるようになっており、各地の女性史サークルも取り上げられている。(5) さらに、一九七七年、脇田晴子を代表として結成された女性史総合研究会が文部省科学研究費を獲得し、三年間にわたる大がかりな共同研究を開始したことが大きな転換点となった。その成果が一九八二年に『日本女性史』全五巻として刊行された。(6) 総合女性史研究会(現総合女性史学会)が創設されたのは、科研費終了後の一九八〇年四月、女性史総合研究会に集った主として関東在住の仲間によってだった。「女性史研究者」による女性史研究の本格的なスタートである。

一九八〇年代に本格的に研究が進展しつつあったちょうどその頃、社会学等の分野に欧米からジェンダー概念が入ってきた。しかし、女性史研究に導入されはじめたのは九〇年代に入ってからだった。そもそも女性史研究の意義は、性差による差別の解消という現実的課題に応え、女性の主体形成を促すことである。研究の進展により、男性による女性支配としての家父長制は、経済や社会などの歴史変容に対応して形成されたこと、さらに時代によって家父長制の強弱やありようも変容してきたことなど、すなわち女性への抑圧の歴史的変遷が明らかになってきていた。女性史研究は、家族や社会・生活、女性解放運動等の歴史的経験を史資料に即して明らかにしてきた。そこでは常に研究の意義が念頭におかれていたから、男女関係や差別構造等の歴史的変容過程が明らかになりつつあったのである。(7)

古代の男女の名前に着目することによって、八世紀前後に社会編成原理が大きく変容したことが明らかになったように、『万葉集』や古代戸籍などのよく知られた史料に多様な視点から光をあてることで、社会編成に対応したジェンダー構築の痕跡が浮き彫りになっていたのである。史料を正当に評価することで、男性中心の歴史叙述から、男女の歴史的経験を土台にした、あらたな全体史構築がはじまっていた。

三　ジェンダー視点の導入と成果

その後、一九九〇年代のジェンダー視点の導入は、前述のような女性史研究の意義をより鮮明にしたとも位置付けることができる。とはいえ、ジェンダー視点の導入、歴史学におけるジェンダー分析は、性差や男女関係とその切断面をより強固に歴史学の課題にすえたために、女性だけを、女性史資料だけを取り出して女性の歴史的寄与のみを強調する女性史や、女性は自然・平和的・感情的等々の生物学的本質論強調は、もはや研究意義を喪失し説得力をもたなくなった。たとえば、社会的単位としての中世の家は男性家長に代表される家父長制的な構造をもっていたとする通説的見解に対し、夫婦は対等であったとの見解が出されていた。すなわち、中世の家は「愛」という絆＝結合原理で結びついており男女対等であるが、「女性の「愛」は一見献身的傾向をもつものであり、これが男性に対して従属的な関係を発生させた原因であることは否めない」と、「女性の愛は献身的」ゆえに女性は男性に従属した、とのさほど具体的な史料根拠もなく女性の生物学的本能的特質、すなわち女性本質論を展開する論文が、重要な講座に掲載されていたのである。(8) では、男性の「愛」はどのようなものだったのか、「結合原理」の男女の内実はいかがだったのか、等々、ジェンダー視点の欠如が指摘されよう。

二〇〇〇年代になると、性差を歴史学の課題にすえたジェンダー分析の成果が積み重ねられるようになり、「ジェンダー」の名を冠した学会や書籍が続々と刊行されるようになった。ジェンダー的視点、ジェンダー分析とは、すべての学問分野において、性の差異を問うことである。最近のジェンダー分析の結果、たとえば、古代の大王・天皇は男女の性別は不問だったことが明らかになっている。ここでも新しい史資料が出てきた結果ではない。近代天皇制成立の過程で作りあげられた「天皇は男性がなるもの」との無意識の領域まで浸透していたジェンダー・バイアス(男女の役割に関する固定観念)をはねのけ、史資料を虚心坦懐に読み解き分析した成果である。男性が生物学的本質的に支配者に適していたゆえではなく、歴史的に構築されたことが解明されたのである。

「女らしさ」は歴史的に構築されたこともすでに自明のことになってきた。とすると「男らしさ」も同様に構築されたはずである。暴力は男性のもつ本質的性格ではないことも明らかになった。男性が暴力主体となる歴史的場面において、「男らしさ」が強要され構築されるプロセスも歴史的分析課題となった。「男性史」の登場である。女性の抑圧の歴史的過程を解明するだけでは、男女平等、ジェンダーバイアス・フリー社会を目指す現代的課題に応えられないことが、共通認識になった。さらに異性愛を自明のこととする身体・性の問題も性的マイノリティーの主体的行動もふまえ、

新たな研究課題となっている。女性史はジェンダー分析により、多様な視点が導入され、より深化している。(9)

四　本書の課題

では、ジェンダー視点での史資料分析とはどのように行うのか、また、それによってどのようなことが明らかになるのであろうか。本書では、前述のような歴史学の進展の歩みをふまえ、近年深化してきたテーマや、新たに検証されはじめたテーマを選び、ジェンダー分析の実例をわかりやすく、面白く伝えようと企画したものである。

第Ⅰ部では、古代から近現代に至るまでの最新の歴史研究成果を選び、若手・中堅の研究者たちができる限り平易に叙述した。第Ⅱ部では、ジェンダー分析が導入されてからより深く広く研究されたテーマと、ジェンダー分析によって現実的課題に即して新しく研究がはじまったテーマを取りあげてみた。

よく知られた旧知の史資料もジェンダーの視点を通して光をあてて分析してみると、今までとは違った新たな歴史的実体がみえてくることが理解されよう。さらに、高校等の教科書で学んだ従来の歴史を大きく書き直しつつあることにも気づかされよう。楽しく学んで欲しい。

（1）千野香織「日本美術のジェンダー」千野香織著作集編集委員会編『千野香織著作集』ブリュッケ、二〇一〇年（初出一九九四年）、義江明子『古代女性史への招待――〈妹の力〉を超えて』吉川弘文館、二〇〇四年、久留島典子・長野ひろ子・長志珠絵編『歴史を読み替える ジェンダーから見た日本史』大月書店、二〇一五年。なお、額田王男性説は江戸時代からあるが、女性説が一般的である。
（2）芹沢俊介・服藤早苗・山下悦子編『高群逸枝論』藤原書店、二〇二一年刊行予定参照
（3）海妻径子「男性史はなぜ困難か――フェミニズムの視点から」『歴史評論』八四三号、二〇二〇年
（4）井上清『日本女性史』三一書房、一九四九年
（5）酒井晃「女性史・ジェンダー史の展開と転回――『歴史評論』「女性史特集」から探る」『歴史評論』七九六号、二〇一六年参照
（6）女性史総合研究会編『日本女性史』全五巻、東京大学出版会、一九八二年。なお、同編『日本女性生活史』全五巻、東京大学出版会、一九九〇年も刊行された。
（7）服藤早苗「日本古代・中世史研究とジェンダー――平安時代を中心に」『歴史評論』六七二号、二〇〇六年
（8）飯沼賢司「イエの成立と親族」歴史学研究会・日本史研究会編『日本史講座 第三巻 中世の形成』東京大学出版会、二〇〇四年。前掲注7服藤「日本古代・中世史研究とジェンダー」で批判したので参照してほしい。
（9）横山百合子「女性史とジェンダー史」歴史科学協議会編『歴史学が挑んだ課題――継承と展開の五〇年』大月書店、二〇一七年参照

目　次

目　次

目　次

目　次

第Ⅰ部 古代から現代へ

古代――リーダーの条件は性別不問

女官は、なぜ古代社会で活躍できたのか

伊集院葉子

はじめに

日本は、男女平等が実現されている国なのだろうか。二〇一九年に発表されたジェンダー・ギャップ指数では一五三カ国中一二一位となり、過去最低ランクだった(1)。同指数は経済・教育・健康・政治の四分野での各国の男女平等度を分析したものである。日本は「健康」が四〇位、「教育」九一位、「経済」一一五位で、「政治」は一四四位だった。国会議員数や閣僚数など、政策決定機関の女性の少なさが政治分野の低位の要因である。まるで、政治は男性の世界というおもむきである。

このような状況を、日本の歴史が始まって以来の伝統だとみる人々が多い。ところが、日本で、国のトップである天皇に男性だけではなく女性も次々に即位して政治を執り、女性官僚(女官《にょかん》)が行政システムのなかで活躍していた時代があった。女性も政治力と指導力を発揮していたのである。

これは、近年のジェンダー史・女性史研究が明らかにした成果である。本稿では、女官と女帝（女性天皇）について取り上げる。とくに、古代における女官の存在をジェンダー史の視点から再検証し、これまでとは異なる古代社会像を提示したい。

なお、わが国で天皇号が法的に成立するのは、飛鳥浄御原令《あすかきよみはらりょう》（六八九年）によると考えられており、それ以前は「大王」とすべきだが、本稿では、史資料や文献からの引用以外では「天皇」号で統一する。女官も、律令用語では「宮人《くにん》」（後宮《こうきゅう》職員令）だが、男性官僚との性差を考察するため、「男官」に対応する用語として「女官」を使用したい。

一　古代の政治と女性（先行研究）

古代の政治の場に女性が現われるとき、これまで、その地位や役割は次の三つのカテゴリーで考えられてきた。

①巫女《みこ》
②天皇ら権力者の母・妻
③天皇や王族に人格的にも性的にも隷属する女性

先行研究での描き方は、次のようなものだった。

1 女性は「巫女」？

たとえば、邪馬台国の女王卑弥呼は、中国の歴史書『魏志』倭人伝のなかで「鬼道《きどう》」にすぐれていたと記された。このため、「鬼道」をシャーマニズム信仰と関連づけ、卑弥呼は「シャマン〔ママ〕系統の巫人」だという説明がある。(2) 卑弥呼がシャーマン(＝巫女)だとすれば、では、現実に政治を行なったのは誰だったのか？ 同じく『魏志』倭人伝に「男弟ありて国をたすけ治む」と書かれていたため、「男弟」だというのが通説だった。男性が政治を行ない、女性が祭祀を行なったという役割分担論である。(3) これが、長期間にわたって古代史学界で有力な見解だったのである。

政治の場または為政者の周辺に女性がいれば、それは祭祀の担い手だとする考えを打ち出し、強い影響力をもった一人に、民俗学者の折口信夫《しのぶ》がいた。折口は、古代の宮廷女性について、天皇の妻である后・中宮のほか、皇女や女官すべてを「巫女」と考えた。(4) 折口にとっては、宮廷社会に生きる女性の役割は、祭祀と結びつけて初めて理解できるものだったのだろう。折口は、この理解を古代女帝の性格規定にまでひろげた。それが、一九四六年に発表した論文「女帝考」だった。

日本の歴史上には、八人の女帝がいた。推古・皇極(再即位して「斉明」)・持統・元明・元正・孝謙(再即位して「称徳」)・明正・後桜町天皇である。このうち、推古から称徳までの六人が、六世紀末―八世紀に集中し、治世・人数ともに、その時期の天皇の五割近くを占める。折口は、神と天皇(男性)との間に立つ女性が中天皇だとし、まれに中天皇制だけが実施されることがあり、それがわが国元来の女帝だったと主張した。神に奉仕し男性天皇との間を取り持つ巫女としての女帝像を描いたのである。[5] 折口の女帝論は、直感的なものにすぎないとして今日の歴史学界ではおおむね退けられている。[6] しかし、文学や歴史学研究に及ぼした影響が大きかったため、「女帝の本質は神に奉仕する女性」だとして宗教的機能を強調する巫女論は、一部に根強く残っている。[7]

2　女帝になれたのは「母」「妻」だから？

古代の日本で女帝が輩出した理由は何か。この「疑問」は、一九世紀末に大日本帝国憲法と旧皇室典範が制定され、法的に女帝・女系即位の可能性が封じられた過程で議論された。明治政府は、歴史上の女帝即位は幼帝に皇位を継承させるための「権宜《ごんぎ》(仮の措置)」だったと結論した。[8] この考えは、その後の歴史学界でも影響力を保ち続けた。

たとえば、古代史の井上光貞は、一九六四年に発表した「古代の女帝」で、「もともと天皇は男子であるべきなのに、なぜしばしば皇太后であった人が皇位につくということがおこなわれたのであろうか」(傍点は筆者による)という問題意識から女帝の存在理由を説き起こした。[9] テーマの設定そのものが、強烈なジェンダー・バイアス(男女の役割に関する固定観念)に基づいていたのである。井上は、推古、皇極、持統を「皇后」とした『日本書紀』の記述を拠り所に、古代には、皇位継承上の困難にあたって先帝・前帝の皇后が即位する慣行があり、それが本来の女帝だったと考えた。八世紀の元正天皇の即位については、父子相承主義(父から嫡系男子へ皇位を継承するしくみ)によって皇太子（のちの聖武）に皇位を継承させるためだったとし、総じて「これらに共通なことは、女帝の即位がいわば権宜の処置であることで、そのような天皇は、中つぎの天皇に他ならないではないか」[10]と結論したのである。

井上光貞の見解は、女帝「中継《なかつ》ぎ」説として長く古代史学界の主流を占めた。しかし、一九九九年に、荒木敏夫が、女帝即位にのみ特別な理由づけを求める研究視角を厳しく批判し、「性差を超えた女帝論」[11]を提言したのを機に、女帝「中継ぎ」説への本格的な批判が始まった。井上は、先帝・前帝の皇后が即位したと考えたが、皇后の成立は天武朝（六七三―六八六年）であり[12]、皇后制の成立よりもずっと以前に、女帝が誕生していたことが明らかになった。また、井上は、女帝の治世で執政したのは皇太子だと考えたが[13]、皇太子制の成立が飛鳥浄御原令にまで下ることも明らかにされてきた[14]。

現在では、六世紀から始まった女帝輩出の要因を、即位条件の変化に求める見解が学界で共有されている。五世紀には即位条件に軍事指揮能力が求められたが、六世紀に世襲王権が成立したのち、条件が血統、執政能力、人格・資質へと変化し、それが女帝輩出をもたらしたとする考えである[15]。血統の枠内で資質・能力・経験を問われ、群臣が納得できる王族が即位したのである。

女帝論議にあたっては、皇位継承の枠内で検討するべきであって、古代社会論に議論をひろげるべきではないという考えがある。しかし、天皇の性格規定を、古代社会の基本的なしくみを考慮することなしに行なうことは適切ではない。ジェンダー史・女性史視点から女帝論をリードしてきた義江明子は、古代のジェンダー構造全体のなかに女帝を位置づけて分析し成果を得た[16]。義江は、自身の系譜・氏族論の研究成果のうえに立って、古代の女帝出現の基盤に双方親族組織があることを明らかにした[17]。義江が指摘したように、古代社会の基本的な構造（＝双系《そうけい》社会、後述）を見据えて検討を深めてこそ、「中継ぎ」説では解明されなかった新たな王権史の叙述が可能になる[18]。皇位の父系継承・嫡系継承を自明のものとした女帝「中継ぎ」説は、すでに成り立たなくなっているのである。

3　女官たちは天皇の性愛対象？

政治の場における女性をどうみるのかという点で、もっとも研究が遅れていたのは、女官に対する分析だった。女官は、祭祀の担い手か、天皇の性愛対象か、父や兄、夫の政治的野心を実現するために後宮に送りこまれた人々だとみられてきた。『日本書紀』『古事記』などに女官が登場しても、彼女たちの存在意義が公正に論じられることはなかった。たとえば、宮廷に仕える地方豪族女性を、各地から「献上」された隷属的存在とし、豪族の服属の証とみてきたのである[19]。これらの研究が、わが国で中央集権国家が成立していく過程での王権と地方の関係を重視し、そのなかで女性を捉え直すという意味を持っていたことは重要だが、父系制社会が成立し、女性の地位が著しく劣っていたという古代社会像のうえに展開されたため、不十分だったことは否定できない[20]。律令制下の女官を広義の官僚と位置づけた研究[21]はあったものの、長く支配的だった、男性の政治的野心のために出仕し暗躍したとする見方の見直しまでには到らなかったのである。

一九八〇年代以降は、新しい視点での古代女官研究が始まった。[22] たとえば、律令官僚機構内には、職掌と官司名が類似する男性官司と女性官司が並立するが、かつては、女性官司の一部を「冗官《じょうかん》」（余分な官司）として軽視する論調があった。[23] しかし、文珠正子は、平安時代前期にまとめられた養《よう》老令《ろうりょう》の注釈書である『令集解《りょうのしゅうげ》』を分析し、そこに、女官の業務形態として「男官とともに預知す（男官とともに遂行する）」と注釈していることなどから、律令制下の女官の労働形態が男女共同労働であることを指摘した。それは律令制以前の労働のあり方を温存したものだった。[24] 勝浦令子の見通しでは、もともとは男女共同労働だった体制を中国の影響で男女別編成に組み替えたために、編成と労働のギャップが生まれたという。[25]

「後宮」は、キサキである人物を指す場合と、キサキが集住する空間を指す場合がある。じつは、空間としての「後宮」については、研究者のなかに強い思い込みがあった。「およそ統一的な大王国が存する限り、そこに後宮があったことは、理の当然」と考えられてきたのである。[26] 空間としての後宮が、律令制以前から存在していたと認識され、疑われることはなかった。しかし、キサキたちは奈良時代に入ってからもそれぞれの独立した宮をもっており、集住空間としての後宮は未成立だったことが考古学と文献史学双方から明らかにされた。[27] 後宮空間は、奈良時代末期から平安時代初めにかけて形成されたのである。[28] この研究によって、従来の後宮観は覆された。「後宮」に関する新しい研究の進展は、女官像の見直しの契機ともなり、古代の女性官僚論に取り組む土台が築かれたのである。古代女官論は、新しい研究テーマである。

次章では、先行研究の成果のうえに結実した直近の古代女官論の到達点を踏まえ、女官たちの存在意義を検証してみよう。

二　古代女官とは何か

1　律令国家の女官

七世紀末までのわが国は、体系的な法典が未成立で、単独の法令が必要に応じて出されていた。体系的法典が整ったのは、持統三(六八九)年の飛鳥浄御原令からとする説が有力である[29]。官僚機構は、天武・持統朝にかけて整備されていった。女性の出仕制度が整備されたのも、このころである。

大宝令《たいほうりょう》(七〇一年)では、二官八省などの中央機構と国郡などの地方行政機構が確立し、概ね養老令(七五七年施行)にも引き継がれた。ただし、その機構から女性は原則として排除された。代わって、管理職も職員も女性だけで構成する一二の官司が設置された(＝後宮十二司、表1参照)。

十二司のうち、筆頭に記載された内侍司の構成と職掌は次の通りである。

後宮職員令4内侍司条(本稿で引用する令文は養老令による。原漢文。条文のアラビア数字

職掌が近似・関連する男官
侍従　少納言　内記
内蔵寮
図書寮
内薬司
内兵庫
監物　兵衛府
主殿寮
内掃部司
主水司
内膳司
造酒司
縫殿寮

表1　後宮十二司一覧

後宮十二司の構成と職掌(職名の右の数字は定員)					
官司	職名と定員				職　掌
	長官	次官	判官	女孺/采女	
内侍司	尚侍2	典侍4	掌侍4	女孺100	天皇に常侍, 命令取次ぎ, 内記を監理
蔵司	尚蔵1	典蔵2	掌蔵4	女孺10	神璽と関契などを管理
書司	尚書1	典書2		女孺6	天皇の書籍, 楽器などを管理
薬司	尚薬1	典薬2		女孺4	天皇の医薬に仕える
兵司	尚兵1	典兵2		女孺6	天皇の兵器管理
闈司	尚闈1	典闈4		女孺10	天皇居所に近い諸門の鍵の管理と出納
殿司	尚殿1	典殿2		女孺6	天皇用の器具や燃料を管理
掃司	尚掃1	典掃2		女孺10	天皇用の設営を担当
水司	尚水1	典水2		采女6	天皇に飲料や粥などを供進
膳司	尚膳1	典膳2	掌膳4	采女60	天皇に食膳を供進
酒司	尚酒1	典酒2			天皇用の酒造りを監督
縫司	尚縫1	典縫2	掌縫4		衣服裁縫や女性の朝参を管理

は、日本思想大系『律令』(岩波書店、一九七六年)が付した条文番号」

内侍司《ないしし／ないしのつかさ》

尚侍《しょうじ／ないしのかみ》　二人。掌《つかさど》らむこと、常侍《じょうじ》、奏請《そうせい》、宣伝《せんでん》に供奉《ぐぶ》せむこと。女孺《にょじゅ／めのわらわ》を検校《けんぎょう》せむこと。兼ねて内外《ないげ》の命婦《みょうぶ》の朝参《ちょうさん》、及び禁内《きんない》の礼式《らいしき》知らむこと。典侍《てんじ／ないしのすけ》　四人。掌らむこと尚侍に同じ。唯《ただ》し奏請、宣伝すること得ず。若《も》し尚侍無くは、奏請、宣伝すること得む。掌侍《しょうじ／ないしのじょう》　四人。掌らむこと典侍に同じ。唯し奏請、宣伝すること得ず。女孺一百人。

内侍司の長官は尚侍で定員二、次官は典侍で定員四、判官(第三等官)は掌侍で定員四である。以上の一〇人が、法律用語でいう「職事《しきじ》(管理職のこと)」であり、天皇への近侍が職務である。その下に、女孺と呼ばれる女官一〇〇人が配属された。十二司最大の官司である。

尚侍は、「奏請(天皇に申し上げて回答を求めること)」と「宣伝(天皇の命を伝えること)」を行ない、尚侍不在のときには、典侍が代行する。「奏請」「宣伝」の職掌は、かつては、天皇と男性官司のあいだの連絡役のようなものだと考えられてきた。しかし、今日では、天皇をトップとする国家機構のなかで、文書行政の一端を担っていたことが明らかになっている。天皇の意思を表わす文書である詔勅《しょうちょく》発給に関与していたのである。

しくみは、次のようになっていた。中務《ちゅうむ/なかつかさ》省に「内記《ないき》」という男官がいる。大内記二人・中内記二人・少内記二人である。職掌は、詔勅作成と御所の記録である(職員令3中務省条)。彼らは中務省の官僚だが、詔勅起草段階では中務卿など所属官司の監督を受けない。内裏に呼ばれて天皇の命を聞き文書を起草するが、彼らに天皇の命を伝え、文書起草を監理するのが、尚侍の職掌だった。それが後宮職員令4内侍司条が規定する「宣伝」の内容である[30]。

しかも、男性官人である内記を監理する職掌を内侍司女官が果たすための装置も、律令国家の序列にむすびつく男官女官の待遇という面で配慮が加えられていた。律令制下の位階は、正一位《しょういちい》から少初位下《しょうそいのげ》まで三〇階に及ぶ。官職のポストはおびただしい数にのぼるが、官位令によって、官職には原則として対応する位階が決められていた。これを官位相当制《かんいそうとうせい》という。男官は、考課《こうか》(勤務評定)を受け、その結果、位階が上がると、それに対応する官に異動となった。そして、在任中は、その官職の相当位階に応じて給与を与えられたのである。しかし、後宮十二司は、官位相当制からは除外されたため、官職の相当位階が決められていなかった。すると、女官には給与支給基準がないことになってしまう。このため、別に、男性官職のどの相当位階に準じて支給するのかという基準が定められた。「准位《じゅんい》」と呼ばれるものである(禄令《ろくりょう》9宮人給禄条)。あくまで待遇規定だが、重要なのは、在任中の給与に男女差はなかったことである。[31] たとえば、従五位《じゅごい》の男官のポストに少納言や侍従がある。女官では尚侍の准位が従五位である。この場合、在任中の給与は、少納言、侍従、尚侍いずれも同額だったのである。

以上を踏まえて、内侍司と内記の待遇をみていきたい。禄令による尚侍の准位は従五位、典侍は従六位、掌侍は従七位である。一方、官位令による内記の相当位階は、大内記が正六位上、中内記が正七位上、少内記が正八位上である。次のような構図となる。

尚侍(従五位)―大内記(正六位上)―中内記(正七位上)―少内記(正八位上)

典侍(従六位)―中内記(正七位上)―少内記(正八位上)

あくまで待遇面ではあるが、尚侍はすべての内記の上位に置かれた。典侍の待遇は、大内記(正六位上)の下、中内記と少内記より上である。

律令制度のもとで、官人たちは位階によって序列化されていた。さらに、五位以上は天皇と直結する特権的な人々だった。政務は、五位以上の官僚が六位以下を率いて行なわれたという。[32] 「四等官制」(長官《かみ》、次官《すけ》、判官《じょう》、主典《さかん》という四つの等級のポストで構成される官司のしくみ)によって行政は運営されたが、現実の政務や行事では、五位以上であることが重視されたのである。[33] そのような宮廷において、女官の尚侍が詔勅起草官である内記を無理なく監理できる制度上の保証をつくるには、官位相当制から除外された女官の准位を高く設定するほかはなかったのだろう。こうして、尚侍に従五位に准じる待遇を与えて内記の上位に置き、監理・被監理関係の整合性を図ったと推測できるのである。こうした点は、律令のしくみをジェンダーの視点から分析することによって初めて明らかになった(34)。

八世紀前半までは内侍司女官が実際に帯びていた位階は、禄令の准位に近かったとみてよい。しかし、奈良時代を通じて内侍司は重みを増し、従二位藤原百能《ももの》（『続日本紀』延暦元［七八二］年四月己巳条）など、高位の尚侍が輩出した。律令の准位規定をはるかに上まわる高位を帯びて内記を監理したのである。

ところで、律令国家の成立時にもっとも重視された女性官司は、蔵司だった。律令には、次のように規定されていた。

後宮職員令5蔵司条

蔵　司《ぞうし／くらのつかさ》

尚　蔵《しょうぞう／くらのかみ》　一人。掌らむこと、神璽《しんじ》、関契《げんけい》、供御《くご》の衣服、巾櫛《こんしち》、服翫《ふくがん》のこと。及び珍宝《ちんぽう》、綵帛《さいはく》、賞賜《しょうし》のこと。典　蔵《てんぞう／くらのすけ》　二人。掌らむこと尚蔵に同じ。掌　蔵《しょうぞう／くらのじょう》　四人。掌らむこと、出納《すいのう》、綵帛、賞賜のこと。女孺十人。

蔵司の定員は、尚蔵一、典蔵二、掌蔵四、女孺一〇であり、内侍司のような多人数ではないが、職掌は、非常に重要だった。彼女たちが管理する「神璽」は、天皇位の象徴である宝物を指す。また、「関契」は、兵の動員や非常時の関の通過に不可欠の割符である。つまり、蔵司は、天皇が天皇であるための存在証明や、兵を動かし非常時の関の通過の可否を決定づける文物を管理していたのである。尚蔵の准位は正三位、大納言クラスだった。

八世紀には、内侍司と蔵司の長官を兼任する女官がいた。その権威は絶大である。たとえば、藤原袁比良《おひら》は藤原仲麻呂の妻だが、夫より先に死去した(七六二年)。仲麻呂は、要所に子弟を配置し袁比良の死による勢力失墜を切り抜けようとしたが果たせず、二年後に敗死した。

女官たちは、天皇の命令を文書化し国家の政策としてまとめあげる過程に位置づけられ、天皇大権(天皇のみが掌握すべき権限)の行使に関わる重要な職掌を担った。(35) もともと、律令女官制度の出発点では、既婚未婚も年齢も不問だった。(36) 後宮で天皇の寵を争うという従来のイメージは誤りであり、実像は天皇の政務に必要な官僚だったのである。

君主の側近くに仕える女性の役割を同時代の日本と中国とで比べると、格段の相違がある。たとえば、唐代のできごとだが、皇帝順宗(在位八〇五年)が病に伏したとき、病室には側妾の牛美人《ぎゅうびじん》と宦官《かんがん》の李忠言《りちゅうげん》が侍したという。「美人」は唐代の皇帝の側妾の位の一つであり、宦官は、皇帝らの側に仕える去勢された男官である。重病の身とはいえ、皇帝であるからには政務から自由ではあり得ない。このため、牛美人が順宗の意思を宦官の李忠言に伝え、忠言を通じて詔勅を起草する翰林《かんりん》学士《がくし》にその内容が伝えられたという。(37)

一方、日本では宝亀元(七七〇)年、称徳天皇が死を前に百余日にわたって病床にあったとき、群臣は謁見できなかった。ここまでは唐と同じだが、日本では、女官の吉備由利《きびのゆり》が病室に出入りし、群臣の奏を伝えたという。(38) 天皇から群臣への命も由利が伝えただろう。由利の当時のポストは蔵司の次官である典蔵で、ここに記された事績は本来の職掌ではないが、非常時にあたって、天皇の信認篤い女官が報告事案を男官から受け取り、天皇に伝えた。これは、日常的に女官が行政システムに組み込まれていたからこそ行なわれ得た政務のあり方である。

古代中国では、男女が共同して国政に関わるという理念はみられない。男女は空間的にも区別されるべきだと考えられ、男性が「外治(国政)」を担い、女性が「内治(後宮)」をつかさどるとされてきた。武則天《ぶそくてん》(唐の高宗の皇后、則天武后。高宗の死後、中宗・睿宗を廃し周を立て女帝となる。在位六九〇―七〇五年)以外には女帝も存在しない。逆に古代日本では、女帝が輩出した。行政運営の面でも、女官がその一環に置かれた。これは、律令制下における日本のシステムの特徴の一つである。日唐におけるこのような女性の役割の相違が、右の二つのエピソードから浮かび上がる。

唐代前期は、武則天の執政にともない女官の政治参与と官僚化が進んだという。(39) 今後、魏晋南北朝から隋唐に到る政治史のジェンダー分析が進めば、女性の政治参画の実態がいっそう明らかになるだろうが、法制上の規定でみる限り、日中の差異は大きい。

2　律令以前の女官

律令国家における女官の位置づけは明らかになった。では、それ以前の女官は、国家にとってどのような存在だったのだろうか。『日本書紀』『古事記』には、天皇の側近くに仕える豪族クラスの女性たちが描かれている。その出身地は、日向、丹波、吉備、近江、大和など各地に及んでいる。彼女たちのなかには天皇や皇子のキサキになった女性がいたため、天皇のキサキ候補や性愛対象として召し出されたと考えられてきた。しかし、『日本書紀』の読み直しによって、異なる女性像がみえてきている。

『日本書紀』応神十一年是歳条―十三年九月中条

是の歳、人有りて奏して曰《まう》さく、「日向《ひむか》国に嬢子《をとめ》有り。名は髪長媛《かみながひめ》。即ち諸県君牛諸井《もろがたのきみうしもろゐ》が女《むすめ》なり。是、国色之秀者《かほすぐれたるひと》なり」とまうす。天皇、悦びて、心の裏《うち》に覓《め》さむと欲す。十三年の春三月に、天皇、専使を遣して、髪長媛を徴《め》さしむ。秋九月の中に、髪長媛、日向より至れり。〔後略〕

右の史料は、応神天皇の時代の美女到来伝承である。日向国に髪長媛という美女がいると天皇が聞いて、探しだそうと心に決めた。二年後に使いが送られ、媛が日向からやってきた、というストーリーを描く。このような美女到来伝承は、『日本書紀』の挿話の一つのパターンである。『日本書紀』は、国内外の多種の文献や伝承も取り入れて編纂されており、なかには原典を明らかにせず「一云（一に云はく）」という形で紹介される挿話がある。髪長媛伝承でも、応神十三年九月中条に次のような別伝が載せられている。

一に云はく、日向の諸県君牛、朝庭に仕へて、年既に耆《お》いて仕ふること能はず。仍りて致仕《まかりさ》

りて本土に退《まか》る。則ち己が女、髪長媛を貢上《たてまつ》る。〔後略〕

別伝は、もともと日向国から諸県君牛という人が朝廷に仕えていたが、老齢を理由に帰郷するにあたって、代わりに娘の髪長媛を出仕させたというエピソードである。ここでは、美貌かどうかは問題にされていない。強調されるのは、遠い九州地方の豪族が朝廷に仕え、自身が退任したあとも、同族からの出仕を望んだということである。牛が男性だとすると、男性から女性への出仕者の交替が行われたことを示す伝承である。(40)

地方豪族が朝廷にやってきて天皇に奉仕したことは、稲荷山《いなりやま》古墳(埼玉県)出土の鉄剣銘や江田船《えたふな》山《やま》古墳(熊本県)出土の大刀銘によってよく知られている。いずれも五世紀の雄略天皇の時代のものである。まだ官僚機構が整備されていない段階では、地方豪族と中央との関係は、人と人との直接的な結びつきによって維持された。このため、地方豪族が朝廷にやってきて天皇に奉仕した。雄略の朝廷に奉仕したことを誇示する先述の鉄剣の銘文は、その形態の一端を示している。日向の豪族も、自身が帰郷したあとの朝廷との関係維持を望んだのだろう。考えられるのは、別伝がもともとの伝承であり、『日本書紀』に収められる段階で美女到来物語に作り直され、別伝は「一云」という付記で残されたという事情である。このストーリーには後日譚があり、髪長媛は、系譜上は応神の子とされる仁徳天皇と婚姻し皇子女の母となったという。(41) こうして媛は、天皇系譜に記載されることとなった。美貌を見込まれて召し出されたという物語が成立した背景には、そうした系譜上の理由もあった可能性がある。ただ、その場合でも、髪長媛の到来の契機は、退任した牛との交替であり、官仕だったとみることができるだろう。

律令制下では、膳司《かしわでのつかさ》（女官）と内膳司《うちのかしわでのつかさ》（男官）、酒司《さけのつかさ》（女官）と造酒司《さけのつかさ》（男官）など、官司名と職掌が近似する男女官司が並置され（表1参照）、日常的に男女共同労働が行なわれた。(42) これは、男女交替可という出仕形態があり、男女がともに宮廷労働を担った律令制以前の伝統が、中国流の男性を中心とした律令官僚機構成立後も温存されたためである。古代の女官といえば地方豪族層女性である「采女《うねめ》」（地方行政機構である郡の長官・次官の姉妹か娘で、選ばれて中央に出仕した女性）が有名である。(43) ところが、奈良時代には、采女に選ばれなかった地方豪族層の女性が、朝廷に官仕する例が散見する。(44) これは、律令国家成立以前に地方からも男女が官仕したという伝統があればこその出仕形態といえるだろう。

以上みてきたように、わが国の古代女官制度は、律令制が導入される以前から男女共同労働を特徴とし、律令国家成立後もそのしくみが継承され、天皇をトップとする行政システムのなかに位置づけられていたのである。

三　社会の基本的なしくみと女帝・女官

第二章で、律令国家の法制度と行政システムに女官が位置づけられていたことを確認した。それは、律令制定以前から男女ともに朝廷に官仕していたあり方を踏まえたものだった。このような研究の深まりは、ジェンダー史・女性史視点による古代社会論の進展と関連している。たとえば、古代では、列島各地の村々のレベルから豪族層に到るまで、女性リーダーたちが存在したことが明らかにされてきた(45)。また、親族組織や婚姻に関する研究が旺盛に取り組まれ、父方・母方双方の親族名称が同一であることなどから、古代が双系的社会・非父系的社会だったことが導かれた(46)。

古代社会論を発展させた代表的な研究者である吉田孝は、その特徴を「財産が個人的に保持され、夫妻別産、父子別産が一般的で、子は父と母の両方から財産を相続し、また女子をも含めて分割相続(均分とは限らない)が一般的であった社会(47)」だとまとめた。この社会のあり方は、学術用語では「双系社会」と呼ばれ、学界で共有されている概念である。吉田孝は、双系社会論に取り組むにあたって女性史研究の視点からの議論にも示唆を受けたことを明快にのべている(48)。前述の古代社会像も、古代女性史を長年にわたって牽引してきた関口裕子の研究を参照したものである(49)。

双系社会論を土台に、二一世紀の女帝研究は飛躍的に前進した。第一章でみたように、女帝を男性後継者の即位条件が整うまでの「中継ぎ」とみる説は、批判されている。

継嗣令1皇兄弟子条
凡《およ》そ皇兄弟皇子をば、皆、親王と為《せ》よ。女帝の子も亦同じ。以外は並びに諸王と為よ。親王より五世は、王の名得たりと雖も、皇親の限《かぎり》に在らず。

右は、天皇の一族の範囲などを定めた継嗣令の第一条である。「親王」は、親王と内親王、つまり皇子女のことであり、「王」は、王と女王のことである。この条文の本注に、「女帝の子も亦同じ」と明記された。その理由については、女性史の立場からのものではなかったが、古代には女帝即位は「普通のこと」であり、必要だったからだとする指摘があった(50)。今日、ジェンダー分析の立場から、その指摘が注目されている(51)。

本注の意義が本格的に検討されたのは、二〇世紀末以降のことである。継嗣令は唐の封爵令を参考に作られた。しかし、内容はかなり異なっており、唐令には女帝に関する規定は存在せず、日本令独自のものだという(52)。その理由は明白で、唐では父系継承が確立していたが、日本では父方・母方の双方から社会的政治的地位を引き継ぐ双系社会だったからである。六—八世紀には天皇の半数が女帝だったのも、そこに起因する。このため、中国の法規定では想定し得ない本注が付け加えられたのである(53)。

わが国は、日本に先行して家父長制家族が成立した中国の律令制を、発展段階が遅れ、家父長制が未成立の段階で取り入れた。この結果生まれたギャップはさまざまに指摘されてきた(54)。女官制度も例外ではない。日本は中国に学んで律令制を取り入れたため、中央の二官八省や地方の国郡などの機構からは女性は排除された。一方で、天皇の詔勅発給過程に女官を位置づけるなど、行政システムに女性を包摂せざるを得なかった。このような矛盾したしくみは、律令の理念と実態のギャップの一つである。

奈良時代の聖武天皇は、宮廷における臣下の奉仕のあり方について、「男のみ父の名《な》負ひて女はいはれぬものにあれや、立ち双び仕へ奉《まつ》るし理《ことはり》に在りとなも念す」とのべた(55)。男子だけが父祖の名誉を担って天皇に仕えるのではなく、男女が立ち並んでともに奉仕するのが道理だと明言したのである。皇女も資質・能力・経験を評価されて天皇になり得た日本の古代社会では、貴族・豪族女性の官仕もあたりまえのことだった。ここには、父系・男系の単系継承が未確立だった双系社会ならではの女性の政治参画のあり方が反映されている。

女帝の輩出も女官の行政関与も、双系社会という古代社会の基本的構造が必然的にもたらしたものなのである。

おわりに

第一章で、古代政治のなかの女性の役割を巫女、権力者の母・妻などとして存在意義を問うことなく推移した研究状況を批判的に検討し、今日の到達点を明らかにした。

第二章で、日本の古代女官制度の特徴が男女共同労働であり、律令国家成立後も天皇をトップに戴く行政システムのなかに位置づけられていたことを指摘した。

第三章で、女性史研究の成果を取り入れて導き出された双系社会論が学界の共通認識となっており、女帝や女官の活躍は双系社会が必然的にもたらしたものだったことを指摘した。

古代政治において、女性が、国家のトップである女帝として、また、国家の行政システムの一員として能力を発揮したことは明らかである。これらは、ジェンダー史・女性史の視点による研究の進展がもたらした成果であり、古代社会像を塗り替える力になるだろう。最後に、これらが、ジェンダー史・女性史視点による史料の再解釈のたまものであることと、幅広い先行研究を真摯に学んで得た到達点であることを強調しておきたい。(56)

（1）世界経済フォーラム（WEF）「グローバル・ジェンダー・ギャップ指数」二〇一九年一二月一七日発表
（2）『国史大辞典』第三巻「鬼道」吉川弘文館、一九八三年（執筆・大藤時彦）
（3）白鳥庫吉「卑弥呼問題の解決」佐伯有清編『邪馬台国基本論文集』II、創元社、一九八一年、一一八―一二二頁（初出一九四八年）
（4）折口信夫「宮廷儀礼の民俗学的考察――采女を中心として」『折口信夫全集』第一六巻、中央公論社、一九五六年（初出一九三二年）
（5）折口信夫「女帝考」『折口信夫全集』第二〇巻、中央公論社、一九六七年、一一―一七頁（初出一九四六年）
（6）所功「戦後の〝女帝〟論議」『比較法史研究』八号、一九九九年、八四頁
（7）大津透「律令制と女帝・皇后の役割」『東アジアの古代文化』一一九号、二〇〇四年、一九頁
（8）伊藤博文著、宮沢俊義校註『憲法義解』岩波文庫、一九四〇年、小林宏・島善高編著『明治皇室典範〔明治22年〕』上下、信山社出版、一九九六・九七年、小林宏「井上毅の女帝廃止論――皇室典範第一条の成立に関して」梧陰文庫研究会編『明治国家形成と井上毅』木鐸社、一九九二年
（9）井上光貞「古代の女帝」土田直鎮ほか編『井上光貞著作集』第一巻、岩波書店、一九八五年、二二四頁（初出一九六四年）
（10）前掲注9井上「古代の女帝」二二八―二四〇頁
（11）荒木敏夫『可能性としての女帝――女帝と王権・国家』青木書店、一九九九年
（12）遠藤みどり「皇后制の成立」『日本古代の女帝と譲位』塙書房、二〇一五年
（13）井上光貞「古代の皇太子」前掲注9『井上光貞著作集』第一巻所収（初出一九六五年）

(14)　荒木敏夫『日本古代の皇太子』吉川弘文館、一九八五年
(15)　仁藤敦史『女帝の世紀――皇位継承と政争』角川選書、二〇〇六年、同『古代王権と支配構造』吉川弘文館、二〇一二年
(16)　義江明子『古代王権論――神話・歴史感覚・ジェンダー』岩波書店、二〇一一年
(17)　義江明子『日本古代女帝論』塙書房、二〇一七年
(18)　前掲注17義江『日本古代女帝論』
(19)　門脇禎二『采女――献上された豪族の娘たち』中公新書、一九六五年、磯貝正義『郡司及び采女制度の研究』吉川弘文館、一九七八年
(20)　伊集院葉子「古代東アジア女官研究の可能性」『専修史学』六六号、二〇一九年
(21)　野村忠夫『後宮と女官』教育社歴史新書、一九七八年
(22)　吉川真司「律令国家の女官」『律令官僚制の研究』塙書房、一九九八年(初出一九九〇年)
(23)　角田文衞『日本の後宮』学燈社、一九七三年、一六六頁
(24)　文珠正子「令制宮人の一特質について――「與男官共預知」の宮人たち」『阡陵』関西大学博物館学課程創設三十周年記念特集、一九九二年
(25)　勝浦令子「古代宮廷女性組織と性別分業――宮人・巫女・尼の比較を通して」『日本古代の僧尼と社会』吉川弘文館、二〇〇〇年(初出一九九五年)、一三三―一三七頁
(26)　前掲注23角田『日本の後宮』二四頁
(27)　三崎裕子「キサキの宮の存在形態について」総合女性史研究会編『日本女性史論集2　政治と女性』吉川弘文館、一九九七年(初出一九八八年)、橋本義則『平安宮成立史の研究』塙書房、一九九五年、同『古代宮都の内裏構造』吉川弘文館、二〇一一年
(28)　前掲注27橋本『平安宮成立史の研究』『古代宮都の内裏構造』
(29)　青木和夫「浄御原令と古代官僚制」(初出一九五四年)、「律令論」(初出一九六五年)、いずれも『日本律令国家論攷』岩波書店、一九九二年所収
(30)　春名宏昭「内侍考――宣伝機能をめぐって」『律令国家官制の研究』吉川弘文館、一九九七年、二六七頁

(31) 養老禄令9宮人給禄条本注「給徴之法。並准ㇾ男」。高橋崇『律令官人給与制の研究』吉川弘文館、一九七〇年、二五九頁
(32) 関晃「律令国家の展開」(初出一九五二年)、「律令貴族論」(初出一九七六年)、いずれも『関晃著作集』第四巻、吉川弘文館、一九九七年所収。虎尾達哉「律令官人社会における二つの秩序」『律令官人社会の研究』塙書房、二〇〇六年(初出一九八四年)、大隅清陽「儀制令と律令国家――古代国家の支配秩序」『律令官制と礼秩序の研究』吉川弘文館、二〇一一年(初出一九九二年)
(33) 佐藤全敏「古代日本の四等官制」『平安時代の天皇と官僚制』東京大学出版会、二〇〇八年(初出二〇〇七年)
(34) 伊集院葉子「女史と内記――律令制下の文書行政と内侍司の変容」『日本古代女官の研究』吉川弘文館、二〇一六年(初出二〇一三年)
(35) 伊集院葉子「後宮職員令の構造と特質」(前掲注34同『日本古代女官の研究』所収)
(36) 『日本書紀』天武二年五月乙酉条
(37) 『旧唐書』巻一八四、倶文珍伝
(38) 『続日本紀』宝亀元年八月丙午条
(39) 鄭雅如著、陳蕾訳、伊集院葉子補訳「唐代前期の女性の政治参与と身分の官僚化――上官婉兒墓誌を中心に」『専修史学』六八号、二〇二〇年。初出と原題は「唐代前期預政女性身分的官僚化――従上官婉兒墓誌談起」『中国史学』二四巻、二〇一四年
(40) 伊集院葉子「髪長媛伝承の「喚」――地方豪族の仕奉と王権」(前掲注34同『日本古代女官の研究』所収)
(41) 『日本書紀』仁徳二年三月戊寅条
(42) 前掲注24文珠「令制宮人の一特質について」
(43) 『日本書紀』大化二年正月甲子条。養老後宮職員令18氏女采女条
(44) 麻野絵里佳「奈良時代における畿外出身女孺に関する一考察」『史観』一三一号、一九九四年
(45) 溝口睦子「記紀に見える女性像――巫女・女酋・冶工・戦士」前近代女性史研究会編『家族と女性の歴史――古代・中世』吉川弘文館、一九八九年、同「『風土記』の女性首長伝承」前近代女性史研究会編『家・社

会・女性――古代から中世へ』吉川弘文館、一九九七年、同「戸畔(トベ)考――女性首長伝承をめぐって」西宮一民編『上代語と表記』おうふう、二〇〇〇年、義江明子『つくられた卑弥呼――〈女〉の創出と国家』ちくま学芸文庫、二〇一八年(初刊二〇〇五年)
(46) 明石一紀『日本古代の親族構造』吉川弘文館、一九九〇年
(47) 吉田孝『律令国家と古代の社会』岩波書店、一九八三年、一四〇頁
(48) 前掲注47吉田『律令国家と古代の社会』一九六頁
(49) 前掲注47吉田『律令国家と古代の社会』一八八頁、関口裕子「古代における日本と中国の所有・家族形態の相違について――女子所有権を中心として」『日本古代家族史の研究』上、塙書房、二〇〇四年(初出一九八二年)
(50) 喜田貞吉「女帝の皇位継承に関する先例を論じて、『大日本史』の「大友天皇本紀」に及ぶ」『喜田貞吉著作集』第三巻、平凡社、一九八一年、一九二頁(初出一九〇四年)
(51) 前掲注17義江『日本古代女帝論』一〇頁
(52) 成清弘和『日本古代の王位継承と親族』岩田書院、一九九九年、一三〇―一三一頁
(53) 成清弘和『日本古代の家族・親族――中国との比較を中心として』岩田書院、二〇〇一年、前掲注15仁藤『古代王権と支配構造』、前掲注17義江『日本古代女帝論』
(54) 前掲注47吉田『律令国家と古代の社会』
(55)『続日本紀』天平勝宝元年四月甲午条
(56) 久留島典子「女性に関する史料は少ないのか」『歴史学研究』九五二号、二〇一六年

古墳時代の首長と女性人物埴輪

日高　慎

はじめに

古墳時代は前期・中期・後期・終末期に時期区分され、おおむね前期は三世紀後半から四世紀後半、中期は四世紀後半から五世紀代、後期は六世紀代、終末期は七世紀代と考えられている。このうち、終末期は前方後円墳の築造が終焉した後の時期である。二〇一九年に世界文化遺産に登録された大阪府百舌鳥《もず》・古市古墳群にみられる前方後円墳を頂点として、多くの古墳が全国各地で築かれた。古墳を築造することで権力を明示するとともに、前方後円墳という墳丘形態を共有することで大和王権とのつながりを示したと考えられてきた。それは、畿内の大王墓と同一企画の墳丘形態をもつ前方後円墳が各地で築かれたことからも頷ける。大塚初重によれば、日本全国に古墳は二五万基あり、そのうち前方後円墳が約四六〇〇基、前方後方墳が五〇〇基ほどあるという(1)。約四〇〇年続いた古墳時代とは、膨大な数の墳丘墓をとり付かれたように造り続けた時代なのである。

都出比呂志は、古墳時代においては墳形と規模という二重原理によってその身分を表示しており、その政治体制を前方後円墳体制と呼んだ(2)。群集墳と呼ばれる小型古墳の被葬者は、首長とは呼べない階層と思われるが、広瀬和雄は「全体の三分の一〜四分の一の古代家族が後期古墳の造営主体になり得た」可能性を指摘した(3)。古墳時代の全人口のうち限られた人びとが、古墳を造ることができたのである。

私ども考古学者は、前方後円墳を代表とする首長墓には男性首長が葬られていた、あるいは特に性別を気にせず議論していることが多いと思う。酸性土壌の日本列島では、人骨が残りづらいことも影響しているだろう。首長層とは、地域を統括する人あるいはそれを補佐する人だったろうが、そのなかに女性がいたのかどうかは極めて重要な問題である。本稿は、栃木県下野市甲塚《かぶとづか》古墳の形象埴輪群像をもとにして、古墳時代後期に女性首長が存在していたことを指摘したい。また、考古学からみた近年のジェンダー研究を踏まえて、古墳時代の首長像を考えていきたい。

一　女性首長(被葬者)をめぐるこれまでの見解

古墳の被葬者をめぐって、日本列島の場合には中国と違って墓誌を副葬することがなかったので、個人を特定することは難しい。被葬者に関する見解は、未詳であることから等閑視する状況が長く続いてきた。奈良県の高松塚古墳や藤ノ木古墳、束明神《つかみょうじん》古墳などは文献に残る特定個人や氏族との対比を通して様ざまな見解が示されてきたが、それぞれ決定打とはなっていない。しかしながら、白石太一郎は文献や伝承、考古学的な築造年代などを総合的にみていくことで被葬者に迫る堅実な研究を示した。(4) 天皇陵古墳の被葬者は宮内庁による治定と築造年代が合わない古墳も多くあり、真の継体大王《けいたいだいおう》の陵墓と考えられる大阪府高槻市今城塚《いましろづか》古墳のように、治定から漏れている古墳もある。本拠地との関わりで古墳と氏族を結び付ける試みは、これまで盛んにおこなわれてきた。(5)

幸いにも人骨が残存している場合、被葬者の性別や推定年齢などが判明することもある。古墳出土人骨から、女性埋葬の在り方をまとまって論じたのは今井堯である。(6) 今井は首長墓における女性埋葬を集成し、「第一類型　首長墳の中心埋葬に成人女性が単独に埋葬されている〔中略〕第二類型　大形首長墳の主丘中央に複数の埋葬が知られており、そのうち中央の最も入念な構造をもつ埋葬施設（一体）の人骨が女性である〔中略〕第三類型　首長墳の中心埋葬に成人男女各一体が埋葬されている〔中略〕第四類型　首長墳に多棺埋葬が行なわれているうち首長埋葬につぎ、これにやや劣るとはいえ比肩しうる第二埋葬に女性埋葬が行なわれる」と類型化した。(7) その上で、女性首長は、古墳時代前期には九州・近畿・北陸・関東におよんでおり汎日本列島的現象であること、その性格は単に祭祀権をもつにとどまらず、副葬品からして軍事権・生産権を掌握しており男性首長と同様であったとしたのである。

清家章は、人骨が残存している資料を詳細に検討し、副葬品での性差を論じた。(8) 男性に特有な副

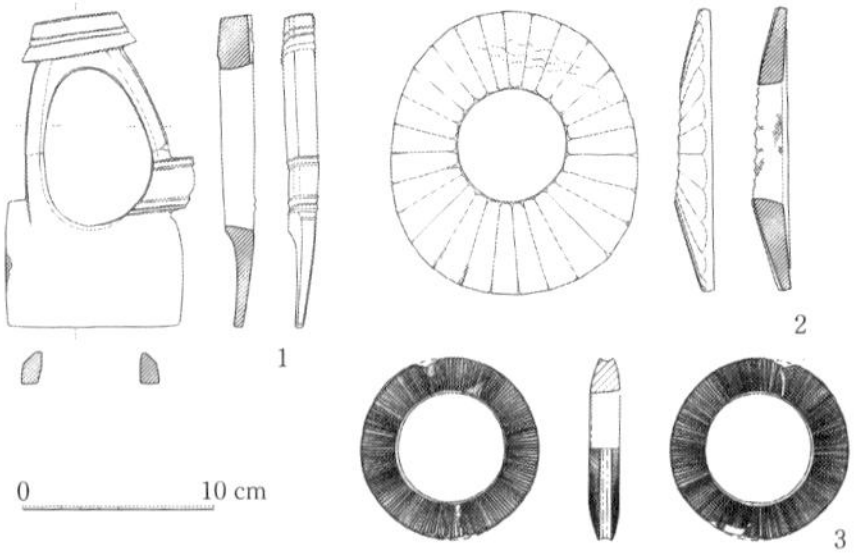

図1　東大寺山古墳の腕輪形石製品(1 鍬形石，2 車輪石，3 石釧，注9『東大寺山古墳の研究』)

葬品としては、鉄鏃《てつぞく》・甲冑《かっちゅう》・鍬形石《くわがたいし》(9)(図1－1)があげられ、女性に特有の副葬品は存在しないが、従来から指摘されてきた車輪石・石釧《いしくしろ》(図1－2・3)を腕に置くという配置は女性を表しているとした。また、古墳時代前期における畿内の前方後円墳主要埋葬施設において、男性被葬者を示す鏃《やじり》・甲冑が副葬される割合は六七%、あるいは全国では五〇%ほどということから、女性首長は畿内では三〇%以下、全国では五〇%以下となるとして、比較的高い割合を示すとした(10)。

清家は、古墳時代中期以降の大型前方後円墳の主要埋葬施設から女性人骨が出土しなくなることについて、「軍事編成により盟主的首長・地域首長の首長権が軍事色の強いものに変質し、女性ではその職責に対応できなくなった」と理解した(11)。盟主的首長・地域首長とは各地の大型前方後円墳の被葬者であり、古墳時代前期にあったような大型前方後円墳に葬られるほどの女性首長が減少した結果と捉えたのである。一方、中小の古墳では女性首長が確認できることも重要な点である。その傾向は古墳時代後期に至り、「軍事的編成が下位層にも浸透した結果、女性首長は姿を消し、家長も男性が多くなる」とした(12)。

ただし、北郷泰道は、古墳時代中期から後期初めにかけて南九州に分布する地下式横穴墓での女性の副葬品には、鉄刀・鉄剣に加え鉄鏃といった武器があり、「象徴的意味合いより、むしろ実戦的戦闘要員としての女性の存在を示唆する」と述べている[13]。また、義江明子は清家のいう「弥生後期～古墳時代前期にみられた既婚で女系継承の可能性も持つ女性首長のあり方は、一時的後退はあっても、本質的には七世紀末までつづいたとみるべきではないか」と疑問を呈している[14]。

装身具における性差を追求したものとしては、玉城一枝の一連の研究がある[15]。玉城は、「人物埴輪のあり方や『古事記』『日本書紀』『万葉集』などの古文献による限り、手玉、足玉は女性特有の装身具」であるとした[16]。ただし、実際の副葬状況をみると、男女ともに手玉がみられる場合があることから、「死者の装束としての手玉が男女ともにみられるという事実は、〔中略〕当時の人びとの他界観を反映した「呪的な力」を想定すべき」と考えたのである[17]。玉城は、奈良県斑鳩《いかるが》町藤ノ木古墳の南側被葬者の性別をめぐる問題点や課題について別に論究しているので参照してほしい[18]。

清家章が述べたように、古墳時代中期以降になると、女性首長を葬った大型前方後円墳は確かに見られなくなる。田中良之も、古墳時代中期に至ると被葬者が父系的かつ直系的継承へと変化するとともに、古墳時代後期には農民層においても同様の変化があったと結論づけている[19]。ただし、京都府京丹後市大谷古墳は古墳時代中期前半に築かれた墳丘長三二メートルの帆立貝形古墳であり、葬られていたのは熟年前半の女性首長と考えられるのである[20]。つまり、中型や小型前方後円墳、帆立貝形古墳、円墳などの被葬者のなかには女性首長がいるということである。墳丘規模が小規模の古墳であれば、家族墓として様ざまな階層、老若男女が葬られていたことは間違いない。一方、義江明子が述べたように、七世紀末までは既婚で女系継承の可能性ももつ女性首長が一定程度存在した可能性があるのならば、清家が述べたことと大きな乖離があることになる。

首長墓の基準について、若干述べておこう。白石太一郎は墳丘長六〇メートル以上の前方後円墳を大型前方後円墳と捉え(21)、白井久美子も六〇—七〇メートル規模の前方後円墳を首長層の墳墓と認識している(22)。田中裕は「各研究者ごと、各編年図ごとに、扱われている古墳資料の範囲は千差万別なのが実状である」とし(23)、千葉県における前期古墳の規模を網羅的に検討した上で、墳丘長三〇メートル前後を一つの基準と考えた(24)。曾根俊雄も墳丘長三五メートルを一つの目安とする認識を示した(25)。『古墳時代の政治構造』(二〇〇四年)は、各地域の研究者が前方後円墳の築造過程を詳細に論じた好書であるが、それぞれの執筆者の首長墓基準は様ざまである(26)。前方後円墳や前方後方墳および比較的規模の大きな円墳や方墳はすべて対象としているが、果たして墳丘長二〇メートルの前方後円墳を首長墓と呼んでよいかは、地域ごとの違いや時期による差異もあろうが、さらに議論すべきものと考える。小型の前方後円形周溝墓や前方後方形周溝墓、前方後円形小墳なども同様である。以上のように、首長墓の基準は研究者によって異なっているが、まずは地域のなかの時期ごとの墳形・規模による築造数の多寡を検討した上で、上位の限られた首長墓を抽出する必要があるだろう。そのことから、田中裕のいう墳丘長三〇メートルを一つの基準にすべきではないだろうか。

二　女性埴輪のなかの首長像

栃木県下野市甲塚古墳は、直径八〇メートルの基壇の上に主軸長四七メートルの前方後円形の墳丘が乗るという特異な形状をもつ、六世紀末ころに築造された古墳である。(27) 基壇部分は、石室の開口する南側が若干膨らむ可能性もある。いずれにしても、直径八〇メートルという規模は前述の基準に照らしても首長墓として認識してよいが、いわゆる大型前方後円墳よりも下位に位置付けられる古墳という評価をするべきだろう。(28) 内部主体は凝灰岩切石を使用した横穴式石室であり、短い羨《せん》道《どう》がつく可能性が指摘されている。盗掘を受けていたが、わずかに鉄刀片が出土している。床面には数個の河原石が残されていたが、鉄鏃や武具類(挂甲《けいこう》・冑《かぶと》)の破片は出土していない。石室に向かって左側の広い基壇部分に人物埴輪を中心とする形象埴輪が列状に配置されていた。石室から最も遠い位置に馬と馬曳き、その右側に女性埴輪列、その右側に男性埴輪列が整然と並べられていた(図2・図3)。

古墳における人物埴輪を中心とする埴輪の配列については、列状に配置されている場合、群像として様ざまな場面を表現している場合(一部列状を含む)がある。(29) 図4は千葉県市原市山倉一号墳の埴輪配列である。六世紀末ころに築造された墳丘長四六メートルの前方後円墳であり、墳丘の南側のテラス上に水鳥に始まり男性二体、女性三体、筒袖の男性渡来人二体、双脚の男性三体、男性一体、女性一体(頭に壺を載せた人物)、馬と馬曳き男性という埴輪が並べられていた。列のなかでは、男性と女性が完全に区分けされていたのではないことがわかる。図5は群馬県太田市塚廻《つかまわ》り三号墳の埴輪出土状況である。(30) 六世紀前半ころに築造された墳丘長二四メートルの前方後円墳であり、前方部

図 2　甲塚古墳の人物埴輪配列，上段が女性，下段が男性，14 のみ性別不明(注 33「甲塚古墳の埴輪群像における被葬者像」)

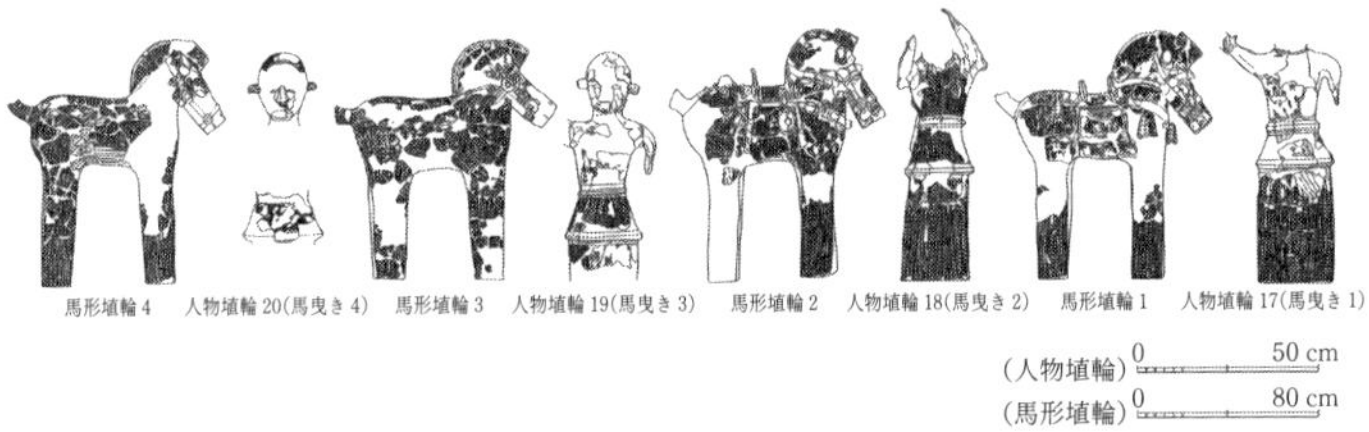

図 3　甲塚古墳の馬・馬曳き人物埴輪配列(注 33「甲塚古墳の埴輪群像における被葬者像」)

に各種の形象埴輪が並べられていた。前方部前端には大刀や盾などの器財埴輪、その内側に椅子に座った男性と女性を中心とする男女像が並べられていたようである。おそらく向き合う男女像とともに、それに付き従う男女像が配置されていたのだろう。この他にも、列状配置をとる千葉県横芝光町姫塚古墳の場合は、墳丘テラスに馬列と馬曳き男性のエリア、男性全身像のエリア、座る男性と女性像を主体とするエリア、武器をもつ男性像を主体とするエリアなどが連続して配置されている。[31] 真の継体大王の墓と目される大阪府高槻市今城塚古墳の埴輪配列も、円筒埴輪と塀形埴輪で区画された四つの空間で、人物のいない一区、人物が女性のみである二区、男性と女性が組み合わさって配置されていた最も中心となる三区、力士や武人など人物が男性のみである四区といった配列であった。[32] 以上のように、多くの事例では男性と女性は組み合わさって、何らかの儀式をおこなっている場面を表しているようなのである。

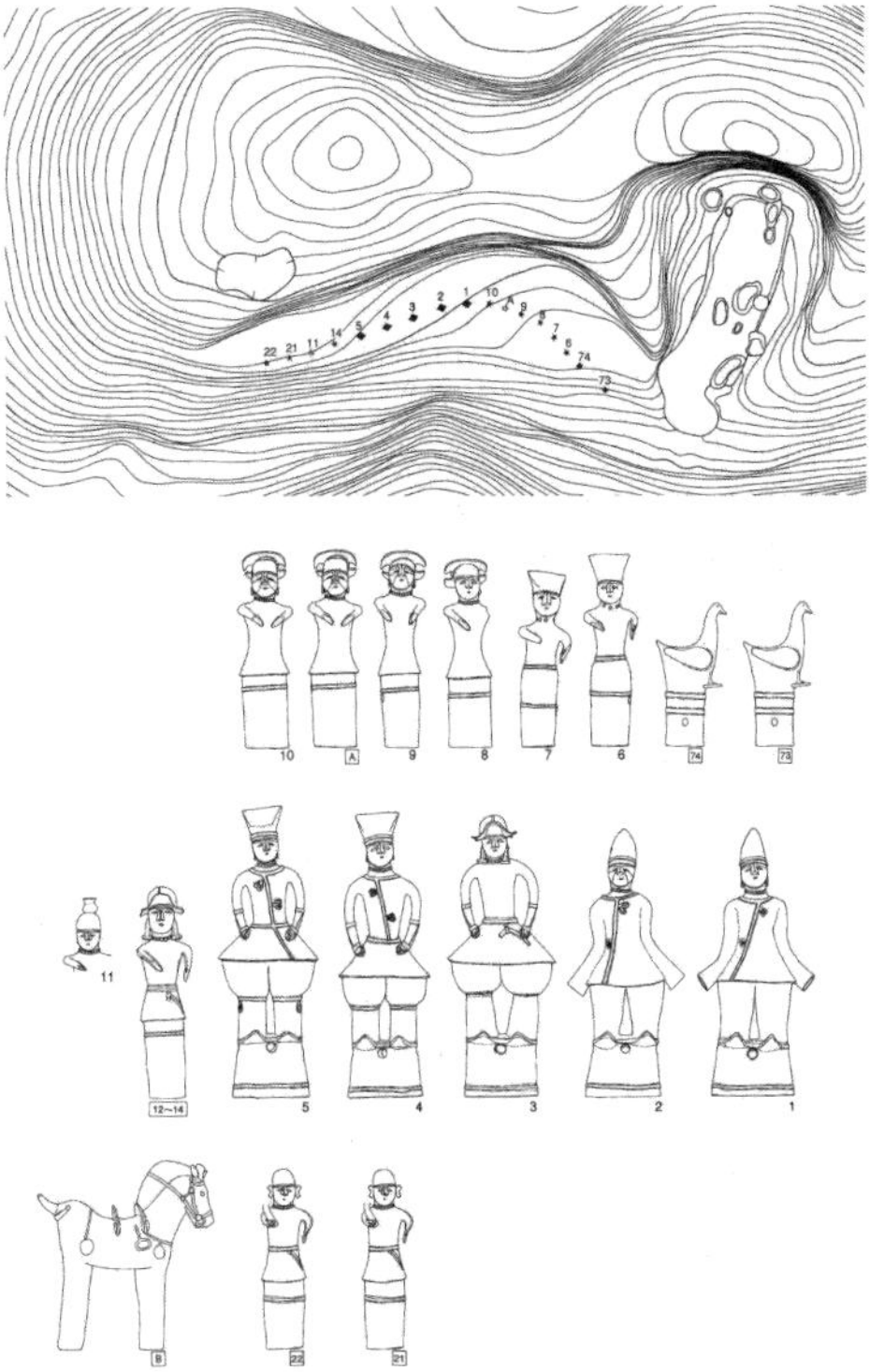

図４　山倉１号墳の形象埴輪配列(注29『市原市山倉古墳群』)

甲塚古墳のように、厳然と女性と男性の配列が分けられているのは、非常に珍しいことであるが、それらを詳細に観察すると、男女それぞれの埴輪は、横穴式石室に近い方が背も高く、服装も合わせを立体的に表現していることから、人物埴輪群像のなかで上位の存在と理解してよい。男性では下げ美豆良《みずら》(髪を左右に

図 5　塚廻り 3 号墳の形象埴輪配列(注 30『塚廻り古墳群』)

分けて結う髪型)を表現した人物埴輪16、女性では頭に鉢巻をつけた人物埴輪6(ともに図2)、飾り馬の馬形埴輪1(図3)が該当する。女性の機織形埴輪二体(人物埴輪7・8)、および女性(人物埴輪9)がある(いずれも図2)。人物埴輪9は人物埴輪6と比べるとやや小振りであり、服装表現もやや簡素である。筆者が全体の中心人物と考えているのが、図2で人物埴輪6とした女性像である(図6－1)。女性像のなかでは造形的に最も大きく表現されており、頭に鉢巻をつけ服装表現が他に比べて立体的で、石室に比較的近い位置に置かれているからである(33)。さらに、馬列の最も石室寄りに配置された馬1はf字形鏡板付轡《かがみいたつきくつわ》・馬鐸《ばたく》・壺鐙《つぼあぶみ》という完全装備の飾り馬であるが、右側面に横坐り用の足乗せ板を着装しており(図7)、女性用の馬と考えられる(34)。図3の馬2も飾り馬であるが、環状鏡板付轡・馬鈴《ばれい》・輪鐙《わあぶみ》であり、馬1に比べると質素である。図3の馬3は

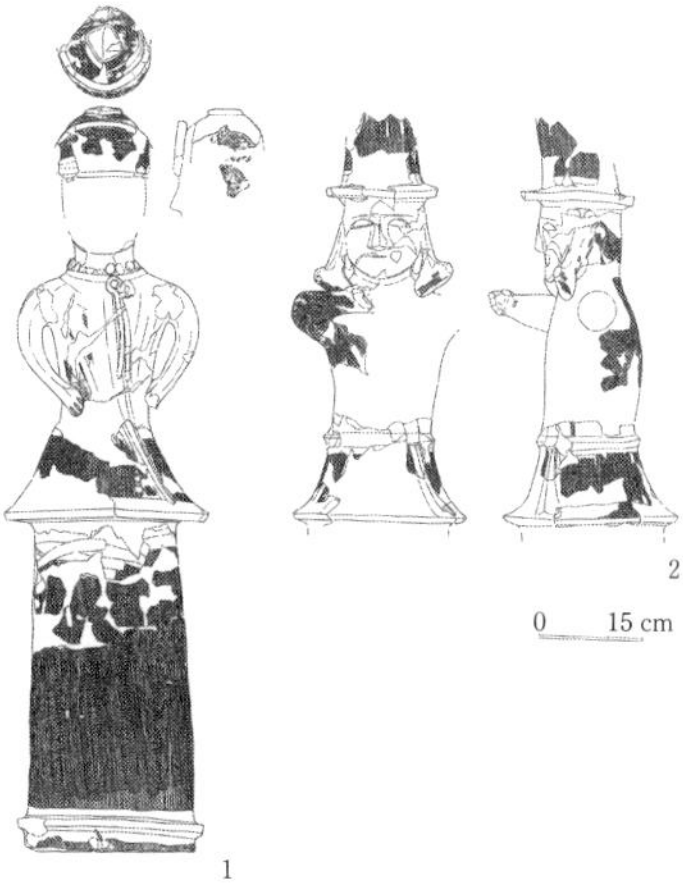

図6　甲塚古墳人物埴輪の中心人物（1女性，2 男性，注 27『甲塚古墳』）

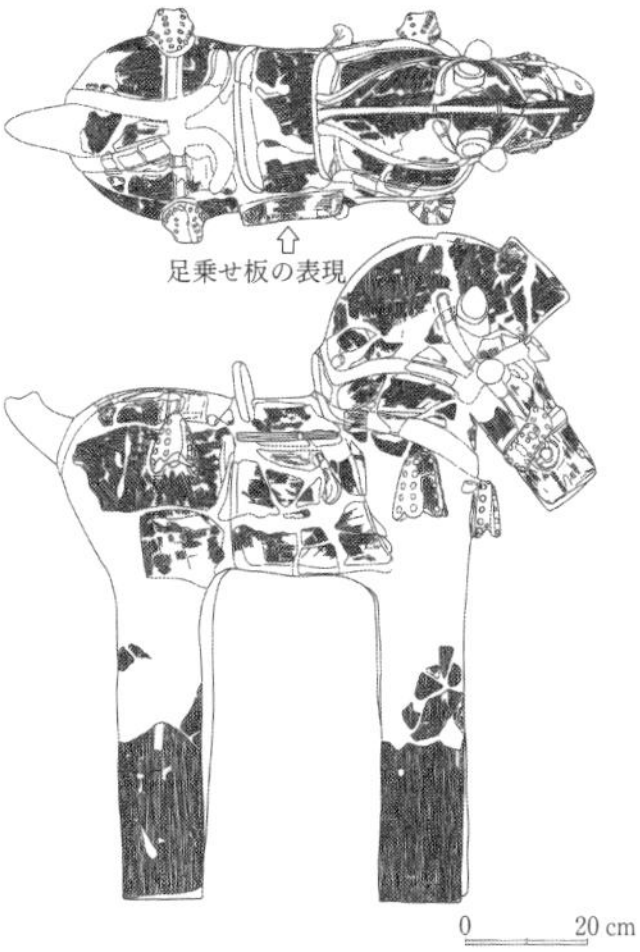

図7　甲塚古墳の馬形埴輪 1 にみる横坐り乗馬（注 27『甲塚古墳』）

片手綱のみ、馬4は頭絡《とうらく》のみの馬である。馬1という女性用の馬が最も上位の存在として甲塚古墳に樹立されていたということは、被葬者が女性であることを示唆していると筆者は考える。一方の人物埴輪16は下げ美豆良の男性であるが（図6－2）、鍬を担ぐ人物埴輪15（図2）と帽子の表現が共通し、大きさもほぼ同一である点から、中心人物としては相応しくないと考える。

以上のような諸特徴から、人物埴輪6を甲塚古墳の最上位の人物すなわち被葬者像であると理解したのである。筆者は、それぞれの古墳における中心人物と考えられる埴輪を被葬者としたらどうかと思っている。前述の山倉一号墳では振り分け髪の男性もしくは頭巾状被り物をつける背の高い方の男性、塚廻り三号墳では椅子に座った男性である。筆者が甲塚古墳の人物埴輪6を中心人物として想定し、それが被葬者像であると解釈したことが妥当であるなら

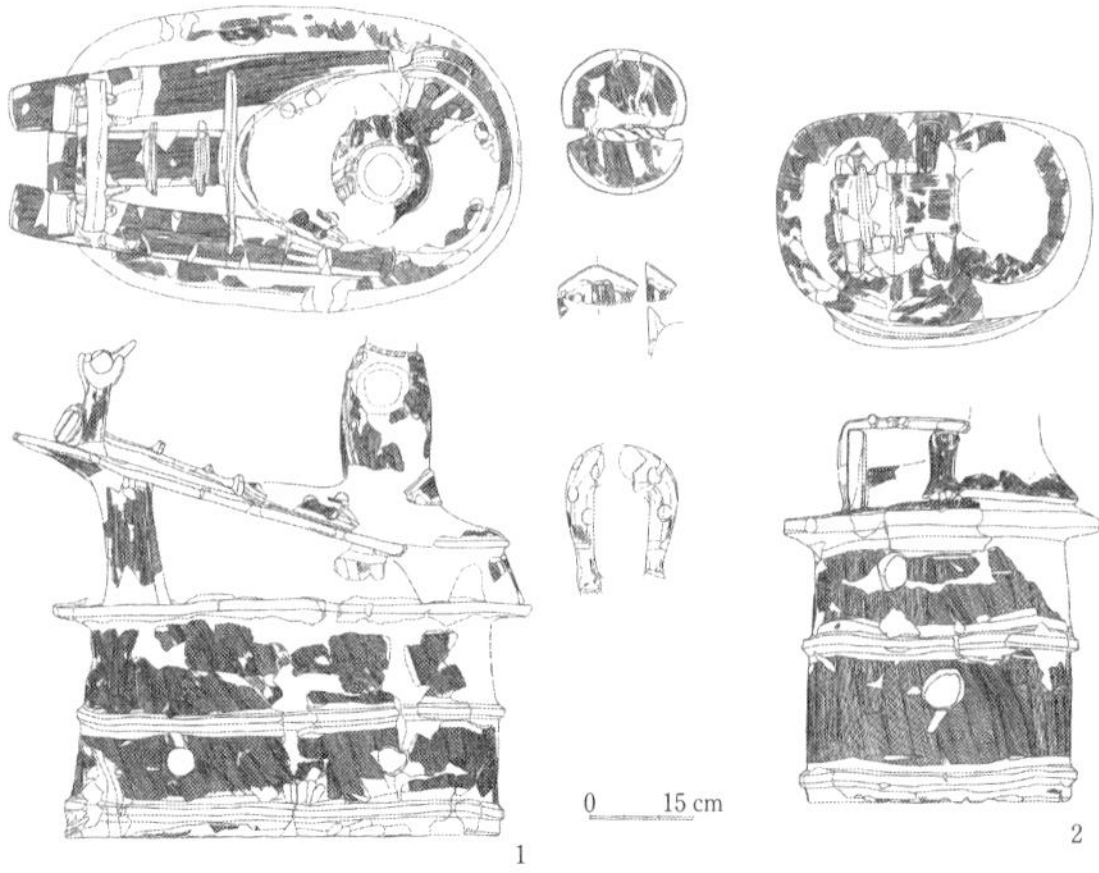

図8　甲塚古墳の機織形埴輪(1 地機，2 原始機，注27『甲塚古墳』)

ば、古墳時代後期の首長墓のなかに女性首長が存在するということになる。もっとも、人物埴輪群像の中心人物のほとんどは男性であることは間違いない。前述の古墳の他には、群馬県高崎市綿貫観音山古墳における胡座し大帯を巻く男性や、埼玉県行田市酒巻一四号墳の最も背が高い筒袖の男性などをあげることができるし、[35] 小型古墳の埴輪群像のなかにも中心人物として男性を見出せる。甲塚古墳は稀有な例ということなのだろうか。

　東村純子は、甲塚古墳の二体の機織形埴輪を詳細に検討し、図2で人物埴輪8とした方を輪状式の原始機《げんしばた》、人物埴輪7とした方を地機《じばた》とし、前者は弥生時代以来の伝統的なもの、後者が古墳時代後期新たに伝来したものであると述べたのである。[36] 東村が人物埴輪7の部品を形状が山形を呈する「天冠」として着目している点は、極めて重要である。筆者はこの破片を幅広の鉢巻とみたが、[37] 改めて確認すると鉢巻には蕨手状の線刻が認められ、その文様は人物埴輪6の鉢巻にも認められる。同じく鉢巻をしている人物埴輪5は無文だから、両者の表現の共通性は高いといえ、人物埴輪6と7は非常に近しい表現をもつといえよう。

屋上屋を架すようだが、人物埴輪6と7は同一人物で、被葬者像であると考えることはできないだろうか。新旧二つの機織形埴輪（図8）を並べているということは、布生産が生前の被葬者にとって極めて重要な活動だったことを示しているのであり[38]、自らもその生産を担っていたことを示そうとしたのではなかろうか。

三　人物埴輪における女性の特徴と性差

女性埴輪は、①髪型が島田髷である、②乳房（乳首）の表現がある、③着衣はスカート状着衣・裳裾ないし袈裟状衣である、といった特徴があげられる。男性埴輪は、①髪型が振り分け髪の下げ美豆良もしくは上げ美豆良である、②双脚の表現がある場合はズボン状着衣の袴を着用している、といった特徴があげられる。男性の場合は、武装していれば甲冑を身に着けていたりするし、刀剣や刀子を佩《は》いていたりする場合も多い。また、農夫であれば鍬を担いでいる場合もある。これらの諸特徴は、性差に由来する表現方法であるものの、女性埴輪の②については、男性にも表現があってもよいはずだが、ないのである。また、女性埴輪であっても乳房の表現が見られない場合もある。

甲塚古墳の埴輪群像に関して、光本順が興味深い観点でそれらを理解しようとしている。すなわち、筆者が被葬者像としてこの人物埴輪群像のなかで最上位の階層（首長）と理解した人物埴輪6について、「異性装的身体表現と考える。この場合、男装、女装の双方、〔中略〕より両義的存在であ

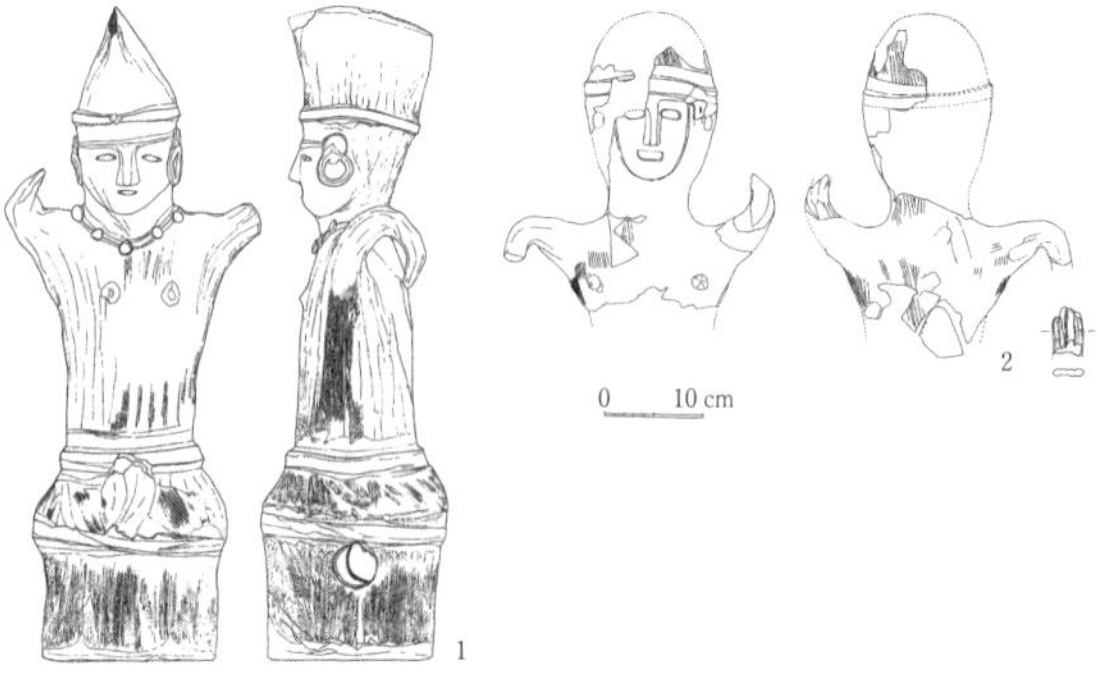

図9　男装の女性人物埴輪（1 殿部田1号墳，注40『上総殿部田古墳・宝馬古墳』，2 下桑島西原2号墳，注41『下桑島西原古墳群』）

る可能性が考えられる」とした[39]。この理解は装身具や乳房表現の有無などから導いたものであり、確かに人物埴輪6には乳房表現がない。しかし、光本が最も女性ジェンダー化されたとしているのは人物埴輪1であるが、この人物にも乳房表現がない。筆者は、埴輪製作工人集団中の個人の癖、製作上のミスなどの可能性もあると考えている。また、年齢差を表している可能性もあろう。例えば埼玉県行田市酒巻一四号墳の場合、正座のように座った女性には乳房表現がないが、半身像の女性二体はいずれも乳房表現がある。群馬県高崎市綿貫観音山古墳の場合、正座のように座った女性と捧げものをする半身像の女性には乳房表現があるが、いわゆる三人童女とされる女性は乳房表現がないようである。

同一古墳から出土した女性像でも、乳房表現があるものとないものが混在する事例はおそらく多いと思われる。この違いを光本のように異性装として解釈するのか、それとも前述のように癖・ミス・年齢差などと考えるのか、判断するのは難しい。男装あるいは女装、すなわち異性装という視点は、前述のように、同一古墳から出土した女性埴輪のなかの、乳房の表現があるものとないものに対する一つの解釈として魅力的ではある。ただし、筆者自身は甲塚古墳の人物埴輪6にそれを当てはめるのは難しいと考えている。一方で、男装としか考えられない女性像があることも事実である。

図9－1は、千葉県芝山町殿部田《とのべた》一号墳出土の人物埴輪である。(40) 島田髷でなく被り物を着けた様子は男性かと思われるが、両胸には乳房の表現らしき膨らみがあり、女性を表現していると思われる。本資料は、女性が男装している様子を表しているのではなかろうか。本古墳からは多数の武装男性、男性琴弾き、頭に壺を載せた女性、家などが出土しているが、女性の島田髷も複数出土しているから通有の女性像もあった。

図9－2は、栃木県宇都宮市下桑島西原二号墳の人物埴輪である。(41) この人物埴輪は杉山晋作が注目したものであるが、頭部の特徴により被り物をつけていると思われることから髪型で男女の区別はつかないが、両胸には乳房の表現があるので女性であると考えた。(42) 左手を上方に挙げており、近くから飾り馬の埴輪も出土しているから、男装した女性の馬曳きだということになる。

四　古墳時代後期における女性首長の存在

日本列島の多くの古墳の場合、被葬者を直接的に示す人骨の出土は稀である。酸性土壌のために、有機物は残存しないことが多い。しかし、副葬品は盗掘の禍を受けたとしても多少なりとも残されている場合が多いので、前述のように被葬者の性別を検討することはできるだろう。なかでも清家章が示したように、鏃・甲冑の有無というのは重要な観点だと考える。さらに、北郷泰道が明らかにしたように、南九州の地下式横穴墓では女性に鉄鏃が伴うのは稀ではないことを考えると、特に甲冑の有無は男性か否かを考える上で必須要素なのではなかろうか。前方後円墳などの首長墓で副葬品のなかに甲冑類がない場合には、被葬者が女性であった可能性もあろう。

筆者が報告書作成に関わった古墳に、茨城県霞ヶ浦北部の出島半島で七世紀初頭ころに築造された、墳丘長七八メートルの前方後円墳である茨城県かすみがうら市風返稲荷山《かざかえしいなりやま》古墳がある(43)。横穴式石室奥室のなかに箱形石棺が三基つくられ、くびれ部にも箱形石棺が一基確認され、馬具や刀類・鉄鏃・弓、銅鋺や須恵器など多くの副葬品が出土したが、甲冑類はまったく存在しなかった。くびれ部の箱形石棺では、円頭大刀・耳環とともに足玉と思われる玉類の出土が見られるため、被葬者は女性の可能性があり、石棺外に馬具類が一式配置されていた。霞ヶ浦の高浜入り周辺では玉里村(現小美玉市)周辺の甲冑保有率が極めて高く、さらに環頭大刀の出土が目立つのに対して、風返稲荷山古墳ではその両方ともに存在しないのである。筆者は、玉里周辺の首長については軍事権を想定することができ、対する出島半島の首長は柏崎窯跡を中核とする須恵器生産を統括していたという評価をした(44)。前述のように、甲冑類をもっていないということを重視して、風返稲荷山古墳の最初の埋葬者(奥棺)が、女性首長であった可能性もあるのではなかろうか。甲冑の保有率の極めて高い小美玉市周辺の首長墓とあまりにも対照的な状況を説明する一つの解釈として提示しておきたい。

古墳時代後期の各地のトップクラスの首長墓では、冑や挂甲といった甲冑類の出土は珍しいことではなく、むしろ副葬していることが普通であるとも言えよう。これらは男性被葬者を想定することができると思われるが、一方で少ないながらも女性首長が存在していたと考えたいのである。

おわりに

第一章では、女性首長に関するこれまでの研究の流れをまとめ、副葬品による性差や装身具の性差について研究がなされてきたことを明らかにした。また、首長墓の基準についてのこれまでの見解を概観し、墳丘長三〇メートルを一つの基準とする見解を紹介した。

第二章では、甲塚古墳の人物埴輪を通して、最上位の女性埴輪を被葬者と認識し、女性首長の存在を指摘した。

第三章では、甲塚古墳の女性埴輪に関して近年指摘された異性装の可能性について、筆者の見解を述べるとともに、異性装の可能性がある人物埴輪を紹介した。

第四章では、古墳時代後期首長墓の副葬品での甲冑の有無と被葬者の性別について、霞ヶ浦の高浜入り周辺の古墳の事例と風返稲荷山古墳とを比較し、後者に対して女性の可能性を指摘した。

女性首長をめぐるこれまでの見解や女性埴輪からみた首長像などについて、筆者の考えるところを述べてきた。考古学研究は、発掘資料に基づいて事実を積みあげていくという手法をとる。首長の性別に関する研究は、特に六世紀以降は首長墓の人骨に関して良好な材料に恵まれていないことから、多くは言及されてこなかった。今後は副葬品をもとにした再検討が必要となるだろう。

（1）大塚初重『東国の古墳と大和政権』吉川弘文館、二〇〇二年
（2）都出比呂志『前方後円墳と社会』塙書房、二〇〇五年
（3）広瀬和雄『古墳時代政治構造の研究』塙書房、二〇〇七年、二六七頁
（4）白石太一郎『古墳の被葬者を推理する』中央公論新社、二〇一八年
（5）高橋照彦「首長墳の被葬者像」一瀬和夫・福永伸哉・北條芳隆編『古墳時代の考古学6　人々の暮らしと社会』同成社、二〇一三年、二二―三一頁
（6）今井堯「古墳時代前期における女性の地位」『歴史評論』三八三、一九八二年、二―二四頁
（7）前掲注6今井「古墳時代前期における女性の地位」五―一〇頁
（8）清家章『古墳時代の埋葬原理と親族構造』大阪大学出版会、二〇一〇年、同『卑弥呼と女性首長』学生社、二〇一五年
（9）図1の鍬形石・車輪石・石釧は以下の文献による。東大寺山古墳研究会・天理大学・天理大学附属天理参考館編『東大寺山古墳の研究』真陽社、二〇一〇年
（10）前掲注8清家『卑弥呼と女性首長』一〇七―一〇八頁
（11）前掲注8清家『古墳時代の埋葬原理と親族構造』一八三頁
（12）前掲注8清家『古墳時代の埋葬原理と親族構造』一八五頁
（13）北郷泰道「武装した女性たち――古墳時代の軍事編成についての覚書」『考古学研究』第四〇巻第四号、一九九四年、一三七頁
（14）義江明子「日本古代女性史からのコメント――父系化の画期とその意義」『法制史研究』六七、二〇一八年、二九〇頁
（15）玉城一枝「足玉考」森浩一編『考古学と生活文化』同志社大学考古学シリーズ刊行会、一九九二年、二三五―二五〇頁、同「手玉考」『橿原考古学研究所論集　第十二』吉川弘文館、一九九四年、九三―一二四頁、同「藤

ノ木古墳の被葬者と装身具の性差をめぐって」図録『考古学からみた古代の女性――巫女王卑弥呼の残影』大阪府立近つ飛鳥博物館、二〇〇八年、七〇―七三頁
(16) 前掲注15玉城「藤ノ木古墳の被葬者と装身具の性差をめぐって」七〇頁
(17) 前掲注15玉城「手玉考」一一〇頁
(18) 玉城一枝「藤ノ木古墳の南側被葬者男性説は成り立つのか」松藤和人編『森浩一先生に学ぶ――森浩一先生追悼論集』同志社大学考古学シリーズ刊行会、二〇一五年、三五一―三六〇頁
(19) 田中良之『古墳時代親族構造の研究――人骨が語る古代社会』柏書房、一九九五年、二八二―二八三頁
(20) 大宮町教育委員会『大谷古墳』一九八七年
(21) 白石太一郎『古墳と古墳群の研究』塙書房、二〇〇〇年(初出一九九二年)、三四八頁の注5
(22) 白井久美子「前方後円墳の理解――規模・地域展開」柳澤清一編『型式論の実践的研究II』千葉大学大学院人文社会科学研究科、二〇一四年、一三一頁
(23) 田中裕「いわゆる「首長墓系譜研究」小考」第一三回東海考古学フォーラム実行委員会『墓場の考古学』二〇〇六年、一三四頁
(24) 田中裕「第4章第3節 前期古墳の展開と階層構成の推移」『千葉県文化財センター研究紀要』二一、二〇〇〇年、三六七頁
(25) 曾根俊雄「石岡市域の古墳群」佐々木憲一・田中裕編『常陸の古墳群』六一書房、二〇一〇年、一一四頁
(26) 広瀬和雄ほか『古墳時代の政治構造――前方後円墳からのアプローチ』青木書店、二〇〇四年
(27) 下野市教育委員会編『甲塚古墳――下野国分寺跡史跡整備関連発掘調査報告書』二〇一四年
(28) 秋元陽光・大橋泰夫・水沼良浩「国分寺町甲塚古墳調査報告」『栃木県考古学会誌』第一一号、一九八九年、一八一―一九八頁
(29) 小橋健司ほか『市原市山倉古墳群』市原市教育委員会、二〇〇四年
(30) 石塚久則ほか『塚廻り古墳群』群馬県教育委員会、一九八〇年
(31) 杉山晋作「千葉県姫塚古墳の埴輪配列」『はにわ群像を読み解く――保渡田八幡塚古墳の人物・動物埴輪復元プロセス』かみつけの里博物館、二〇〇〇年、四七―五〇頁

(32) 今西康宏『王権儀礼に奉仕する人々』高槻市立今城塚古代歴史館、二〇一六年
(33) 日高慎「甲塚古墳の埴輪群像における被葬者像」『東国古墳時代の文化と交流』雄山閣、二〇一五年(初出二〇一四年)、四九―五九頁、同「古墳時代の女性像と首長――栃木県下野市甲塚古墳の埴輪をもとにして」『総合女性史研究』第三三号、二〇一六年、三〇―四三頁
(34) 前掲注33日高「甲塚古墳の埴輪群像における被葬者像」
(35) 日高慎「被葬者の埴輪」『東国古墳時代の文化と交流』雄山閣、二〇一五年、六一―七〇頁
(36) 東村純子「甲塚古墳の機織り形埴輪から読み解く古代女性の貢納布生産」『総合女性史研究』第三四号、二〇一七年、二二―三五頁
(37) 前掲注33日高「甲塚古墳の埴輪群像における被葬者像」五三頁。
(38) 坂本和俊は下野国において機織りに関する地名を多く認めることができることから、甲塚古墳の二種の機織形埴輪の存在は、新たな機織り文化を伝えた渡来人を顕彰する意味があったとしている。坂本和俊「下野甲塚古墳機織り埴輪の展望――考古資料と文献史料の狭間から探る」『地域考古学』四号、地域考古学研究会、二〇一九年、五九―七四頁
(39) 光本順「弥生・古墳時代の身体表現と異性装」『日本考古学協会二〇一九年度岡山大会　研究発表資料集』二〇一九年、二二七―二三六頁
(40) 濱名徳永ほか『上総殿部田古墳・宝馬古墳』芝山はにわ博物館、一九八〇年
(41) 今平利幸ほか『下桑島西原古墳群』宇都宮市教育委員会、一九九二年
(42) 杉山晋作「いわゆる裸の人物埴輪と被服」『東国の埴輪と古墳時代後期の社会』六一書房、二〇〇六年、五三―五五頁
(43) 千葉隆司ほか『風返稲荷山古墳』霞ヶ浦町教育委員会、二〇〇〇年
(44) 日高慎「風返稲荷山古墳出土の飾大刀と佩用方法について」前掲注43『風返稲荷山古墳』一八九―一九一頁

中世――先駆者としての女性

中世を導いた女院たち

――ジェンダー視点で読み解く女院と院政

高松百香

はじめに――女院とは／教科書の中の女院

女院とは、摂関時代の正暦二(九九一)年九月一六日、皇太后・藤原詮子《せんし》(一条天皇母后)に対し「東三条院」という院号が宣下《せんげ》されたことに始まる後宮女性の地位である。基本的には天皇の母にあたる女性に院号が与えられ、その制度的終焉は幕末の新待賢門院《しんたいけんもんいん》(正親町《おおぎまち》雅子[一八五六年死去]、孝明天皇生母)であり、総じて一〇七人(一〇八院号)が確認されている[1]。天皇の正妻である皇后(中宮)は、大宝律令制定(七〇一年)後に冊立《さくりつ》された皇后・藤原光明子《こうみょうし》(聖武天皇の妻后)から数えると、二〇二〇年現在の雅子皇后まで入れても七〇名弱であるから、女院のほうが歴史は短くとも人数は多い[2]。

東三条院・上東門院(藤原彰子《しょうし》。後一条・後朱雀《ごすざく》天皇の母后)と続く成立時の女院たちは、御《み》堂関白《どうかんぱく》藤原道長の姉・娘であった。彼女たちが天皇の母となったことと、摂関政治の隆盛および摂関家が道長の家筋に固定化されたことの強い関連は、疑う余地がない。[3] しかし、例えば上東門院ならば、『源氏物語』を書いた紫式部が仕えた中宮彰子、というイメージが強く、彼女が史上二人目の女院として果たしたさまざまなことは、一般的にはほとんど知られていないだろう。

一般的、ということであれば、教科書に女院はどのように書かれているだろうか。受験日本史におけるシェアが高い山川出版社の『詳説日本史B』では、「院政の開始」の項目で、本文の「上皇(院)として院庁を開き」の「上皇(院)」の欄外注として、女院[4]が初登場する。

院とは、もともと上皇の住居のことで、のちには上皇自身を指すようになった。女院は、上皇と同じような待遇を与えられた天皇の后妃や娘を指す。[5]

女院が本来登場した摂関期ではなく、院政期の項目で、院と「同じような」ものとして紹介されている。

女院個人で取りあげられているのは三人である。院政期の八条院(暲子《しょうし》内親王)と建礼門院(平徳子)、江戸時代の東福門院(徳川和子)である。八条院は、院政期の社会における荘園寄進の増加を述べる本文の欄外注で説明されている。

上皇は、近親の女性を院と同じく待遇(女院)して大量の荘園を与えたり、寺院に多くの荘園を寄進したりした。たとえば、鳥羽上皇が皇女八条院に伝えた荘園群(八条院領)は平安時代に約一〇〇カ所、後鳥羽上皇が長講堂に寄進した荘園群(長講堂領)は鎌倉時代初めに約九〇カ所という多数にのぼり、それぞれ鎌倉時代の末期には大覚寺統・持明院統に継承され、その経済的基盤となった。

過去には八条院を「八条女院」と表記していた山川出版社教科書が表記を改め、女院を「院と同じく待遇」と説明するようになったのは最近のことである。(6) この間の女院研究の進展により、教科書記述が修正されたとすれば喜ばしいが、八条院とは荘園を相続したり寄進されたりしただけの存在にも思える文章である。

建礼門院は平氏政権の項目の本文において、

清盛は娘徳子（建礼門院）を高倉天皇の中宮に入れ、その子の安徳天皇を即位させ外戚として威勢をふるうなど、平氏政権は著しく摂関政治に似たもので、武士でありながら貴族的な性格が強かった。

と取りあげられる。平氏＝武士なのに貴族的(7)という古典的な通説で、徳子は父清盛の野心を満たすための手駒、というイメージを持たれそうな文脈である。(8)

東福門院は、徳川幕府による天皇と朝廷への介入を説明する項目で出てくるが、建礼門院と同様に、二代将軍である父秀忠の野望によって天皇のもとに入内したという文脈である。八条院の箇所も、主体は上皇の父院鳥羽であった。教科書に載っている三人の女院たちは誰も、主語にはなり得ていないのである。

日本史上、一〇七人いた女院とは、誰も主語になり得ない存在なのであろうか。この素朴な疑問を解決することが、本稿の目的である。ジェンダーの視点をもって、女の院である女院に注目することで、男性中心の歴史観や政治史に訂正を迫りたい。

一　女院の研究史概観

女院の研究史については、参考とすべきものがいくつもあるが、[9]女性史・ジェンダー史の視点でまとめてみたい。

1　女院研究のスタート

まずは女院研究の初発の時代を確認する。管見に入った最も古い女院の研究は、中村直勝「以仁王の挙兵と八条女院領」(一九二二年)[10]、のち、荘園史・古文書学研究の大家となった中村の若い頃の論文である。中村は八条院領の調査研究のなかで、治承・寿永の内乱の黒幕としての八条院の役割を見出した。女院領研究と政治史が結び付く、当時としては斬新な研究であった。

その後、龍粛「女院の成立について」(一九五五年)が発表される。[11]これは東三条院に始まる女院の成立と制度を初めて通覧したもので、今なお女院研究の基礎文献である。時代的な制約か、国母尊《こくもそん》崇《すう》、つまり天皇の母である女院を顕彰する意味が強い論文でもあるが、充分な実証性を持つ。この論文では、一条天皇の母后詮子の宮廷における権威と影響力の高まりから、皇位から発生した男性の院に相当する地位が后位からも現出すべき状況となり、詮子が病気のために出家するというタイミングで、女院が創設されたとする。また、女院の地位は、皇位から離れた太上天皇と同様に、后位に附随する職責にとらわれず仏教信仰行為への自由もあったので、むしろ后位以上の地位であった、とも述べた。この龍論文は、長く女院成立論の通説となり、藤木邦彦が一九六四年に、「女院制については、現在これに付加すべき何ものもない」とまで断じたほどである(12)。

なお、女性史研究の先駆者である高群逸枝も、「女院一覧表」(一九三六年)を作成するなど、女院に関心を持っていたことがうかがえる(13)。天皇の母、という要素に起因して、女院研究は戦前からある程度の基礎的段階を踏まえていたとも言える。戦後歴史学において荘園史研究の第一人者となる中村・戦中戦後の東京大学史料編纂所所長龍・女性史研究の開拓者高群という贅沢な面々が、女院研究の初動メンバーであることは非常に興味深い。

2 「女院は院の分身」論

戦後において、女院研究はしばし手付かずの状況にあったが、一九六〇年代半ばになって、続けざまに消極的評価が、それも影響力の強い通史シリーズや講座においてなされた。未婚の内親王が、父院の意向で女院となり、一生独身のまま、黒田俊雄によれば「所領の番人・名義人(14)」、竹内理三によれば「院の分身(15)」として過ごした、というものである。そこに女院の独立性・自立性は全く認められなかった。黒田・竹内以後の女院領および女院研究は、このような先入観を批判し、女院の院からの独立性を実証することにも注力することとなる(16)。

3　女院研究の深化と広がり

橋本義彦「女院の意義と沿革」(一九七八年)[17]によって、院号が確実な一〇七人(一〇八院号)の一覧が作成され、女院制全体を見通す研究が行われた。女院の成立に関しては、「母后優遇を本旨として成立した女院の地位・待遇は、概ね太上天皇に准じ、后宮に勝るとも劣らぬものであった」と述べ、龍の説を踏まえた上で、国母(天皇生母)尊崇を直接的な成立要素とみている。そして、東三条院以後の展開を追ったのも本論文の成果である。橋本は摂関・院政期女院を、A国母后宮・B非国母后宮・a国母准三宮・b非国母准三宮の四類型に分類し、その後の女院たちもどれかにあてはまるとした。国母かつ后である女院は摂関期の三例で終わり、その後は次々と非国母、非后妃、非配偶(未婚)の女院が登場し、女院となる女性の範囲が広がっていく。女院の沿革を捉えた本論文は、龍論文に続く女院の基礎文献となっている[19]。

一九八〇年代に入り、世界的な女性解放運動や、日本における社会史・王権論の流行と合致して、新たな女院研究が多く生み出された。「女院は院の分身」的な固定イメージを変えたのは五味文彦で、内乱期における女院の政治的文化的位置を問い直す「女院と女房・侍」(一九八四年)[20]や「聖・媒・縁――女の力」(一九九〇年)[21]などは女院がもつ豊かな歴史的役割を世に問うた。個別女院研究も待賢門院[22]、陽明門院[23]、皇嘉門院[24]など次々と発表された。また、研究が進んだことで女院の独立性にとどまらない、その歴史的意義を改めて問いなおす動きもあり、野村育世「女院論」(一九八九年)[25]、伴瀬明美「院政期〜鎌倉期における女院領について――中世前期の王家の在り方とその変化」(一九九三年)(26)などはそれに当たるだろう。

4　ジェンダー史のなかの女院研究

九〇年代に入り、女性史からジェンダー史への転換を迎え、日本の前近代史である女院研究も新段階を迎える。この分野において早くにジェンダー視点を取り入れた服藤早苗による「王権と国母――王朝国家の政治と性」(一九九八年)(27)では、二人目の女院・上東門院が注目された。

筆者は上東門院が死後の院政期において男院の先例とされた事例に注目し、上東門院と院政の成立を論じた(「院政期摂関家と上東門院故実」二〇〇五年)(28)。また、死後に居所名がほぼ自動的に院号となる男院と違い、女院は生前、まさに院になるときに院号が公卿による合議(院号定)によって決められ、天皇によって宣下されるという特徴があることや、後世の「〇〇門院」というスタイルの院号＝門院号の増大に国母女院・上東門院への憧憬をみた(29)。ほか、龍・橋本両氏の女院成立論をジェンダーの視点で読み直す試みもしている(30)。

歴史学におけるジェンダー視点の広まりに呼応して、近年、女院の研究および研究者は非常に増え、論点も多様化している。たとえば、栗山圭子は准母立后《じゅんぼりっこう》(国母と同様の扱いを受けた女性を准母といい、天皇の姉などが准母として立后した)に注目し、王家の新たな系譜意識と女院による後見のありかたをあきらかにした(31)。また国母女院となった平家出身の建春門院と建礼門院を、夫である院との同居経験と政治代行力から比較した[32]。

また、女院と女院領の関係についても新段階の研究レベルに入ったといえる。野口華世は、女院領の実態が個別の寺社領の集合体であること、つまり用途の決まった荘園がほとんどであり、未婚内親王女院がたくさん荘園を相続して豊かに暮らしたわけではないことを明らかにした[33]。ジェンダー視点の導入により、院との比較の視点ができたことは大きな進展と考えられる。一方、中世後期の女院たちは、南北朝動乱期に請われて「院政」を行った広義門院《こうぎもんいん》(西園寺寧子。光厳・光明天皇生母)など魅力的な人物もいるが[34]、全体的には研究が進んでおらず、今後の課題といえよう。

二　「女院の成立」をジェンダーで読み解く

1　重要史料をジェンダー視点で読み直す

さて、龍・橋本論文で丁寧に検討され、野村育世によっても慎重に解釈されているが[35]、改めてジェンダー視点を重視しつつ、女院の成立の瞬間を記録する史料「後小記《のちのしょうき》」(藤原実資《さねすけ》の日記『小右記《しょうゆうき》』の逸文。『院号定部類記』に残された。『大日本古記録　小右記』第十一巻所収)正暦二(九九一)年九月十六日条の内容を確認してみよう。

十六日、壬子《みずのえね》。辰時、内に参る。午時、職御曹司《しきのみぞうし》に幸《みゆき》す。母后、件の曹司に御《おわ》す。今日、出家し給ふ。仍《よ》りて行幸有り。公卿、扈従《こしょう》す。〔中略〕公卿、陣座《じんのざ》に還り着す。蔵人頭《くろうどのとう》〔源〕扶義《すけよし》、陣に於いて左大臣に仰せて云はく、「御出家に依り、職号及び大炊寮の御稲・畿内の御贄《みにえ》を止むべし。抑《そもそ》も院号有るべきか。若しくは判官代《ほうがんだい》・主典代《しゅてんだい》有るべし。若しくは又、先例、如何。宜しきに随ひて定め申すべし」てへり。公卿、僉議《せんぎ》して云はく、「淳和の后〔正子内親王〕・嵯峨の太后〔橘嘉智子〕・染殿の后〔藤原明子〕、国史、更に其の旨を細かく記さず。院号は、御領処を以て、其の号と為す。其の処を承らざること、如何。又、判官代・主典代等の事、慥かなる例を尋ね得ること能はず」と。又、云はく、「勘進せしめ、定め申すべきか。但し二条の皇后〔藤原高子〕、廃する以後、判官代・主典代有る由」と云々。又、是れ未だ明かならざるなり。縦《たと》へ其の例有りと雖も、宜しき例に非ざるか。若しくは避くべし。縦へば進代《じょうだい》・属代《さかんだい》と謂ふべきか、如何。抑も御定在るべき由を定め申さしめ了んぬ。定め下されて云はく、「院の例に依り、判官・主典代、宜しかるべし。又、院号、東三条院と号すべし」と。〔後略〕

意味は次の通りである。皇太后詮子が病を理由に出家する当日、息子の一条天皇が母のもとに行幸し、公卿たちも追従した。内裏に戻り陣座（会議の場）に集った公卿たちに対し、蔵人（天皇の側近）を通じて一条天皇より、「母后は出家により皇太后という職号などが止められる。院号があってしかるべきではないか。もしくは判官代・主典代を置くべきではないか。先例ではどのようになっているのか、調べたうえで決定せよ」との提案があった。院号とは院としての名前、判官代・主典代とは院に仕える院司であり、つまり男の院に認められている院庁の構成員である。院号を得た詮子に院庁の設置を認めることを、実質的に意味すると考えられる。

ちなみにこの時、一条天皇は数えの一二歳、摂政は詮子の兄である道隆が務めていたので、この蔵人の提案そのものが道隆の発意であることは疑いないだろう。公卿たちは先例を勘案したが、出家した后は何例か存在するものの院号が宣下された例は見当たらず、また僧侶との密通を原因として廃された二条后(藤原高子)に判官代・主典代が付けられたらしいとの意見も出たが、そもそも良い例ではないので避けるべきである、等の消極的意見が提出された。しかしこれらの奏上を受けた一条天皇の結論は、「院の例により判官代・主典代をおくのがよいだろう。また院号は東三条院とせよ」というものであった。

そして院号「東三条院」とは、詮子の父兼家が新造した摂関家の本邸・東三条第にちなんだもので、この命名の感覚自体は男性の院と同じである。大きく異なるのは、男院は生前は固有の院号をもたず、複数院がいるときは「一院」「新院」などと呼び(書き)分けられるだけだが、この詮子の初例においては、死後に付けられるはずの院号が、女性を院にするタイミングで与えられてしまったため、女院はその制度的終焉までずっと、女院になる＝院号が与えられる、が規定されてしまったことである。

さらに注意すべきは、詮子は「院号」を与えられたのであり、「女院号」を与えられたわけではない、という点である。つまり女院はその成立時において、女性の「院」であった。この史料からは、詮子に「院号(院としての名前)」を与えるという発想は確認できるが、「女院」という新たな地位を作るという意図は全く読み取れないのである。

ちなみに、「女院」なる語の初出は詮子への院号宣下からひと月半後の「後小記」(『小右記』)正暦二年一一月三日条である。[36] そもそも詮子の院号宣下時には花山院がいたので、両者の呼び(書き)分けは必須であった。詮子は「新院」であり、新しいだけでなく女性でもあったから、「女院」という称がすぐに現れたのである。はじめから女院なのではなく、女性が院になったことで、女院という代名詞が誕生し、それがあたかも正式な地位呼称のようになり貴族社会に定着していった、という順番であることは大いに強調したい。

2　院号宣下と院号のジェンダー

二例目の上東門院以降、女院の院号を決定する「院号定」という公卿会議が行われた。「女院号定」ではないことに注意したい。これら会議の内容は、『院号定部類記』に納められている。[37] 男性の院の場合、院号は死後に邸宅名がほぼ自動的に付けられるため、院号定・宣下は不要である。のち、女院の号には、上東門院にあやかるべく「門院号」が数多く採用されるという個性と、「新○○院」という男院とは異なる院号の再利用法(男性の院号は「後○○院」)が定着する。[38]

3　『栄花物語』にみる女院の成立

女院の成立は幸いなことに、藤原実資の日記が残されていることで、日時や反対意見まで判明する。そして、歴史物語にも記述がある。作者が赤染衛門との推定が正しければ、詮子とほぼ同時期

を生きた身近な女房によって女院成立が描写されたことになる『栄花物語』は、詮子に対する院号宣下のくだりを、

譲位《おりい》の帝になぞらへて女院と聞えさす。さて年官年爵得させたまふべきなり。（巻四　みはてぬゆめ）

〔訳　太上天皇になぞらえて女院と申し上げる。こうして当然年官年爵(院宮の収入となる封禄制度)をお受けになるはずである〕

と述べている。ちなみに彰子が出家し女院となる場面は、

おりゐの帝とひとしき御位にて、女院と聞えさすべき宣旨もてまゐりたり。（巻二七　ころものたま）

〔訳　太上天皇と等しい御位を得られ、女院と申し上げるよう宣旨を持参した〕

と記述している。これを見ると、詮子は当初から「女院」という呼称だったようにも見える。しかし『栄花物語』の成立は長元年間(一〇三〇年ごろ)とされているから、詮子への院号宣下から四〇年を経過し、さらに、万寿三(一〇二六)年正月一九日の彰子への院号宣下をも経験した人物が執筆しているはずである。それを裏付けるのが、「年官年爵得させたまふべきなり」という表現である。実は、詮子への院号宣下と判官代・主典代の設置以外には、詮子への待遇はまったく決まっていなかった。年が明けて正暦三年正月五日に、ようやく詮子には年官年爵という院宮への経済的待遇が宣旨で確認されるのである。(39) この時差を知っているものしか、「得させたまふべきなり」とは書け

ない。この書き手は女院の成立のリアルタイムの経緯を、細かく記憶しているか、詳細な史料を確認できている。それが「女院」と自明であるかのごとく表記していることは、女院が好ましい称としてすぐに受け入れられたことの現れかと思う。

『栄花物語』からは、東三条院に初めて女院という地位が新設された、と認識されていたことがわかる。その女院の地位は、太上天皇（院）の位に準拠して作られたと、貴族社会において理解されていた。詮子に続き二人の天皇生母である彰子が就いたことで、女院は国母に捧げられる重要な称号・地位として周知され、定着していったのであろう。

4　女院の成立事情を考える

「後小記」（『小右記』）に立ち戻れば、詮子の病を契機とした出家にかこつけ、先例にない后位からの離脱にともなう院号の付与という一点突破が、一条－道隆によって果たされただけで、女性の院としての待遇までは整えられなかった。女院のスタートは随分と性急であり、龍や橋本が述べた「国母尊崇」という風潮だけが女院成立の背景であるとは思えない。

当時の後宮は異様であった。女院成立の前年正暦元（九九〇）年には、令制で定められた三后（太皇太后・皇太后・皇后）を越え、中宮定子が立ち、前代未聞の「四后」が並んでいた。貴族社会の反発は強く、「皇后四人の例、往古聞かざる事なり」（『小右記』同年九月三十日条）と実資は呆れている。

摂関政治のなかで娘を后としたい有力貴族は多く、摂関の地位を狙うものたちとしては后位の拡充を目指したいところであっただろう。すでに夫の円融院はなく、母后としての地位を揺るぎないものとしていた詮子に后位から外れてもらい、とりあえず「院」となるように道隆が仕向け、詮子が了承を与えたというのが、筆者の想定する女院成立事情であるが[40]、あまり賛同は得られていない。ただし、女院になる前提の后位を去る、という点に関しては、伴瀬明美により、后としての権威の喪失を伴ういくつかの象徴的行為が確認されている[41]。経済的特権の有無もわからぬまま女の院となった詮子に、最初の女院としての過大な評価を与えるのは慎重でありたい。女院の地位や権威は、続く上東門院(藤原彰子)の検討が必要となる。

三　上東門院をジェンダー視点で捉え直す

1　上東門院への注目

上東門院とは、東三条院に続く史上二人目の女院である。藤原道長の長女彰子であり、一条天皇の中宮として二人の皇子を産み、紫式部らの女房たちが彼女に仕えサロンを形成し、『源氏物語』に代表される文芸作品を発信した。上東門院自身が何をしたかはさほど注目されず、道長の栄花の立役者であったり、女房文学を発信したサロンの中心であったりはするが、主体性が問われないお姫様、という扱いであった。しかし、近年評価ががらりと変わった。母后としての彰子以上に、女院としての上東門院が、それも後世に先例故実として参照されている事例が注目されたからである。

2　先例としての上東門院――后として

院政期摂関家は、娘と天皇の婚姻の先例として、上東門院以前の后としての彰子を吉例、時には「天下大吉例」[42]として用いた。忠通は長女聖子の立后にあたり、彰子の長保二(一〇〇〇)年の立后を先例とした。聖子は彰子と同じ二月に立后し、立后後初入内は四月であったが、これも彰子の先例である。中宮大夫の宗忠は「二月立后、四月入内、五人賞」という聖子の立后スケジュールおよび勤賞の人数を、「彼時例、自然今度例に相叶ふ」、つまり彰子の例が聖子の例に「自然(おのずから)」叶ったと満足している[43]。自然もなにも、彰子の例に寄せていったわけだが、院政期摂関家としては「自然」に聖子が彰子のような后に、国母に、女院になることを願ったのだろう。

また忠通の異母弟・頼長は養女多子の入内にあたって、まず『御堂関白記』の彰子入内関連記事を調べている。彰子の例に則った入内がステイタスであった[44]。もちろん、入内の先に国母となることが望まれてはいた。忠実の正妻・源師子の一周忌法要で詠まれた表白文に含まれる「嫡嗣〔忠通〕これ再び幼主を佐《たす》け、重ねて機務を翹材舘の秋月に摂り、長女〔泰子〕これ幸に上皇に儷《なら》び、遂に栄名を上東門の昔花に継ぐ」の一文は、嫡男忠通が摂関の重職を、長女泰子が彰子と同じく女院となったことを評価するものである[45]。忠実と白河院との確執で婚期を逸した長女の泰子が、白河院の死後、四〇歳近くではあったが入内し鳥羽院の皇后となり、さらに高陽院《かやのいん》として上東門院の栄光に連なったことが、亡母への追悼の言となっている。泰子は国母になれなかった摂関家出身后である。上東門院彰子のような人生を期待されることは、摂関家の娘にとってプレッシャーであったろう。

3　先例としての上東門院――院として

さて、摂関家の人々が二人の天皇の国母となり、后として摂関家を支えた上東門院の再来を祈るのは、当然である。ここで注目したいのは、上東門院の先例が摂関家のみならず、白河院や鳥羽院ら男院にとっても先例とされていたことである(46)。

白河院の葬儀は上東門院を先例として行われた(47)。その議論の過程で、主催者である鳥羽院への進言に、「上東門院例、凶事すでに吉例」という意見が出てくる。葬儀という凶事であっても、上東門院の先例に則って行うならばむしろ吉なのである。また、鳥羽院と後白河院の出家に際し、吉例として先例とされたのは過去の男院たちではなく上東門院であった(48)。院政成立期の男院たちの身体的死と俗世からの離脱(遁世)は、ともに女院・上東門院を先例としたのである。なお、上東門院自身が出家し、数度の受戒と剃髪を繰り返し、完全に剃髪(坊主髪)になっていた可能性が指摘されている(49)。女院も院であること、上東門院が剃髪の僧体であることが、ジェンダーを超越して先例にふさわしいとされたのであろう。

筆者と視点を共有する研究も続いている。樋口健太郎は、上東門院は院政期王家にとって単なる先例ではなく、上東門院―頼通という女院と摂関との関係を、白河院は自らと師実の関係として意識的に継承していることを明らかにした。院による摂関任免手続きは上東門院(母后彰子)を先例とすること、摂関家サイドの事情によることなども指摘し、院政の成立、摂関家と王家との関わりと変容に、上東門院の存在の大きさを指摘した。(50)

また服藤早苗は、「内覧」「官奏」といった男院の政務の先例として参照された上東門院(皇太后・彰子の時代)の事績を検証し、他にも皇子・天皇のキサキ決定権、天皇家の財産管理などの、彰子もしくは上東門院による広義の政治的行為を見出した。(51)白河院が皇太后・彰子を先例としているのは親権の行使であること、政治文化(政治社会内部の諸行動を規定する基本的な前提やルールの源となるような態度、信念、感情の集合)という視座をもってすれば、母后としての上東門院の政治介入は、貴族社会全体が受け入れていた正統な政治であることを明らかにした。(52)

院政の成立は、摂関家を外戚としない禎子《ていし》内親王(陽明門院)(53)が産んだ後三条天皇やその子白河天皇によって果たされたという王家の血統による説明が長くなされてきたが、実際は前代の摂関期に誕生した女院を先例とすることで、摂関家や貴族社会全体を納得させ、受け入れられたのである。ひとつひとつは小さな事例かもしれないが、上東門院に先例があるのなら吉例ゆえに可、という王権全体の空気が院政期にはあった。男院たちも、院政期摂関家も、大いに上東門院の先例の数々、いわば上東門院故実を利用したのである。

こういった歴史学におけるジェンダー視点導入後の上東門院研究の高まりとともに、日本文学においても彰子の女房についての研究や、広範囲かつ多様な上東門院文化圏のありかたを問う論考も現れている。(54)今後も新たな視点での研究の登場が期待される。

おわりに

摂関時代における女院の成立と、院政期における摂関期女院をめぐる政治利用について、ジェンダー視点で分析することでみえてくるものがあった。東三条院の誕生は女院の成立ではなく「院に女性がなった」ものであること、院政期摂関家の人々は、国母の先例としての上東門院を頼って政治的地位の保全に努めたが、女院も院であるというジェンダー対称性は男院の正統性の保障となり、院政の成立を導いたこと、などである。

実はジェンダー視点導入以前の歴史学でも、摂関期の天皇に対する系譜から見れば、父院と国母の位置は同じであり、後の父院による院政の母体として国母たる女院を想定すべきである、という村井康彦による提言があった[55]。しかし、系譜上の位置付けだけでは実感に乏しく、その後の研究に続かなかった。女院と父(男)院が同等で、女院が先行して院政を導いたなどと、村井に続いて発信する研究者はいなかったのである。

女院たちは、歴史の中で存分に主語となり得る存在であった。ジェンダーという分析視角は、今後も既存の男性中心の歴史学を書き換えていくに違いない。

(1)　橋本義彦「女院の意義と沿革」井上光貞博士還暦記念会編『古代史論叢』下、吉川弘文館、一九七八年(の

ち橋本『平安貴族』平凡社、一九八六年所収、新版は平凡社ライブラリー、二〇二〇年)。なお、後醍醐天皇中宮・西園寺禧子が、生前と没後、南朝北朝から異なる院号を宣下されたことから、一〇七人・一〇八院号というズレとなる。

(2) 中世後期・近世には天皇家の争乱・窮乏などの理由でほとんど皇后は立てられなかったが、天皇生母に対する称号として女院号が使われたためこのような人数の開きとなる。

(3) 服藤早苗・高松百香編著『藤原道長を創った女たち――〈望月の世〉を読み直す』明石書店、二〇二〇年

(4) 「女院」という用語は日本史Bの教科書全八種のうち五種が採用している。

(5) 傍点部は筆者による。以下同じ。

(6) 野村育世「女院研究の現状」(『歴史評論』五二五号、一九九四年)に、山川出版社の『詳説日本史』が「八条女院」と書くことへの違和感、訂正の希望が書かれている。

(7) 同様の古い通説に、頼朝＝東国武士の象徴、がある。頼朝は都で育った貴族的武士であり、配流の地・伊豆で在地の武士たちの信頼を得たのは、妻政子が北条氏出身だったことも重要である。

(8) 文学における『平家物語』研究においては、彼女の人生はむしろ壇ノ浦での入水から救出されたのち、生きながらえて尼として息子の安徳天皇と滅亡後の平家を弔う点が注目されて久しい。佐伯真一『建礼門院という悲劇』(角川学芸出版、二〇〇九年)などを参照。

(9) 野村育世「女院についての研究史と本書の位置」『家族史としての女院論』校倉書房、二〇〇六年など

(10) 中村直勝「以仁王の挙兵と八条女院領」『歴史と地理』七巻五号、一九二一年。本著出版時にちょうど女院研究百周年ということになる。

(11) 龍粛「女院の成立について」『日本大学文学部研究年報』六号、一九五五年(のち「女院制の成立」として同『平安時代――爛熟期の文化の様相と治世の動向』春秋社、一九六二年に所収)

(12) 藤木邦彦「藤原穏子とその時代」『平安王朝の政治と制度』吉川弘文館、一九九一年(初出一九六四年)

(13) 高群逸枝『大日本女性人名辞書』厚生閣、一九三六年(のち新人物往来社、一九八〇年)

(14) 黒田俊雄『日本の歴史8　蒙古襲来』中央公論社、一九六五年(のち中公文庫、二〇〇四年)

(15) 竹内理三「院政」藤木邦彦・井上光貞編『体系日本史叢書第一　政治史Ⅰ』山川出版社、一九六五年

(16)　伴瀬明美「院政期～鎌倉期における女院領について――中世前期の王家の在り方とその変化」『日本史研究』三七四号、一九九三年など

(17)　前掲注1橋本「女院の意義と沿革」

(18)　太皇太后・皇太后・皇后に準じた待遇を与えられたものへの称号。

(19)　のち、野村による分類の不備への指摘がある(前掲注6野村「女院研究の現状」)。

(20)　五味文彦「女院と女房・侍」『院政期社会の研究』山川出版社、一九八四年(前提となる論文は「女院と女房」『家族史研究』第五集、大月書店、一九八二年)

(21)　五味文彦「聖・媒・縁――女の力」女性史総合研究会編『日本女性生活史』第二巻、東京大学出版会、一九九〇年。なお、本論文に始まる五味と石井進による八条院の荘園領主としての自立性をめぐる論争も重要だが、ここでは措く。

(22)　角田文衞『椒庭秘抄――待賢門院璋子の生涯』朝日新聞社、一九七五年(のち『待賢門院璋子の生涯――椒庭秘抄』朝日選書、一九八五年)。待賢門院と養父・白河院の密通から崇徳院が産まれたという『古事談』の風説を、日記史料で推察される待賢門院の月経周期からオギノ式で証明するという珍論で、当然学術的には受け入れられなかった。

(23)　金子和夫「陽明門院院号宣下の意義と背景」竹内理三先生喜寿記念論文集刊行会編『律令制と古代社会――竹内理三先生喜寿記念論文集上巻』東京堂出版、一九八四年、槇道雄「陽明門院の政治的立場とその役割――院政成立過程の一考察」『古代文化』三七巻一二号、一九八五年(のち『院政時代史論集』続群書類従完成会、一九九三年に所収)

(24)　野村育世「皇嘉門院の経営と九条兼実」『早稲田大学大学院文学研究科紀要別冊　哲学・史学編　第一四集』一九八八年、同「皇嘉門院聖子の肖像」『総合女性史研究会会報』第五号、一九八八年。なお、両論文を合わせ、加筆し「評伝・皇嘉門院――その経営と人物」として前掲注9野村『家族史としての女院論』に所収。

(25)　野村育世「女院論」大隅和雄・西口順子編『シリーズ女性と仏教3　信心と供養』平凡社、一九八九年(のち前掲注9野村『家族史としての女院論』に所収)

(26)　前掲注16伴瀬「院政期～鎌倉期における女院領について」

(27) 服藤早苗「王権と国母――王朝国家の政治と性」『民衆史研究』五六号、一九九八年(のち同『平安王朝社会のジェンダー――家・王権・性愛』校倉書房、二〇〇五年に所収)
(28) 高松百香「院政期摂関家と上東門院故実」『日本史研究』五一三号、二〇〇五年
(29) 高松百香「平安貴族社会における院号定――女院号の決定過程とその議論」服藤早苗編『女と子どもの王朝史――後宮・儀礼・縁』森話社、二〇〇七年
(30) 高松百香「女院の成立と展開――ジェンダーの視点から」『メトロポリタン史学』九号、二〇一三年
(31) 栗山圭子「准母立后制にみる中世前期の王家」『日本史研究』四六五号、二〇〇一年(のち同『中世王家の成立と院政』吉川弘文館、二〇一二年に所収)
(32) 栗山圭子「二人の国母――建春門院滋子と建礼門院徳子」『文学』三巻四・五号、二〇〇二年(のち「院政期における国母の政治的位置」として前掲注31同『中世王家の成立と院政』に所収)
(33) 野口華世「安嘉門院と女院領荘園――平安末・鎌倉期の女院領の特質」『日本史研究』四五六号、二〇〇六年、同「中世前期の王家と安楽寿院――「女院領」と女院の本質」『ヒストリア』一九八号、二〇〇六年
(34) 橋本芳和「広義門院西園寺寧子の基礎的考察――入内及び女院号宣下の背景」『政治経済史学』二六〇号、一九八七年、今谷明『室町の王権――足利義満の王権簒奪計画』中公新書、一九九〇年
(35) 前掲注6野村「女院研究の現状」
(36) ここまでのひと月半の間は「東三条院」表記のみ。
(37) 『院号定部類記』は、近年翻刻が開始された。『女院からみる中世王権の特徴――院号宣下の背景と経緯の検討を通して』二〇一七―二〇一九年度科学研究費助成事業基盤研究(C)(一般)研究成果報告書、研究代表者野口華世、二〇二〇年
(38) 前掲注29高松「平安貴族社会における院号定」
(39) 正暦三(九九二)年正月五日宣旨『類聚符宣抄』所収。高松百香「女院の成立――その要因と地位をめぐって」(『総合女性史研究』一五号、一九九八年)で考察している。
(40) 前掲注39高松「女院の成立」
(41) 伴瀬明美「后が院号宣下を受けたとき何がおこるか――后と女院の間を考える」(前掲注37報告書所収)

(42)『中右記』天永二(一一一一)年六月十七日条
(43)『中右記』大治五(一一三〇)年四月三日条
(44)鎌倉期の事例だが、彰子の彰の字の部品を引用して命名することにも九条道家は執着している(高松百香「鎌倉期摂関家と上東門院故実——〈道長の家〉を演じた九条道家・竴子たち」服藤早苗編著『平安朝の女性と政治文化——宮廷・生活・ジェンダー』明石書店、二〇一七年)。璋子(待賢門院)、暲子(八条院)、立子(東一条院)など、「彰」の字から部品をとった名をつけた内親王や后が散見するのは彰子を先例とするものだろう。
(45)『台記』久安五(一一四九)年十月二十五日条
(46)前掲注28高松「院政期摂関家と上東門院故実」
(47)『中右記』大治四(一一二九)年七月七・十・十二・十五・二十日条
(48)『兵範記』永治元(一一四一)年三月十日条、同嘉応元(一一六九)年六月十七日条
(49)勝浦令子「尼削ぎ攷——髪型からみた尼の存在形態」『女の信心——妻が出家した時代』平凡社、一九九五年(初出一九八九年)、高松百香「上東門院彰子の剃髪——「ひたぶるにぞ削ぎすてさせ給へる」」倉田実編『王朝人の婚姻と信仰』森話社、二〇一〇年
(50)樋口健太郎「院政の成立と摂関家——上東門院・白河院の連続性に着目して」『中世摂関家の家と権力』校倉書房、二〇一一年
(51)服藤早苗「国母の政治文化——東三条院詮子と上東門院彰子」前掲注44同編著『平安朝の女性と政治文化』、同『人物叢書　藤原彰子』吉川弘文館、二〇一九年
(52)服藤はこの成果を含め前掲注51『人物叢書　藤原彰子』を上梓した。前年に朧谷寿『藤原彰子——天下第一の母』ミネルヴァ書房、二〇一八年が出版されており、立て続けに上東門院彰子の評伝が世に出たことになる。
(53)なお、禎子内親王は道長次女妍子の娘であり、摂関家の一員として養育され道長の篤い庇護下にあったことが明らかであり、その意味でも血統と政治を短絡的に結びつけた院政成立論は誤りである。
(54)諸井彩子『摂関期女房と文学』青簡舎、二〇一八年、福家俊幸・桜井宏徳・中西智子編『藤原彰子の文化圏と文学世界』武蔵野書院、二〇一八年など
(55)村井康彦『日本の歴史8　王朝貴族』小学館、一九七四年

中世——先駆者としての女性

檀那と呼ばれた尼たち

——ジェンダー視点でみる中世禅宗寺院の成立と経営

小西洋子

はじめに

日本では仏教伝来当初、僧(男性)と尼(女性)の平等を建前としていた。また、日本における最初の出家者は善信尼など三人の女性であった。国家権力と結び、国家の保護・支配下におかれた古代の「国家仏教」では、僧尼令の規制を受ける国家公認の官僧・官尼のみが認められ、許可なく得度する僧(私度僧)は禁じられた。出家得度、授戒した僧を比丘《びく》、尼を比丘尼《びくに》という。僧寺と尼寺をセットにした官寺が多く建てられ、僧尼ともに鎮護国家の法会《ほうえ》に参加して、公的仏事に奉仕した。

しかし、八世紀末から九世紀以降、尼の公的な役割は低下した。公的な法会への尼の参加が減少し、尼の公式な出家は減少した。僧寺と尼寺の格差は広がり、尼寺が僧寺に変えられるなど、古代の尼寺は衰退、消失していった。中世においては、「国家仏教」の系譜をひく顕密仏教(南都六宗と天台宗、真言宗)が官僧を輩出する体制仏教となったため、中世の尼はもはや国家的機能を果たすことを期待されなくなった。

しかしその他に、鎌倉仏教と呼ばれる、体制仏教に対する異端派、改革派教団、官僧的身分から離脱した遁世僧集団が生まれた。個人救済に重きを置いた鎌倉仏教の教団は、それぞれ独自に得度授戒を行い、女性も尼として教団に取り込んだ。このうち、律宗(新義律)と禅宗(特に臨済宗《りんざいしゅう》)は武家政権によって体制仏教化していくが、そこに属する尼が僧に伍する存在とみなされていたとはいいがたい。

また、中世の尼は、一族や夫の菩提を弔うもの、特に戦争で亡くなった男たちを弔うものとされてきた。しかし実際は、尼が寄進などで祈願するのは本人の菩提であることが多い。夫の死後に出家する貞女的尼をよしとするジェンダーバイアス(性的偏見)が存在したのは事実ではあるが、今も宗教的自己実現をめざした多くの尼の存在は軽視されている。

仏教的女性差別が深化していくなかで、尼たちはいかなる性別役割分業を引き受けながら、宗教者として存在したのだろうか。本稿は、檀那《だんな》として扱われた尼たちに着目し、教団内のジェンダーから中世禅宗寺院の成立と経営を考察する。現在、檀那(旦那)は、家の主人・夫(男性)を指すことが多い。しかし、本来、檀那は僧や寺に施し(布施)をする人、施主《せしゅ》のことである。布施は、悟りに至るための六つの修行徳目(六波羅蜜《ろくはらみつ》)の一つである。尼は、法を継承しても正式には師として扱われず、僧寺の檀那として存在した。「師檀」ということばがあるように、師である僧に対し、檀は教化・救済される信者である。しかし、檀那尼は一方的に教化される存在ではなく、自立的に宗教活動を行っていた。また、師も檀に選ばれ、その援助を受けねば、寺院を維持できない。檀那として扱われた尼の存在が、地域社会における禅宗寺院の存立を可能としたことを評価したい。

一　中世の尼に関する先行研究

1　女性と仏教に関する研究

かつて、女性と仏教といえば、僧や教団がいかに女性を教化したのかという女人往生論の研究であった。笠原一男は、(1)鎌倉新仏教が信心による女性の往生を説いて一般女性に仏教を広めたとし、当時の研究に大きな影響を与えた。

一九八二年の女性史総合研究会編『日本女性史』出版により女性史への関心が高まるなか、一九八四年から「研究会・日本の女性と仏教」が活動を始めるなど、女性と仏教をテーマにする研究も盛んになった。(2)実証的研究が活発化し、牛山佳幸、吉田一彦、平雅行が、(3)笠原の論に対し批判を行った。なかでも、平は、女人往生思想は女性差別を伴う救済論と表裏一体であり、かつ顕密仏教が女人往生論の中核にあることを明らかにして、笠原説を否定した。

女人往生は、女性には五つの障《さわり》があるため往生成仏が困難であるという女性差別を前提とし、仏教の教えに帰依《きえ》すれば男性の身に転じ(変成男子《へんじょうなんし》)、成仏できるとする教えである。差別して救済を説く女人往生の欺瞞性が確認されたことで、研究の関心は女人往生論から女性自身の信仰の内実へと移っていった。

野村育世は、古文書や寄進札の詳細な分析から、在地女性が仏教的女性差別を受容するのは室町後期以後であるとする(4)。教団の女性差別的教義と、女性の差別受容の実態のずれは、僧によって一方的に教化される受け身の女性というイメージの再考を促すものである。自己実現のため仏道修行を行った尼は、まさにこの「ずれ」を体現する存在といえよう。

2　中世の尼寺研究

中世の尼寺研究としては、牛山佳幸(5)が、中世の尼寺の事例を網羅的に収集し、鎌倉期には大部分が律宗、鎌倉末から室町期に禅宗、織豊期までに時衆・日蓮宗・浄土宗などで尼寺が現れることを示した。尼寺は顕密仏教から除外された存在であったが、鎌倉後期に禅律が体制仏教化するにつれ、尼五山《あまござん》のように国家的な機能を果たす尼寺が出現し、さらに戦国期には朝廷から上人《しょうにん》号、紫衣《しえ》を許された尼が現れる。尼寺を国家的機能の有無で評価している面があるが、牛山により、尼寺の傾向を概観することが可能となった。

中世において国家的な尼寺としては、尼五山と比丘尼御所《びくにごしょ》がある。大石雅章(6)は、①尼五山は経済面においても、人事面においても、室町幕府の丸抱え的存在であり、自立した寺院とはいえず、②比丘尼御所の成立時期は、女院の数が激減し国母以外の内親王などの女院が消滅する時期と重なり、男性優位社会のなかで、支配者層の女性が自己の意思とは関係なく入寺させられ、社会から封じ込まれたと評価する。

尼五山・比丘尼御所はともに高貴な出自の女性が住持《じゅうじ》(一寺を管掌)する寺であり、京尼五山の景《けい》愛《あい》寺《じ》の跡を比丘尼御所宝鏡寺が継承したといわれるように、中世末には混同されるような類似性をもつ寺となっていた。しかし、本来は性格の異なる尼寺である。

僧の五山は、格式の高い臨済宗寺院を編成した、室町幕府による官寺制度である。原田正俊[7]は、尼五山も五山官寺に準ずる公的な扱いを受けていたとする。その一方で、主要な仏事は五山の僧が執り行ったことや、五山の「正式な」法系図(法の継承を系図のように示したもの)に尼の名が見えず、尼たちは僧寺の檀越《だんおつ》(檀那)として扱われていたことから、僧寺より一段低い扱いを受けていたと指摘する。また、田中貴子は、尼五山の活動は短期間で、僧の五山制度とは異なり、かなりファジーなものであったと述べる[8]。

比丘尼御所は天皇家や摂関家などの貴種の女子が住持となった尼寺であり、臨済宗に限らない。菅原正子は、中世後期には未婚の内親王が出家し比丘尼御所で晩年を過ごすようになったとする。修行の場というより御所的場であり、文化的サロンの役割を果たした[9]。岡佳子は、比丘尼御所は当初は貴種の尼僧に対する尊称であったが、歴代貴種の尼僧が入寺したことで、尼寺自体が「比丘尼御所」と呼ばれるようになったとする[10]。

これらの研究から、尼五山・比丘尼御所の担った寺院としての国家的機能は、極めて限定的であったといえよう。しかし、個人救済に重きを置く鎌倉仏教において、尼寺の存在意義を国家的機能の有無のみで語るべきではないだろう。現在、中世の尼の研究は尼五山・比丘尼御所の研究であるかのような状況であるが、それ以外の様々な尼寺を含めて、中世社会における尼寺一般の機能・存在意義について議論されねばならない。また、尼寺に属さない尼の存在にも配慮すべきであろう。

3 禅宗の尼への着目

本稿は、禅宗の尼に着目する。牛山が指摘するように、鎌倉後期から室町末期にかけて多く尼寺が作られたのは禅宗であった。それでは、禅宗は女性をどう扱ったのか。

従来、道元は日本の女人結界(聖域への女性の立ち入りを禁ずること、女人禁制)を批判し、男女を平等に扱ったとされてきた[11]。それに対し、石川力山は、道元が『法華経』の変成男子の思想を完全に超克したわけではなかったとする[12]。原田正俊は、参禅(禅の道に入って修行すること)で自己実現をめざした女性たちの存在を評価し、中国禅僧の語録のなかの尼たちの存在が、日本の尼の参禅得法(師に参じ、教えを受けること)を可能にしたと指摘する[13]。また、竹貫元勝[14]も、大徳寺宗峰妙超《しゅうほうみょうちょう》が、女性のための修禅道場妙覚寺を開いたこと、その住持(住職)に任じた尼宗印は寺院経営・寺領経営にもたけた人物であったことを明らかにしている。日本の中世仏教は女性差別が深化しつつあったが、大陸文化として新たに受容された禅では、いまだ女性にも参禅の余地があった。自らの意思で僧のもとに参じ、力量を認められた尼が存在しえたのが禅宗であった。

尼個人に着目した研究もある。かつてバーバラ・ルーシュが景愛寺開山の無外如大《むがいにょだい》をとりあげ(15)、注目を集めた。しかし、無外の実像は明らかではない。山家浩樹は、無外の伝記は、景愛寺二世無着の伝記が混成されているなど、一人の人物の伝としては破綻していると指摘する(16)。顔を焼いた尼として有名な曹洞宗の尼慧春《えしゅん》(相模最乗寺摂取庵《さいじょうじせっしゅあん》)も関心を集めているが(17)、一次史料はない。僧伝に依拠した研究では、後世に造形された教団にとっての尼の理想像は抽出できても、尼本人の実像にはたどり着けない。

中世の尼研究は、尼たちが自分の内面を書きのこすことがまれである以上、一次史料に散見する尼の多様な存在実態の解明を通して、尼の内面と行動を規定している日本中世の社会規範を導き出していくしかない。さらには、それら社会規範と、女人往生・女人救済など教団の論理が、いかに折り合いをつけていたのかを明らかにせねばなるまい。具体的には、まず、僧と尼の性別役割分業を解明する作業が必要であろう。

そこで、本稿は、地域社会に広く展開した曹洞宗瑩山派《そうとうしゅうけいざんは》の尼の存在形態と機能から、中世の禅の尼の性別役割について考察していきたい。その際のキーワードとするのが、檀那・檀越・檀主《だんしゅ》(いずれもほぼ同義)である。

二 瑩山派の尼の存在形態

1 瑩山紹瑾の下に参じた尼たち

瑩山紹瑾《けいざんじょうきん》は、道元が開いた越前永平寺三世徹通義介の法嗣《はっす》(法を継承した弟子)である。民衆教化を重視する改革派であった徹通は、義演(永平寺四世)など開祖道元の遺風を遵守する保守派と対立し、永平寺を出た。その法を継いだ瑩山も教線拡大、地域展開に積極的で、能登に永光寺《ようこうじ》(石川県羽咋市)を開いて本拠とし、さらに総持寺(石川県輪島市)を開いた。[18] 瑩山は明峰素哲《めいほうそてつ》、無涯智洪《むがいちこう》、峨山韶《がざんしょう》碩《せき》、壺庵至簡《こあんしかん》という四人の高弟を輩出し、永光寺はこの四人の門派から順に住持が任じられる輪番《りんばん》住持《じゅうじ》制をとることになる。これら四人の弟子の門派をあわせて瑩山派とする。峨山派は総持寺を中心に自立を強めていったが、初期の瑩山派の本寺(末寺に対し影響力を持つ中心寺院)は永光寺であった。

義演以降、永平寺は衰退し、のちに瑩山派の援助を受けることになる。瑩山派は日本曹洞宗の主流となり、のちに瑩山の開いた総持寺は永平寺と並んで曹洞宗の本山となった。瑩山派を分析するのは、曹洞宗を代表し、積極的に地方展開をし、地域に根付いた門派であるためである。僧の法脈は、図1を参照されたい。

瑩山は、従来、尼を重用したと評価されてきた。[19] 瑩山の周辺の尼たちは、二つに大別できる。一つは瑩山の親族の尼、もう一つは経済的な貢献をした尼(檀那)である。

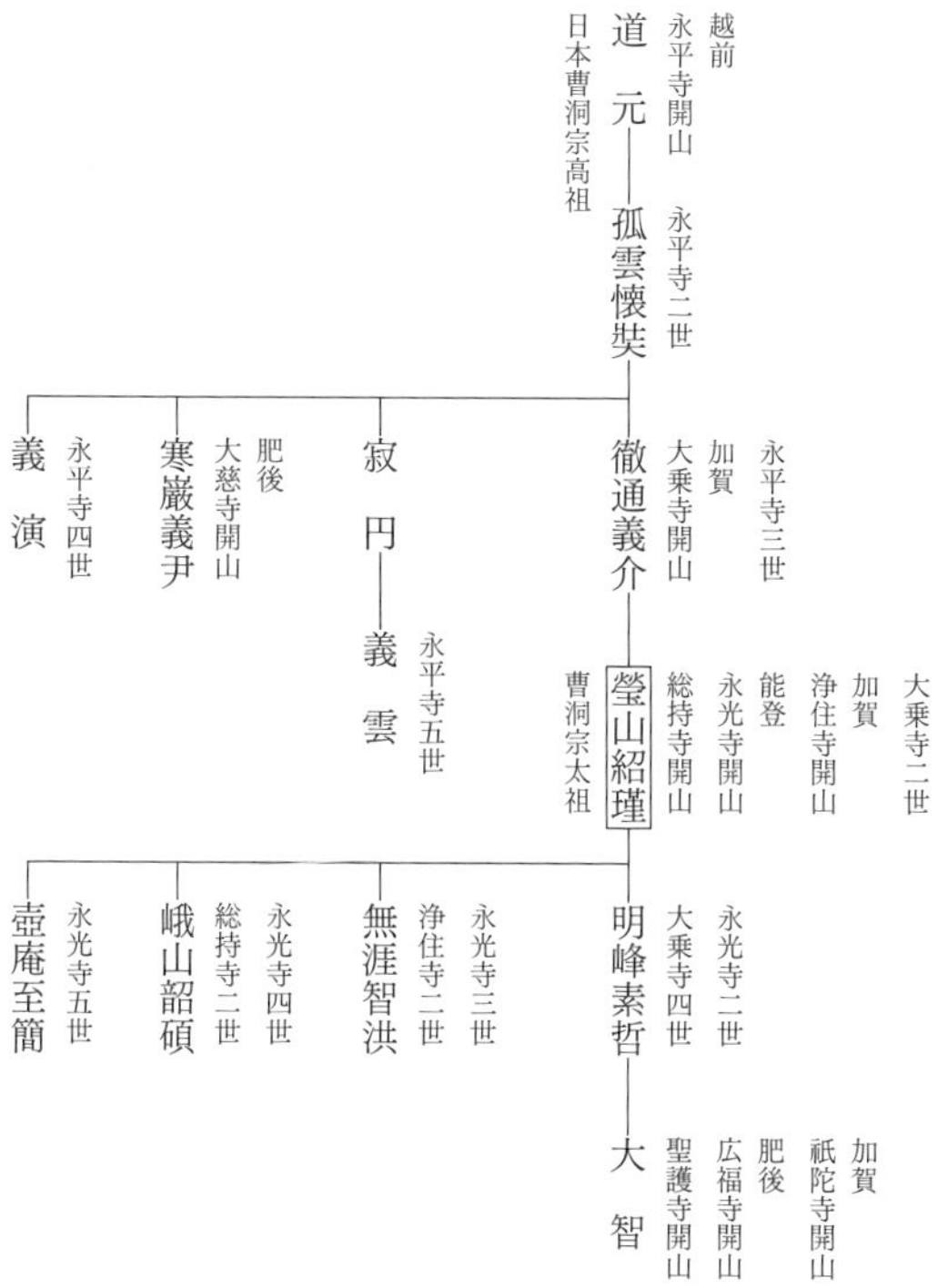

図 1　曹洞宗瑩山派関係血脈図(法系図)
『曹洞宗全書』第 19 系譜(曹洞宗全書刊行会，1934 年)，「洞谷山永光禅寺之住山帳」「能州洞谷山永光寺四派本院住山記之写」(永光寺文書)より，筆者作成.

親族の尼は、母・懐観《えかん》と、懐観の姪・明照《めいしょう》である。瑩山が開いた加賀浄住寺《じょうじゅうじ》は、実質的には懐観を代表とする尼寺であった。ただし、浄住寺の歴代住持は、開山瑩山、二世は無涯智洪であり、懐観は住持ではなく瑩山の代理であった。また、瑩山は懐観のために尼寺加賀宝応寺を建てたが、その最初の房主《ぼうず》(この場合は住持)となったのは明照である。

親族以外の大多数の尼は檀那である。そもそも永光寺は、女性たちの寄進により開かれた寺である。本願檀主《ほんがんだんしゅ》(寺地の寄進者)である黙譜祖忍《もくふそにん》尼を筆頭に、初期の寺領寄進者は祖忍の母・性禅尼や円意《えんい》尼と尼ばかりである。その後、能登守護吉見氏の保護を受けるようになるが、瑩山の寺がまず地域に受容されたのは女たちの経済的貢献によるものだった。

瑩山は、永光寺のなかに比丘尼所円通院を設け、祖忍をその初代の院主(円通院住持)とした。南北朝期に成立した『洞谷記《とうこくき》』によると、円通院は、瑩山が懐観のために、弘誓度女《ぐぜいどにょ》(女性を悟りの世界に導く誓願)の祈禱所として建てたものである。また、円通院は、瑩山を養育した祖母・明智優婆夷《うばい》(在家の女性信者)の冥福のために草創されたともいわれる(20)。明智は道元の下に参学した人物である。瑩山と祖忍との関係を、道元と明智との関係になぞらえ、祖忍を明智の再来として、磁鉄(磁石と鉄)のごとく離れがたい師檀師弟《しだんしてい》(師と檀那であり、師と弟子である)とする。このように、本願檀主である尼祖忍は、教団内で瑩山の母や祖母に準じた存在として、円通院院主となったのである。

2　永光寺と檀那尼の関係

元応元(一三一九)年、瑩山は永光寺において「尽未来際置文《じんみらいさいおきぶみ》」を書き記した(21)。

〔前略〕然《しか》る間瑩山今生の仏法修行は、この檀越の信心により成就す。故に尽未来際、この本願主の子子孫孫を以て、当山の大檀越・大恩所となすべし。是の故に師檀和合《わごう》して、親しく水魚の昵《じつ》を作し、来際一如《らいさいいちにょ》にして、骨肉の思いを致すべし。〔中略〕縦使《たと》ひ、難値難遇の事あるとも、必ず和合和睦《わぼく》の思いを生ずべし。この置文を以て当山来際の亀鏡《きけい》となし、住持檀越の眼目となせ。壱通を以て両通に写し、師檀共に折目に判形を加ふ。一通は寺庫に納め、一通は檀家に持し、師檀相互の後証となすべし。〔後略〕

瑩山の仏法修行は、檀越(祖忍)の信心によって成し遂げられたものであり、未来永劫、本願主祖忍の子孫を永光寺の大檀越・大恩人とすること。そのため、水魚のごとくかつ肉親のごとく師と檀那が一つになること。たとえ困難があっても、和合和睦の思いを生ずべきである。この置文《おきぶみ》(守るべき規式を定めた文書)を永光寺の永遠の亀鏡(模範)とし、住持・檀越の重要事項とせよ。この一通を二通に写し、師檀ともに文書の折目に花押を書いて、一通は寺庫、一通は檀家で保管し、師檀相互の後々の証拠とすべきである、とある。

このように、本願檀主祖忍を称え、師檀の和合を説く。さらにこの置文は、師檀相互の後証、つまり、師である瑩山と檀である祖忍が、代々師檀が和合して寺を守ることを契約したものである。これは、檀那尼の寺院運営への関与を保証するものともなった。

実際、祖忍の後、歴代の円通院の院主も、檀那尼として本寺永光寺の運営に関与したとみられる。永和元(一三七五)年、円通院の院主心悟は、古銘宗鑑《こめいそうかん》(明峰派)・中庭宗可《ちゅうていそうか》(無涯派)と連署して、峨山門派に対して永光寺の輪番住持を出すように要請している。(22) この際、古銘が大乗寺住持、中庭が永光寺前住(前住持)として署名しているのに対し、心悟は「円通院院主」ではなく「檀那心悟」と署名している。瑩山門流の寺院円通院の院主(住持)としてではなく、永光寺の檀那として次の永光寺住持選定に関与しているのである。教団内での心悟の立場は、円通院院主より、檀那であるということが第一義であった。

このように、円通院の院主は永光寺の檀那尼のポストであり、院主職には檀那尼として寺院運営に関与する権利が伴っていた。師檀和合して永光寺と瑩山門派を発展させるという瑩山の置文の理念を具現したのが、尼寺円通院の設置であったといえよう。

3　僧寺山内の尼たち

瑩山の周辺では、瑩山の身内である明照が宝応寺の房主、永光寺の本願檀主である祖忍が円通院院主と尼寺の住持になった。しかし、尼寺に入った尼は、瑩山の下に参集した尼の一部であり、大部分は僧寺の山内や周辺に庵を構えていた。例えば、祖忍の母・性禅尼は、永光寺山内の荊蔵房に居住していた。元亨三(一三二三)年三月七日「永光寺四至堺田畠注文」[23]は山内の堺を定めたものであるが、山内には荊蔵房のほか、諸庵ならびに行者《あんじゃ》(寺内の用務をするもの)・人工《にんく》(人夫)・百姓らの屋敷などがあったことが記されている。応安四(一三七一)年九月の「布薩回向料足下行注文《ふさつえこうりょうそくげぎょうちゅうもん》」によると、龍淵庵主至勤大姉・妙湛大姉・慧一大姉・沙弥了悟の四人の尼が、永光寺の布薩会という法会に関わる費用として銭二〇貫文を負担している[24]。また、峨山に帰依した尼禅信は、総持寺の末寺である長徳寺に一町の田地を寄進した長徳寺の檀那尼であり、長徳寺貞崇庵主となっている[25]。

このように、帰依する僧の寺に寄進を行い、檀那となって、その寺の下の庵主となる事例は多くみられ、むしろそれが尼の一般的な存在形態であった。僧による塔頭《たっちゅう》など子院は一定の規模になれば山内寺院として扱われたが、尼の庵や房（比丘尼所）が、教団から寺として扱われることはまれであった。尼寺円通院は、瑩山門派の本寺永光寺の本願檀主である祖忍の庵に、特別に寺格を与えたものといえる。

また、僧寺下の庵の檀那尼のなかには、僧寺に対し経済的貢献をするだけではなく、尼寺円通院の院主同様に、本寺である僧寺の運営に関わっていたとみられるものも存在する。瑞巌韶麟《ずいがんしょうりん》（峨山派）の「再住諸嶽総寺禅語録《さいじゅうしょがくそうじぜんごろく》」には、「当庵住持笑翁忻《しょうおうきん》庵主」「当庵住持比丘尼明忻《めいきん》庵主」という尼がみえる。この語録のなかで「当庵」は、本寺・総持寺に対する末寺・宗円寺（現恵眼寺、石川県七尾市）を指す。宗円寺は、瑞巌韶麟が開き、住持を勤めた僧寺である。つまり、奇妙にも、宗円寺住持である瑞巌韶麟が、笑翁明忻《しょうおうめいきん》尼のことを「宗円寺住持」と呼んでいるのである。これは、瑞巌が総持寺の輪番住持を勤めるなど不在の時は、明忻が宗円寺住持職を代行していたためと考えられる。そもそも禅僧は、複数の寺の住持を勤めるなど一カ所に留まらない。実際に宗円寺を管掌していたのは明忻だったのであろう。なお、明忻の母理照《りしょう》大師[26]も宗円寺で三三回忌が行われるような重要な檀那尼であった。

推測になるが、この当時の宗円寺や、前出の禅信の長徳寺、懐観時代の浄住寺などは、僧を住持としていても、日常的には尼が寺を守っており（実質的尼寺）、行事があるときのみ住持僧や門徒僧が訪れるような場であった可能性がある。

4　寺院法にみる僧寺山内の尼たち

これまでみてきたように、中世の瑩山派の僧寺山内には尼がいた。しかしそれは、戒律上、問題視されなかったのか。鎌倉五山の一つである円覚寺では、北条貞時による禁制で、尼や女人が僧寺に入ることは原則禁じられていた(27)。瑩山派の寺院法を確認しよう(28)。

明徳二(一三九一)年、永光寺は「円通院行事規式」を定め、円通院で新たに比丘尼を受け入れる際には、本寺である永光寺の許可を受けるように定めている(29)。これにより、永光寺による管理が強まり、円通院独自で比丘尼を受け入れることはできなくなった。応永三(一三九六)年に作成された仏陀寺《ぶっだじ》(廃寺、石川県能美市)の置文には、「当寺の外、かの村の裏、尼寺庵これを作るなかれ」と追記があり、寺外に勝手に尼の寺庵を建てることを禁じている(30)。これは、尼が寺内に庵を建てて居住することは問題とせず、寺の管理する領域からはみ出すことを禁じており、尼の寺庵が増えている様子がうかがわれる。この二つの史料から、寺内に流入して増加する尼の管理が、門徒僧の関心事になっていたことがわかる。

応永一八(一四一一)年の「普蔵院制誡《ふぞういんせいかい》」(31)では、総持寺塔頭(子院)普蔵院に比丘尼・女性が夜宿することと、普蔵院の塔主や修行のため逗留する僧が比丘尼所や在家に夜宿することを禁じている。応永二二(一四一五)年には龍沢寺《りゅうたくじ》(福井県あわら市)、翌二三年には耕雲寺《こううんじ》(新潟県村上市)と、それぞれの法度が定められたが(32)、ともに日暮れの鐘から起床までの時間帯に女人が寺内を経巡《へめぐ》ることを禁じている。これらは、夜間の僧と女性との交流を禁じているのであり、日中に法を求めて参集した僧尼が、ともに寺内にいること自体は問題にされていない。

また、至徳三（一三八六）年、聖興寺《しょうこうじ》（廃寺、石川県小松市）では、比丘尼と在家の入浴が禁じられた(33)。禅では生活のすべてが修行であり、入浴も修行の一環であるが、さすがに僧尼が浴室をともにするのははばかられたようである。尼は浴室から排除された。

これらの寺院法をみるかぎり、僧寺が管理可能な適正な人物、人数であれば、尼が山内に居住することは問題なかったといえよう。尼を含めた女性と僧が夜間に交流することなど、僧尼として戒律を破る可能性がある行動を最小限に禁じているに過ぎない。尼が僧寺の山内の庵に住まうことは、タブーでも特殊なことでもなかったのである。

三　大智の聖護寺と尼

1　大智が聖護寺を出た理由

ここで、瑩山派、明峰素哲の法嗣である大智《だいち》と肥後聖護寺《しょうごじ》の事例をみてみよう。大智は肥後菊池氏の惣領《そうりょう》であった武重《たけしげ》（?——一三三八）の庇護を受け、肥後聖護寺（熊本県菊池市）を開き、武重没後その後を継いだ武士《たけひと》（武重弟）にも大きな影響力を及ぼした(34)。しかし、武光《たけみつ》（武重弟、?——一三七三）が惣領となると、聖護寺を出た。菊池氏の庶家である肥前守家武澄《たけずみ》（武重弟、?——一三五六）の保護をうけて肥後広福寺《こうふくじ》(熊本県玉名市)を開き、晩年には有馬氏の援助を受けて肥前水月円通禅寺《すいげつえんつうぜんじ》(廃寺、長崎県南島原市)に移り、そこで没している。

従来、大智が聖護寺を出たのは、聖護寺が僧と尼が混住する寺であり、それが望ましくないためと説明されてきた。その根拠は、正平八(一三五三)年一二月五日の比丘尼慈春(武重・武光の母)の置文(広福寺文書)である。内容を要約すると次のようになる。

「きとりふち」以下の所領を返付するならば、聖護寺の房主職には大智に同意する尼の任命を認める。世の中が治まれば、聖護寺の寺領は菊池郡内にあるが、武光に相談の上、他領に寺を建立すべきである。それは、「僧・比丘尼の寺近く候」ため、将来「仏法の仇〔敵〕」となるからである。

これは慈春が、故武重の意向に添った提案として、大智に示したものである。しかし、内容を字義通り受け取ることができないことは、すでに広瀬良弘が指摘している。広瀬の主張するように、武重の意向であったとは考えがたく、武光の意を受けた慈春が大智に「ていよく他領へ移ってもらおうという感じ」で認めたとみるべきであろう。この文面の書きぶりや「慈春」という法名から、慈春は大智の弟子ではなく、他宗の尼と推測される。

この置文で慈春が寺を他領へ移すべきとした理由は、「僧・比丘尼の寺近く候」ことが将来「仏法の仇」となるということである。これについて、杉本尚雄や広瀬は、聖護寺の近くに尼寺があることが好ましくないと解釈してきた。聖護寺山内は僧と尼が混在しており、戒律上望ましくないため、新たに尼を排除した純粋な僧寺を作るべきだと主張したと解したのである。しかし、「僧・比丘尼の寺近く候」は、本当に僧尼の混住状態を指しているのだろうか。また、僧尼の混住状態が問題視されたのだろうか。

まず、①尼が僧寺の近くにいるのが問題ならば、菊池氏の領内で僧寺と尼寺を分離すればよいのであり、領外へ出ていくように勧める必要はない。②また、大智を重んじるなら、尼たちを領外へ移すという選択肢もあったのではないか。さらには、③その後、大智は、武光の許可を得た武澄の保護下で石貫に広福寺を開くが、そこには尼寺泰平寺《たいへいじ》があった。尼寺泰平寺の史料上の初出は、応永一七(一四一〇)年であるが、そこに名の見える先師・浄祐《じょうゆう》比丘尼は、文和元(一三五二)年に菊池貞雄から石貫内山内の田・畠・屋敷地を譲られている(35)。石貫には菊池氏の縁者とみられる尼浄祐が比丘尼所を設けていたのである。

以上、①—③より、菊池武光や慈春が、仏法のために尼寺を分離することが望ましいと考えて、大智に聖護寺を出て他領へ行くことを勧めたとは考えにくい。さらに、今まで述べてきた通り、当時の瑩山派では僧寺の山内に尼が存在するのが常態であった。

ここで問題とされている「僧・比丘尼の寺近く候」とは、僧寺である聖護寺の近くに尼寺があるということではなく、聖護寺の存在が不都合な僧寺や尼寺が近くにあるということである。菊池氏の領内に大智の聖護寺が存在することが、「仏法の仇」になるのである。

武光は領内に臨済宗正観寺《しょうかんじ》(熊本県菊池市)を建て、正観寺を中心とした新たな宗教秩序を領内に形成しようとしていた。武光は、戦局の停滞から惣領の座を降りた武士に替わり、戦功をあげて実力で惣領となっていた。武士によって一族の精神的指導者とされていた大智や聖護寺はもはや邪魔な存在であった。なお、工藤敬一も、武光と大智との関係悪化を前提に、「正観寺の創建がなくとも、菊池郡内に新たな僧尼寺の建立は将来不都合なことを招く」としており、聖護寺の僧尼混住を問題視したとは解していない(36)。

この置文は、大智を菊池郡から放逐することを通知した非情なものであった。結局、大智は、広福寺にもあまり居つくことなく、肥前加津佐の水月円通禅寺で没したのである。

2　聖護寺の尼たち

ここで注目すべきは、大智が去ることが聖護寺の廃寺を意味したわけではないということである。慈春は所領の返付を条件に、大智が尼を聖護寺房主職に任命することを認めると述べている。つまり、慈春は、大智や門徒僧は領内から放逐し、房主の尼に寺を任せようとしているのである。そして実際、大智放逐後の聖護寺は、尼が房主職を勤める寺になり、僧寺のまま実質的には尼寺化したと推測される。その根拠は以下の通りである。

第一に、大智放逐後の聖護寺文書が現存しない。大智が聖護寺の文書をもって広福寺に移ったため、それ以前の聖護寺の文書は広福寺に遺された。大智の門弟が聖護寺を管理しつづけたのであれば、聖護寺文書はその後の文書と一括して保管されたはずである。

第二に、大智は嫡弟子の法嗣禅古《ぜんこ》に自分の跡をすべて譲るが、譲状《ゆずりじょう》のなかに聖護寺は含まれていなかった。[37] 大智は、聖護寺を弟子に譲ることができなかったのである。

第三に、聖護寺自体は、戦国期まで存続したとみられ、聖護寺跡には、「当寺九世令峻　明応六〔一四九七〕年　正月廿三日」の銘をもつ墓碑が遺る。[38] 大智の門派は、嫡弟子一人にすべての寺跡を譲るため、肥後広福寺、加賀祇陀寺《ぎだじ》など、大智の跡の寺々の歴代住持は同一人物であり、その九世は令峻である。[39] つまり、令峻の墓塔は、大智以来令峻まで聖護寺の歴代住持は大智の門流であるとの主張にもとづいて造られている。これにより、大智放逐後も、聖護寺は他宗他門の寺にはならなかったとみられる。

第四に、聖護寺跡付近には「比丘尼の森」といわれるところがあり、三十数基の五輪塔《ごりんとう》が遺っている。[40] 伝承ではあるが、この地に尼寺が長期にわたって存在した可能性が高い。

以上から、聖護寺は名目上、大智門流下の僧寺のまま、実質的には尼が自立的に寺を守って、戦国期まで継続したと推測されるのである。

また、このことにより、大智が開いた聖護寺は、大智や門徒僧と尼たちとに分離可能な内部構造を有していたと考えられる。僧尼が一つの集団で不可分なものなら、僧と尼集団は行動をともにしたはずである。尼集団は、門徒僧集団より地域との関係が深く、聖護寺の檀越である菊池氏惣領に保護される存在であった。尼集団は、高僧による指導を期待しつつも、自分たちだけで宗教生活を継続できる自立性をもっていた。

かつて筆者が分析した加賀長福寺[41]では、比丘尼所が璧峰宗徳《へきほうすうとく》に寄進されて臨済宗大徳寺下の僧寺となったが、その後も尼が寺領を管理していた。比丘尼所の上に寄生するように存在した門徒僧と地域の利害を代表する檀那尼との間には対立があった。

聖護寺も、地域権力(菊池氏)に縁をもつ尼たちを山内に取り込んで成り立っていた。しかし、師檀の協力関係が壊れたとき、地域に残るのは檀と関係の深い尼(檀那尼)集団だったのである。

おわりに

曹洞宗瑩山派を分析対象として、中世後期の尼の存在形態と機能について考察を加えてきた。中世の禅宗の尼は、基本的には僧寺の檀那尼である。これが中世の尼を特徴づける一番大きな属性ではないだろうか。尼五山の尼も曹洞宗瑩山派の尼も同様に、僧寺の檀那であった。尼寺にいたか僧寺内外の庵にいたかは関係なく、僧に帰依し、檀那尼となる。彼女たちは地域権力と有縁で、寄進する田畑など財を有しており、外来の僧を地域に定着させる役割を果たした。また禅僧は、寺院運営のために尼集団を取り込む必要があった。女性の教化を重視するのは、教団運営上、合理的現実的な方策であり、中世禅宗寺院は、師僧と檀那尼で成り立っていた。

尼たちは檀那尼であったからこそ尊重され、僧寺の運営に関与できた。それは、檀那尼の可能性である。しかし、尼は教団内で僧と同様に扱われているわけではない。僧は師となるが、尼は檀でしかない。これは檀那尼の限界性であった。

尼たちは、檀那尼という枠組みに規定されつつも、教えを求めて僧寺の山内に参集し、僧が不在の時は寺を守り、住持代行すら勤めた。そこに彼女たちの主体性をみることができるだろう。宗教者としての役割を果たした尼を、僧同様に師として遇することを認めなかったのが中世の教団であり、国家、社会であった。

（1）笠原一男『女人往生思想の系譜』吉川弘文館、一九七五年
（2）女性史総合研究会編『日本女性史』全五巻、東京大学出版会、一九八二年、大隅和雄・西口順子編『シリーズ女性と仏教』全四巻、平凡社、一九八九年、西口順子編『中世を考える 仏と女』吉川弘文館、一九九七年
（3）牛山佳幸『古代中世寺院組織の研究』吉川弘文館、一九九〇年、吉田一彦「女性と仏教をめぐる諸問題」光華女子大学光華女子短期大学真宗文化研究所編『日本史の中の女性と仏教』法藏館、一九九九年、平雅行「旧仏教と女性」津田秀夫先生古稀記念会編『封建社会と近代』同朋舎出版、一九八九年、同「中世仏教と女性」女性史総合研究会編『日本女性生活史 第二巻 中世』東京大学出版会、一九九〇年
（4）野村育世『仏教と女の精神史』吉川弘文館、二〇〇四年、同『ジェンダーの中世社会史』同成社、二〇一七年
（5）牛山佳幸「中世の尼寺と尼」前掲注2大隅・西口編『シリーズ女性と仏教1 尼と尼寺』所収
（6）大石雅章「比丘尼御所と室町幕府――尼五山通玄寺を中心にして」『日本史研究』三三五号、一九九〇年（総合女性史研究会編『日本女性史論集』吉川弘文館、一九九七年に所収）、また、尼五山の実証的先行研究としては、荒川玲子「景愛寺の沿革――尼五山研究の一齣」『書陵部紀要』二八号、一九七六年がある。
（7）原田正俊「女人と禅宗」前掲注2西口編『中世を考える 仏と女』所収
（8）田中貴子『尼になった女たち』大東出版社、二〇〇五年
（9）菅原正子「中世後期の比丘尼御所――大慈院の生活と経営」『学習院女子大学紀要』六号、二〇〇四年、恋田知子「比丘尼御所と文芸・文化」『仏と女の室町――物語草子論』笠間書院、二〇〇八年

(10) 岡佳子「近世の比丘尼御所――宝鏡寺を中心に」上下『仏教史学研究』四二巻二号・四四巻二号、二〇〇〇・二〇〇二年
(11) 曹洞宗尼僧史編纂会『曹洞宗尼僧史』曹洞宗尼僧団本部、一九五五年、古田紹欽「中世禅林における女性の入信」『印度學佛教學研究』二六巻一号、一九七七年
(12) 石川力山「道元の《女身不成仏論》について――十二巻本『正法眼蔵』の性格をめぐる覚書」『駒沢大学禅研究所年報』創刊号、一九九〇年、同「中世仏教における尼の位相について――特に初期曹洞宗教団を中心として」上下『駒沢大学禅研究所年報』三・四号、一九九二・一九九三年
(13) 前掲注7原田「女人と禅宗」
(14) 竹貫元勝「大燈国師の一側面」水野恭一郎先生頌寿記念会編『日本宗教社会史論叢』国書刊行会、一九八二年、同『宗峰妙超――大燈を挑げ起して』ミネルヴァ書房、二〇〇八年
(15) バーバラ・ルーシュ『もう一つの中世像――比丘尼・御伽草子・来世』思文閣出版、一九九一年
(16) 山家浩樹「無外如大の創建寺院」『三浦古文化』五三号、一九九三年、同「無外如大と無着」『金沢文庫研究』三〇一号、一九九八年、同「如大縁由の寺院と室町幕府」『禅文化研究所紀要』二六号、二〇〇二年
(17) 前田昌宏『慧春尼考』献書刊行会、一九八八年、西山美香「顔を焼く女たち」奥田勲『日本文学 女性へのまなざし』風間書房、二〇〇四年、前掲注8田中『尼になった女たち』
(18) 石川県立歴史博物館編『永光寺の名宝』一九九八年。曹洞宗大本山総持寺は、明治四四年に横浜市鶴見区に移転し、石川県輪島市の旧地には総持寺祖院が残る。
(19) 瑩山禅師奉讃刊行会編『瑩山禅師研究――瑩山禅師六百五十回大遠忌記念論文集』一九七四年、東隆眞『太祖瑩山禅師』国書刊行会、一九九六年、同『禅と女性たち』青山社、二〇〇〇年など。
(20) 『勝蓮峯円通院中興略縁起』(永光寺所蔵)
(21) 元応元(一三一九)年一二月八日「尽未来際置文」(永光寺文書)
(22) 永和元(一三七五)年八月一〇日「大乗寺宗鑑等連署請定」(総持寺文書)
(23) 元亨三(一三二三)年三月七日「永光寺四至堺田畠注文」(永光寺文書)
(24) 応安四(一三七一)年九月「布薩回向料足下行注文」(永光寺文書)、小西洋子「永光寺伝燈院の霊牌について」

『石川県立歴史博物館紀要』一二号、一九九九年
(25) 小西洋子「南北朝期における能登長氏――曹洞宗僧と武士の家」『北陸史学』六八号、二〇一九年
(26) 戦国期以前の瑩山門派において、「大姉」はしばしば「大師」と表記される。
(27) 永仁二(一二九四)年正月北条貞時禅院規式(円覚寺文書)
(28) 原田正俊「中世禅林の法と組織」『仏教大学総合研究所紀要別冊　宗教と政治』一九九八年
(29) 明徳二(一三九一)年八月一三日「円通院行事規式」(永光寺文書)
(30) 応永三(一三九六)年八月「仏陀寺未来際之置文案」(洞寿院文書)
(31) 応永一八(一四一一)年六月一一日「普蔵院制誡」(龍沢寺文書)
(32) 応永二二(一四一五)年「龍沢寺法度」(崇信寺文書)、応永二三(一四一六)年「耕雲寺法度」(耕雲寺文書)
(33) 至徳三(一三八六)年九月二八日「聖興寺浴室規式」(雲興寺文書)
(34) 平泉澄「菊池氏と大智との関係」『史学雑誌』五〇巻九号、一九三九年、杉本尚雄『菊池氏三代』吉川弘文館、一九六六年(新装版一九八八年)、広瀬良弘「禅僧大智と肥後菊池氏」『禅宗地方展開史の研究』吉川弘文館、一九八八年。なお、以後、杉本、広瀬両氏の研究はこれによる。阿蘇品保夫『菊池一族』新人物往来社、一九九〇年(改訂新版二〇〇七年)、上田純一「筑前博多への禅宗の流入と展開」『九州中世禅宗史の研究』文献出版、二〇〇〇年
(35) 文和元(一三五二)年正月一一日「菊池貞雄譲状」、応永一七(一四一〇)年一二月六日「沙弥某安堵状」(ともに広福寺文書)
(36) 工藤敬一「南北朝の内乱と玉名」玉名市史編集委員会編『玉名市史』通史篇上巻、二〇〇五年
(37) 正平二一(一三六六)年一二月九日「大智譲状」(広福寺文書)
(38) 『日本歴史地名大系　熊本県の地名』第四四巻、平凡社、一九八五年
(39) 「加賀吉野祇陀寺の歴史」編集委員会編『加賀吉野祇陀寺の歴史』吉野谷村教育委員会、一九九四年
(40) 前掲注38『日本歴史地名大系　熊本県の地名』
(41) 小西洋子「中世村落寺院における尼僧の存在意義――加賀国長福寺の事例より」『総合女性史研究』三五号、二〇一八年

近世――「家」がもたらす葛藤と歪み

浄瑠璃・歌舞伎から読み取るジェンダー

中臺希実

はじめに

本稿は民衆史の視点から江戸時代、一八世紀に上演された人形浄瑠璃《じょうるり》『心中天網島《しんじゅうてんのあみじま》』、一九世紀に上演された歌舞伎『東海道四谷怪談《とうかいどうよつやかいだん》』を史料として、当該期において弱者という存在が社会の中でどのように決定され、位置付けられていったかを検討する。その中で、ジェンダー概念の形成や男女の力関係、それに伴う社会の変化も明らかにする。

日本近世史、民衆史の領域において、史料上の制約から民衆は男性であることが前提とされてきた。それは、江戸時代において、公的な場にあらわれるのは男性であり、女性が表に出ることは少なかったからである。結果、史料は男性が書き残したものが多くなっていった。そのため民衆史は、一般の人々の営為や心の在りかたである心性、それらが支えた社会構造を明らかにすることを目的としながらも、ジェンダーの視点を取り入れた研究は少なかった(1)。

本稿では、これらの課題を解決するために、浄瑠璃や歌舞伎という江戸時代におけるメディアを史料として用い、ジェンダーを意識しながら表象分析を行う。

一　歴史史料としての浄瑠璃・歌舞伎

1　浄瑠璃・歌舞伎を歴史史料として利用することの有効性

国文学や芸能史、思想史、家族史などの領域においては、浄瑠璃や歌舞伎などを含む文学作品や古典芸能を史料とし、そこに表象された町人思想や「家」意識(2)、親子観(3)などを分析することは往々にして行われてきた。しかし、歴史学においては、文学作品を歴史史料として活用することについては、常にその有効性が議論されてきた。多くの場合、文学作品に描かれていることは「真実」か「嘘」か、という点が重視され、そこから文学作品を歴史史料として用いることは有益かどうかを判断する傾向があった。しかし、近年では歴史学においても、文学作品における内容の真偽を追究するだけでなく、文学作品を多様なアプローチで史料とする方法が検討され、歴史史料としての有効性も論じられるようになりつつある(4)。その流れの中で、文学作品は歴史的事実をあらわしたものではなく、あくまでも創作物であると理解したうえで、当時の社会状況や政治体制などを踏まえ、なぜ虚構の物語が生み出されたのかという点を意識し、作品の設定や登場人物の言動を分析することで、作品に表象された時代性や民衆の心性の検討が可能であることも提示された[5]。

本稿で史料とする人形浄瑠璃や歌舞伎は、江戸時代の民衆にとって最もポピュラーな娯楽[6]であった。これらは、ただ作家の個性が表現されるだけでなく、観客の意向や上演された時代全体の動向が反映されるメディア[7]としての機能[8]も持っていた。現在のメディアであるテレビドラマや映画などが現代社会を映し出しているのと同様、人形浄瑠璃や歌舞伎には江戸時代の観客を納得させるだけの「現実」が反映され、娯楽作品として人々に受容されるものが作り出されていたのである[9]。時代を代表する作品には、人形浄瑠璃や歌舞伎が上演された都市部という限定はつくがシンボル化された社会問題や人々が共有または共感可能な葛藤、不満、価値観、さらには公的な史料にはあらわれにくいジェンダー認識や男女の力関係などが表象されているのである。

2　歴史史料として文学作品を利用した研究、その成果と課題

一九八〇年代より日本史の領域では民衆史、女性史、ジェンダー史、社会運動史[10]など、政治史や制度史では取り上げられなかった、市井に生きる人々、民衆を対象にした研究が進められるようになり、民衆の行動や生活、彼らの日常的な繋がりなどが具体的に示された。これらの研究の中で、民衆の生活や行動実態だけでなく、民衆の心性を明らかにする研究も進められるようになっていく。ただし、日記などを残すことができる人々は限られており、多くの人々は自分の思いや価値観、感情などを史料として後世に残すことは難しい。ここから、民衆の日常生活を舞台とし、民衆を主人

公とした文学作品や娯楽作品を表象分析することで民衆の心性にアプローチする手法が、民衆史の中でも取られるようになっていった。近年、積極的に文学作品を歴史史料として利用し、民衆の心性を論じた研究としては青木美智男[11]、須田努[12]の成果があげられる。青木や須田の研究により、政治史や制度史とは異なる角度から、江戸時代における社会構造や文化の特質をも提示することが可能であることが示されたのである。

ただ残された課題もある。日本近世史における民衆史は民衆を対象としながらも、ジェンダー分析の視点が薄く、ほとんど女性やジェンダーに関して言及してこなかった点である。このジェンダーに関する分析視点の欠如は、民衆史だけでなく、日本近世史における課題でもある。無論、女性史やジェンダー視点を取り入れることの重要性は歴史学全体において共有されている。その一方で、久留島典子が指摘したようにジェンダー分析の視点を取り入れることは、女性史などの特定の研究領域における分析視覚と位置付け[13]、自身らの研究とは別のものと距離を置いている状態はあまり改善されていない状況にあるといえよう。また、「民衆」と主語を大きくしたことで、逆に女性の存在を不可視化してしまったことも課題として指摘できる。

社会構造や社会的特質、またはその変遷を考える際、ジェンダーは重要な要素である。本稿では、男女問わず受容した人形浄瑠璃や歌舞伎というメディアを歴史史料として読み直すことで、公的な史料では表われにくい社会における弱者とその位置付けの変化、都市部民衆が共有したジェンダー認識や男女の力関係を明らかにし、社会の変遷を示していく。

二　一八世紀、『心中天網島』におけるジェンダー

本章で史料とする『心中天網島』[14]は享保五(一七二〇)年に大坂竹本座で上演された。一八世紀は、安定した社会が形成され、民衆にも家名・家産・家業を持ち、先祖祭祀を行い永続することを志向する組織体である「家」[15]が浸透した時期とされる。「家」は人々の生存基盤となり[16]、「家」の存続を重視する規範が形成された[17]。また、養子縁組や婿入り、嫁入りは社会的地位の向上や身分の移動を可能にする身上りに繋がるため、率先して行われていた[18]。

『心中天網島』をはじめとする、町人社会の出来事を題材とし男女が心中する物語である近松世話物は、当時の大坂の社会状況を示しているとされる[19]。近松世話物では女性登場人物は主体的と評価される一方、男性主人公はすべて頼りなく、無分別と言われている。現代においてどの作品をみても際立った特性を持たないと酷評[20]されるような男性が主人公とされた意味や、そうした男性主人公が、当時の観客たちに受け入れられた理由はほとんど意識されてこなかった。「家」の維持、存続を重視し、そのために行動する人間が良しとされた社会において、それに相反する行動、性格を持つ主人公が観客に否定されなかったことを検討することは、これまで示されてきた都市部民衆の心性とは異なる側面を明らかにすることにつながる。まずはあらすじを説明する。

【あらすじ】

紙屋治兵衛は、妻子ある身ながら紀伊国屋遊女小春と恋仲にあった。しかし、客と遊女の関係を超えていると、紀伊国屋から会うことを禁止されてしまう。治兵衛と小春は心中の約束を交わす。しかし夫である治兵衛を失いたくない妻のおさんは、小春に文を出し、治兵衛との心中を諦めてくれと頼み込む。おさんの願いを知った小春は、自分に会いに来た治兵衛に対して、心中するという約束は嘘であったと告げ、さらに治兵衛に対する好意を失ったように振る舞う愛想尽かしのふりをする。小春の態度に激怒した治兵衛は小春への想いを捨て、小春との縁切りを宣言する。しかしその後、治兵衛と小春を取り合っていた太兵衛が、金を支払い小春に遊女を辞めさせ、自分のものにする身請けを行うことを聞いたおさんは、治兵衛以外の人間に身請けされるはずがないと、小春が一人で死ぬつもりであることを察する。おさんは小春を死なせないためにも、治兵衛に小春の身請けを頼み込む。しかし、おさんの父により身請けは阻まれ、治兵衛はおさんとも離縁させられ、紙屋からも追い出されてしまう。行き場を失った治兵衛は小春の元に向かい、二人は心中する。

1 『心中天網島』にて主人公となる男性

まず、『心中天網島』の主人公である紙屋治兵衛がどのような人物として演出されるか確認したい。紙屋治兵衛は紙屋の入婿養子という立場にありながら、家業に勤しむ様子は作中ではまったくみられない。親戚が集まる場では治兵衛の遊廓通いが毎回話題に上がり、特に実兄と姑である叔母に常に心配され、面倒をかけ、「一門中が世話かく」状態にあるとされる。しかし治兵衛は意見を受けた後も日のある内から「炬燵《こたつ》にうたゝ寝」するなど、反省し心を入れ替え、家業に勤しむ様子は作中では一度もない。また、家業のことではなく、小春と自分のことしか考えていない無責任で短絡的で身勝手な人物として演出される。

また、治兵衛は小春に愛想尽かしのふりをされた際、小春に騙されたと激昂し、往来で「地団駄踏み」、小春の「額際をはつたと蹴」り、「わつと泣出」し兄に連れて帰られるなど、自分の感情も制御できない未熟で無分別な人間であるように演じられる。一方、治兵衛は他者から守られる存在であるようにも描かれる。治兵衛の姑は、自身の実兄にあたる治兵衛の父から治兵衛を頼まれたことを理由に、「敵に成味方に成。病に成程心をくるしめ。おのれが恥をつゝまるゝ」と、自分を犠牲にしながらも治兵衛を支えている。作中では姑だけでなく、実兄や妻のおさんに治兵衛は守られる演出がなされ、治兵衛は他者に世話をかけてばかりの未熟な存在であることが強調される。

他にも治兵衛は、会うことを禁止された小春の姿を探し歩き、小春を想って往来で「格子に抱きつき、あせり泣」いたり、小春と縁切りした後、おさんの前で治兵衛は「枕に伝ふ涙の滝、身も浮くばかり泣」き、太兵衛が自分を悪く触れ回ることや小春に騙されたことが悔しいと「どうと伏して泣」くなど、人前で涙をみせるような頼りなさや、弱さが演出される。また、治兵衛は自分に降りかかる問題を自力で解決することができない人物として演じられる。『心中天網島』では、機知に富み、自分で窮地を解決する力や責任感を持ち、誰かを守るような男性が主人公になるのではない。短絡的で自分勝手な行動を起こし、自分の情けない姿もさらけだすような未熟でひ弱な男性が主人公となっている。しかし、このような男性主人公は作中において否定されるのではなく、他者に寄り添われるのである。

2　『心中天網島』における女性

次に女性登場人物を確認する。紀伊国屋小春は、治兵衛の妻おさんから治兵衛と心中しないで欲しいと頼み込まれれば、「身にも命にもかへぬ大事の殿なれど。ひかれぬ義理合、思ひ切」ると一人で身を引く、他者を慮り義理を重視する女性として演じられる。さらに、治兵衛の面子を守るために「太兵衛には請出されぬ」とし、それでも金の力で親方に無理やり太兵衛へ身請けされそうになったならば、「物の見事に死んでみしよ」と、治兵衛のために一人で死ぬと言い切るなど、自分の意思を持ち、治兵衛のために命も捨てる覚悟を持つ女性とする演出がなされている。

おさんも治兵衛に代わり家業と内を取り仕切っており、義兄と実母がやってきた際には治兵衛の立場が悪くならないよう配慮し、常に治兵衛を第一に行動をしている。また彼女は小春との義理を重んじ、自分の気持ちを押し殺し、小春を身請けしようとするなど治兵衛を影日向に支え守る存在として語られる。

『心中天網島』において主人公の周囲に配置される女性登場人物は、義理堅く自己を犠牲にしてでも、自己中心的で頼りない男性主人公を愛し守り支えていこうとする存在であり、常に男性を第一に行動するよう演出されている。

3　『心中天網島』における男女の関係

この男女の設定が強くあらわれるのが、小春の身請けに関する場面と心中の場面である。まずは、小春の身請けに関する場面から確認する。小春を身請けしなければ、小春が死ぬことがわかった時、治兵衛は「それとても何とせん」と自分ではどうしようもできないと発言する。彼は入婿養子ゆえに家産を自由に出来ず、主体的に行動することができない。

一方、おさんは「新銀四百匁」を治兵衛の前に差し出す。さらに、質屋に持っていけば「新銀三百五十匁」ほど貸してもらえるほどの家財を差し出し、「わたしや子共《〔ママ〕》は何着いでも、男は世間が大事。請出して小はるも助け。太兵衛とやらに一分たてゝ見せてくださんせ」と、小春の身請けだけでなく、治兵衛の面子も回復させようとする。また、小春を請け出した後はどうするのだという治兵衛の問いに「子共《〔ママ〕》の乳母か。飯炊か。隠居なりともしませう」と泣きながら答え、治兵衛のために自分の妻という立場を失うことも受け入れ、自己犠牲も厭わない様子が作中の見せ場として描かれる。

心中の場面では、なかなか小春を殺せない治兵衛に対し、小春が「ア、せくまいせくまい早う早うと」「勇む」声をだし、治兵衛を勇気付けることで、ようやく治兵衛は小春を殺す設定となっている。最後まで、治兵衛は誰かに支えてもらわねば、目的を達成できない存在として描かれるのである。しかし、この心中は、「すぐに成仏得脱の誓ひの網島心中」とされ、人々が「目毎に涙」を流すものと作中で語られる。『心中天網島』における心中は、義理堅く他者を慮る強さを持つ女性が、金も地位も「家」も才覚もなく、常に誰かに支えられ、守ってもらわねばならない弱い男性と死ぬことを、人々が涙を流して賞賛するものとなっている。言い換えれば、女性の意思や行動は男性のためのものであり、命をも男性に捧げる関係が美化、肯定される設定となっている。

4　『心中天網島』から読み取る弱者とジェンダー

『心中天網島』が上演された一八世紀には、「家」の存続のため夫婦養子が取られるなど、養子や入婿が積極的に迎えられていた(21)。一方で、養子や入婿は「家」に入った後も、家督を相続できるかわからない不安定な状態におかれた(22)。作中に描かれた家産も自由にできず、周囲に守られてばかりの、精神的にひ弱で未熟な入婿養子の男性主人公は、当該期において人々が共有した入婿や養子という存在に対する認識が反映されたものといえよう。また、一八世紀の社会において弱者という存在は、入婿や養子という社会的立場によって位置付けられたと考えられる。

また、作中において女性は主体的である一方で、自己犠牲によって男性を支える存在として設定され、そのような女性を美化し肯定する演出がなされた。これは作者の近松門左衛門が男性であるため、男性にとって都合の良い物語となっている可能性はある。ただ、同じく近松が書いた『曽根《そね》崎心中《ざきしんじゅう》』が元禄一六(一七〇三)年に上演されて以降、影響を受けた男女による心中が増加したことを受け、幕府が心中はもちろんのこと心中を題材とする世話物の上演も禁止したことから、このような「女性」像は、男性だけでなく女性にも受け入れられていたといえる。女性がそのような役割を反発せずに受け入れたのは、女子の教訓書である『女大学《おんなだいがく》』により、女性は男性や「家」に尽くすものであり、そのための自己犠牲を美徳とする規範が浸透していたことも一因と考えられる。[23]『心中天網島』の分析に、ジェンダーの視点を取り入れたことで、「家」を重視する一八世紀の社会では、入婿養子の男性は自分で問題を解決する力を持たず、他者の支えや保護が必要な弱者とみなされていたことを明らかにし、入婿や養子という社会的に弱い立場の男性が持つ情けなさや未熟さに人々が共感を寄せた社会が形成されていた可能性を論じた。一方で、そのような男性を守り支え、そのための自己犠牲も厭わない女性が美徳として描かれたことから、女性は男性のために行動すべきとするジェンダー規範が男女ともに浸透していたことを指摘できよう。

三　一九世紀、『東海道四谷怪談』におけるジェンダー

本章で史料とするのは、文政八(一八二五)年、江戸中村座にて『仮名手本忠臣蔵』と合わせて上演された四世鶴屋南北脚本の『東海道四谷怪談』[24]である。『東海道四谷怪談』が上演された一九世紀は、民衆の衣食住、文化、娯楽の水準が上昇する一方、貧富の差は拡大し、米価高騰などによる打ちこわしがおこった。[25]また、貨幣経済の浸透により賃労働が普及し、地方から都市に人が流入、

裏長屋などに住み着き、肉体労働を中心とする日雇でその日暮らしを行う下層民が激増した[26]。生活水準は高くなる一方、常に没落の危険性がある一九世紀の社会にとって、都市の下層社会は都市に住む人々にとって身近な世界であった。生存基盤とされる「家」を持たず、借家に住みその日暮らしをする人々も、単身で生活するのではなく、婚姻し他者と共に生活を送った。そこでは男性が大黒柱として妻子を養う形で生活が営まれ、男性の責任感から維持されたとされる[27]。一九世紀の社会は、「家」を持たない不安定な状態であっても、他者と共に生活することは可能であった一方、ジェンダーによってその維持の責任が生じると認識された時代であった。

このような時代に、多くの当たり作品を生み出したのが四世鶴屋南北である。鶴屋南北は、江戸町民を中心とし[28]、庶民が主人公となる新たな民衆文化が求められた[29]一九世紀の文化文政という時代にもっとも活躍し、作品に時代を反映させた作家と評価されている[30]。また南北の作品は、都市の下層社会を形成する人々の声にならない声を表現しているとされ[31]、その最高傑作が『東海道四谷怪談』と言われる[32]。『東海道四谷怪談』は同時に上演された『仮名手本忠臣蔵』とリンクする物語となっているため、下級武士なども登場する。ただ、彼らは都市下層社会が形成された深川などの裏長屋を住処とし、その日暮らしの生活を送る者として設定されており、民衆が理解、共感可能な世界となっている。『東海道四谷怪談』には、一九世紀の都市部に生きた人々が共有した不満や問題、心性が表象されているのである。まず、史料とする『東海道四谷怪談』のあらすじを述べる。

【あらすじ】

お取り潰しにより主家を失い、俸禄を失ったため浪人となった民谷伊右衛門は、乞食たちに暴行を受ける元舅四谷左門を助ける。伊右衛門は自分と同様、浪人となり暮らしに困っている左門に援助を申し出、離縁させられた妻お岩との復縁を望む。しかし、左門により伊右衛門が過去に犯した主家の金を横領した罪を暴露され、それを理由としてお岩を伊右衛門と離縁させたのだと再縁も拒否される。伊右衛門は罪の隠蔽のため、左門を殺害、お岩の妹であるお袖に言い寄る直助と共謀し、お岩を騙して復縁に成功する。しかし、主家の仇に仕える伊藤喜兵衛より、伊右衛門に一目惚れした孫娘の婿になるよう金を積まれると、お岩と離縁し孫娘の婿になることを承諾する。伊右衛門は、伊藤喜兵衛により毒を飲まされたお岩に夫以外の男性と肉体関係を持ったと嘘の密通の罪を着せ、追い出そうとする。騙されたことを知ったお岩は、伊右衛門と伊藤家を呪いながら絶命。その後、伊右衛門や伊右衛門に関わった者にはお岩の祟りが降りかかる。

『東海道四谷怪談』は登場人物が多いため、物語の主軸を担う民谷伊右衛門、伊右衛門に騙されるお岩、伊右衛門と共謀し悪事を働く直助、お岩の妹であるお袖の四人を中心に分析を行う。

1　『東海道四谷怪談』において中心となる男性

まず主人公である民谷伊右衛門から確認する。伊右衛門は「これにて少々金子たくわいいたしおる間」と、生活費の蓄えが多少あるように演じられ、浪人でありながら経済的に自立した生活を送っているよう設定される。伊右衛門は横領の罪を知る左門が、自分の罪を他者に暴露するのを防ぐために、左門を殺害する。その後、伊右衛門が父を殺したことを知らないお岩に「身共がためにも舅のかたき」と実行することのない父親の敵討を持ちかけ、「気づかひせずともこれから一所に」と心配しなくとも良いと復縁し、一緒に暮らすことをお岩に納得させる。自分の利益を優先し、目的達成のためには手段を選ばない人間として演出される。さらに、伊右衛門は自分からお岩と子どもを「見すて」ず、「ちから」になると発言したにもかかわらず、一緒に暮らし始めると「このなけなしのその中で、がき迄うむとは気のきかねい」と経済状況が良くない中で、お岩が子どもを産んだことに不満を漏らす。さらにはお岩や子どもを「ごくつぶし」「足手まといのがき」などと罵り暴力をふるう人間として演じられる。また自身の身上りのために、産後体調が優れず伊藤喜兵衛の毒薬により顔が崩れたお岩に対し、自ら申し出た敵討を「いやになつた」と言い捨て、それが「気にいら」ないのであれば「この内を出て、外の亭主を持」ち、「助太刀」をしてもらえとお岩に出て行くように仕向ける。さらに病身のお岩だけでなく、生まれたばかりの自分の子どもも追い出そうとするなど、自力で生活することが困難な病人や子どもを庇護しようともせず、身上りのために、自身が持ちかけた約束も一方的に破棄する無責任な人間とされる。『東海道四谷怪談』において、男性である伊右衛門は浪人後も経済的に自立しており、目的の達成と自分の利益を第一に行動し、女性や子どもを負担として捉え、暴力までふるう者として設定される。

次に直助を取り上げる。彼も主家を失った後、薬売りなど雑業によって生活費を稼いでおり、経済的に自立した存在である。直助も薬売りの売上金の横領や、横恋慕するお袖の許嫁である与茂七の殺害など、私利私欲のために手段を選ばない人物として演じられる。さらには、自分が殺害したにもかかわらず、「与茂七さまを討つたるかたき、たづねておまへに討たせねば、この身のけつぱくすみませぬ。どうぞそれまでおまへの命、わしにあづけて下さりませ」と敵討の助太刀を持ちかけ、一緒に暮らすことをお袖に納得させる。しかし、なかなかお袖が自分に気を許さずにいたため、お岩も伊右衛門に殺害されたことを知ったお袖が一人でも敵討をすると発言すると、「女の手」で行う「あだうちは覚束なひ」と女性であるお袖が一人で敵討を行うことは無理だと主張する。そして自分にはお袖の望む敵討を果たすだけの力があることを匂わせながら「赤の他人で居る時」は、「助太刀」は出来ないとし、敵討の助太刀を方便に、お袖に自分の女房となり共寝することを迫るなど、相手の弱みを利用し、自分の目的を達成しようとする。また、直助は楊枝見世の売り子として働くお袖に対し「おまへがうんとさへいへば」とお袖が直助の恋人か夫婦になることを了承するならば、「こんな所へ出ちやァおかねへ」と、自分と暮らせば楊枝見世などで働く必要もないと、生活の安定を理由とし一緒になることをお袖に持ち掛けている。

作中において直助はお袖と夫婦となるが、それは直助の一方的で利己的な考えから形成されたものであった。また、自分と夫婦になれば暮らしが楽になるなど、益になることを示せば女性は乗ってくると考える人物として直助は設定されている。さらに、女性の意思と身体を引き換えに、生活の保障を提案するなど、男性に身体を差し出し、共に生活することでようやく安定した生活が可能となる存在として女性を認識しているよう演出されている。

『東海道四谷怪談』の男性登場人物に共通するのは、「家」がなくとも雑業により経済的に自立した存在であり、自身の目的の達成を最優先する利己的な考えをもつという人物像である。また、夫婦関係の形成や解消などは彼らによって決定された。作中における男性の夫婦関係の形成と維持に対する認識から、女性や子どもに対し、その存在や意思、いのちを軽視する認識を持つ人間として設定されていることがわかる。彼らに他者の庇護を必要とする弱者への憐れみや孝行を重んじる行動は作中ではほとんど見られない。他者の弱みを利用し、弱者を踏み台にしていくことを厭わない男性が物語の中心人物に位置付けられている。

2 『東海道四谷怪談』における女性

次に、女性登場人物であるお岩とお袖の作中での言動や立場を確認する。作中において彼女たちの父は主家の取り潰しに伴い、浪人となっている。そのため「一日の煙もたてかねまするほどのひんく」とその日の食事もとれないほど非常に困窮している設定となっている。お岩とお袖の会話にも「朝夕まづしい暮しをするゆへ」「まづしいくらし」と生活が苦しいとする語りが繰り返され、その日を生きていくのも厳しい状況にお岩やお袖が置かれているように描かれる。しかし、お岩は身重で病弱でありながら、年老いた父のために道端に立ち、売春を行う「立君」の真似をするなど、自身の身体よりも父への孝行を優先する人間性を持つ者とされる。ただし、伊右衛門に父が殺害された後は、敵討を自力で行うという発想はなく、「とゝさんにあいなくわかれ、何たのしみに世の中に、いきていらるゝものぞいナァ」と、父がいないならば生きている意味がないと父の後を追おうとする受動的な存在とされる。このため、父を殺した伊右衛門に「親のかたきは身共が討たす。気づかひせずともこれから一所に」と騙され、敵討を理由に伊右衛門とよりを戻してしまう。結果、「朝夕にアノ悪口」と毎日罵倒され、「はりのむしろ」のような気の休まらない状態にあり、さらには伊右衛門から暴力まで受け「生疵さへも」絶えない状況に置かれてしまう。しかしそのような状況でも「とゝさんの、かたきをうつて貰」うために「非道な男」である伊右衛門との夫婦関係を「しんぼふ」し続ける。さらに、お岩は伊右衛門から理不尽に追い出されそうになった時にも、「どのよふなことさんしようと、願ふて居たかたき討ち、ちからになつてさへ下さらば、何のどのよふなことがあつても」と父の敵討さえしてくれれば、自分はどうなってもよいと伊右衛門に縋ってしまう。お岩は経済的に自立しておらず、自己犠牲的で受動的な存在であり、生活の維持や目的の達成を、男性へ依存している人物となっている。結果、自分一人では何もできない非力な存在として作中では描かれる。

次にお袖を確認する。彼女は父の主家の仇である高野家の家臣に刃向かう強さも持っている人物となっている(33)。お袖も父と姉のために、露店の楊枝見世にて客の呼び込みのために置かれた売り子や、隠れ売春など自分を犠牲にしてでも孝行を行う人物として設定される。その一方で、今まで邪険にしていた直助に、父と許嫁の敵討を申し出られると、「それじやといふてこれまでに、あいそつかしたこなさんを」と迷いつつ、最後には「うわべばかりの、そんなら夫婦」と敵討のために一時的に一緒に暮らすことを承諾し、直助に敵討を頼る。お岩も殺害され、三人の敵討をしなければならないことが判明した際には、お袖は「いかにかひなひ女子じやとて、ナニ、あんのんに仇敵を」と自分一人でも敵討をすると発言をするが、先述したように直助に「覚束なひ」と言われ「赤の他人で居る時」は「助太刀」できないと、夫婦となり共寝をすることを条件に、敵討の手助けを持ちかけられる。結果、「かならず見すてゝ下さんすな」と、お袖は直助の提案を了承し、直助に敵討を縋り身体を許してしまう。自ら楊枝見世で売り子として働き、隠れ売春までして父と姉を支えようとし、主家の仇に反抗するような芯の強さをもつお袖であっても、経済的には自立できず、生活の維持や敵討という目的の達成のためには男性に依存しなければならない「かよわ」く「かひな」い女であることが、お岩と同様に作中で繰り返し描かれる。また、楊枝見世の売り子も隠れ売春も女性であることを売り物としていることを考慮すると、作中におけるお袖の金を稼ぐという行為からも、お袖を男性に消費される存在とする演出がされていると理解できる。

　女性登場人物に共通しているのは、自分一人での生活や目的を達成しようという意識が弱いことである。また、男性と夫婦関係を形成すれば、その男性に頼って良いのだと弱みを見せる設定となっている。作中において、女性登場人物は愛情から夫婦関係を結ぶのではない。男性に自分の目的を達成してもらうための対価として自分の身体を差し出し、夫婦となる語りとなっている。その結果、夫婦間において上下関係が発生し、妻となる女性が常に下位におかれるように描かれた。また、彼女たちの生活費を得るための行為が、女性性を商品とし男性に消費されることを前提としたものであり、男性に搾取されるものとして位置付けられていた。さらに、作中では彼女たちの抱えた弱さや自己犠牲、それに伴う死は共感も喝采もされず、誰からも寄り添われない。

3 『東海道四谷怪談』から読み取る弱者とジェンダー

一九世紀の社会は貨幣経済が浸透し、労働力を賃金に変えることで、雑業などの日雇いによる、その日暮らしでの生活が可能となった。都市で生活する借家層や下層民も単身で生活を営むのではなく、婚姻などにより他者と共同生活を営むこともできた。ただし、そこでは男性の労働力が生活の要であり[34]、生活の維持は男性の責任感にかかっており[35]、ジェンダーによって責任が生じるように認識された。このような時代に上演された『東海道四谷怪談』において、現実とリンクするように男性登場人物は雑業によって生活費を確保し、経済的に自立した存在であった。彼らは作中で妻子を養うことも可能な存在として設定された。ただし、作中において彼らは養うことや手助けすることも、自身の目的達成のために利用する利己的な存在であり、女性よりも優位に立つものとして描かれた。彼らの行動は悪とされながらも、女性を騙したことや虐げたことを、罰せられることはなかった。それは彼らの悪を強調する演出の一方で、伊右衛門や直助の行動に人々が一定の理解を示したからであろう。妻子の生活の維持が男性の責任とされるゆえに、その関係性の形成と解消も男性に主導権があると人々に認識されたといえる。また、妻子を養わなければならない責任は、妻や子を「ごくつぶし」「足手まとひ」と負担とみなす認識と表裏一体であり、彼らを切り捨てる心性にも人々が共感を示したことが考えられる。

逆に女性登場人物は、女というジェンダーであることにより、ひ弱な存在として設定された。彼女たちは男性に自分の身体を差し出さなければ、生活の維持や目的の達成も叶わない、男性に縋るしかない存在として語られた。『東海道四谷怪談』において、女性がひ弱で一人では何もできない存在とする認識は、伊右衛門や直助だけでなく、女性であるお岩やお袖も自覚しているように描かれた。また彼女たちの弱さや自己犠牲は、誰からも共感されず単なる弱みとしてつけ込まれ、男性によってその身体や命は消費された。作中において、女性登場人物が一貫して依存的で受動的な存在とされたのは、男性が大黒柱として生活を維持することの不安定さと、妊娠や出産、育児など身体的要因により自立することが難しい女性に対する人々の認識が反映されたものだと考えられる。そして、女性自身も男性に縋るしかない存在であることを受け入れていたといえる。

『東海道四谷怪談』を史料としてジェンダー分析を行ったことで、一九世紀では、「弱者」であるということはジェンダーによって決定された可能性があることを示した。このジェンダー認識は、女性を男性に依存することでしか生活できない存在とみなし、女性軽視の風潮と男女間における上下関係の形成を促した可能性を指摘した。そして、それは男性だけでなく女性にも共有された認識でもあったことを示した。青木が示したように、一九世紀の民衆には、ジェンダーによって生活難度が異なるとする認識が浸透していたといえよう。(36)『東海道四谷怪談』では弱者に寄り添う視点はなかったことから、他者に弱さを見せることや、頼ることに否定的な弱者に共感しない社会が形成されていたことを論じることができるのではないだろうか。

おわりに

人々の娯楽として受容されたメディアには、普段意識しない、言語化されない無意識下での人々の認識や心性が表象される。本稿ではこの部分を利用することで、公的な史料にはなかなかあらわれない、都市に住む人々が当時共有した社会像や価値観、ジェンダー認識とその変化を示した。

第一章では、浄瑠璃や歌舞伎を含む文学作品を歴史史料として利用することで、政治・制度史とは異なる角度から社会にアプローチすることが可能となったことを説明し、民衆史において、文学作品を歴史史料として民衆世界を多角的に検討した先行研究を示した。ただし、民衆史においては、ジェンダーの視点があまり積極的に取り入れられてこなかったことが課題であると指摘した。

第二章では、『心中天網島』の分析から、「家」社会であった一八世紀において、弱者は入婿や養子という社会的な立場によって決定された可能性を論じた。「家」を前提とした一八世紀では、男性であっても弱いことや他者から守られることが前提となっている者が存在し、彼らはその弱さを他者に曝け出すことが許され、その弱さに人々は共感したことを示した。一方で、女性が男性のために犠牲となる関係が美化されるなど、女性は男性のための存在として位置付けられ、その価値観は男女ともに受け入れられていた可能性も指摘した。

第三章は、『東海道四谷怪談』の分析を通じ、「家」を持たずとも夫婦関係を形成することが可能であった一九世紀では、女性というジェンダーによって弱者が決められていた可能性を示した。男性は自立した存在であり、彼らによって夫婦関係が維持されるために、その形成と解消は男性主導であるものとみなされた。また夫が妻や子どもを負担とみなすこと、切り捨てることにも人々が一定の理解を示したことを読み取った。女性は女性であるということ自体が弱く依存的とされ、女性軽視の風潮と男性との上下関係が強化されてきたのである。ジェンダーによって生活難度が異なることを認識しながら、弱者を切り捨てることにも共感する社会が形成されていたことを論じた。

本稿では一八世紀と一九世紀の都市における民衆世界を比較することで、弱者という存在が社会的立場からジェンダーによって決定されるように変化していったこと、自己犠牲を肯定し、人間の持つ弱さや未熟さに共感する社会から、弱者を負担とし切り捨てることに共感する社会へと変化していった可能性を提示した。一方で、女性を男性に身体や命を消費される存在とする位置付けは、一八世紀にも一九世紀にもみられた。江戸時代を通して、女性を男性よりも下位に位置付ける価値観が浄瑠璃や歌舞伎によって再生産されていたといえよう。

また、これまで民衆史において欠落していたジェンダー分析の視点を取り入れ、浄瑠璃や歌舞伎を歴史史料として読み直すことで、女性の存在を可視化し、これまで提示されてきた男性像の新たな側面や男女の力関係、男女それぞれの社会的位置付けの変化も論じることができた。ジェンダー分析を取り入れながら、これまで提示されてきた社会構造や時代的特質をもう一度検討していくことが今後の課題としてあげられる。

（1）アン・ウォルソールや藪田貫の成果以降、ほとんど意識されていない状況にある。Anne Walthall, *the Weak Body of a Useless Woman: Matsuo Taseko and the Meiji Restoration*, The University of Chicago Press, 1998（菅原和子訳他『たをやめ《手弱女》と明治維新——松尾多勢子の反伝記的生涯』ぺりかん社、二〇〇五年）、藪田貫『日本近世史の可能性』校倉書房、二〇〇五年。女性史やジェンダー史には、他にも民衆の心性や生活を対象とした大口勇次郎、沢山美果子、曽根ひろみ、長島淳子、長野ひろ子、林玲子、などの研究があるが、その成果が充分に取り入れられているとは言い難い。大口勇次郎『女性のいる近世』勁草書房、一九九五年、沢山美果子『性から読む江戸時代——生活の現場から』岩波書店、二〇二〇年、曽根ひろみ『娼婦と近世社会』吉川弘文館、二〇〇三年、長島淳子『幕藩制社会のジェンダー構造』校倉書房、二〇〇六年、長野ひろ子『日本近世ジェンダー論——「家」経営体・身分・国家』吉川弘文館、二〇〇三年、林玲子『江戸・上方の大店と町家女性』吉川弘文館、二〇〇一年

（2）吉田豊『商家の家訓』徳間書店、一九七三年

（3）片岡徳雄『日本人の親子像——古典大衆芸能にみる』東洋館出版社、一九八九年

（4）樋口州男他編著『歴史と文学——文学作品はどこまで史料たりうるか』小径社、二〇一四年

（5）須田努「イコンの崩壊から——「現代歴史学」のなかの民衆史研究」『史潮』新七三号、二〇一三年

（6）前掲注5須田「イコンの崩壊から」

（7）諏訪春雄『江戸シリーズ5　心中——その詩と真実』毎日新聞社、一九七七年

（8）前掲注5須田「イコンの崩壊から」、津川安男『江戸のヒットメーカー——歌舞伎作者・鶴屋南北の足跡』ゆまに書房、二〇一二年

（9）前掲注5須田「イコンの崩壊から」

(10)　小谷汪之「「戦後歴史学」とその後──新たな「科学的歴史学」の模索へ」『史潮』新七三号、二〇一三年
(11)　青木美智男『深読み浮世風呂』小学館、二〇〇三年
(12)　前掲注5須田「イコンの崩壊から」、同「諦観の社会文化──「因果」の語りからみた近世民衆の心性」関東近世史研究会編『関東近世史研究論集2　宗教・芸能・医療』岩田書院、二〇一二年、同「メディアを利用しての民衆史研究──近松門左衛門が語る自国認識」アジア民衆史研究会・歴史問題研究所編『日韓民衆史研究の最前線──新しい民衆史を求めて』有志舎、二〇一五年
(13)　久留島典子「女性に関する史料は少ないのか」『歴史学研究』九五二号、二〇一六年
(14)　「心中天の網島」近松全集刊行会編『近松全集第一一巻』岩波書店、一九八九年。二章では、特に表記しない限り史料引用はこれに準ずる。
(15)　大藤修『近世農民と家・村・国家──生活史・社会史の視座から』吉川弘文館、一九九六年
(16)　倉地克直『全集日本の歴史　第一一巻　徳川社会のゆらぎ──江戸時代／十八世紀』小学館、二〇〇八年
(17)　前掲注15大藤『近世農民と家・村・国家』、乾宏巳『近世大坂の家・町・住民』清文堂出版、二〇〇二年
(18)　深谷克己『江戸時代の身分願望──身上りと上下無し』吉川弘文館、二〇〇六年
(19)　脇田修『近世大坂の町と人』人文書院、一九八六年
(20)　前掲注7諏訪『江戸シリーズ5　心中』、鳥居フミ子『近松の女性たち』武蔵野書院、一九九九年
(21)　長谷部弘「近世日本における「家」の継承と相続──上田藩上塩尻村の蚕種家、佐藤嘉平次家の事例から」國方敬司・永野由紀子・長谷部弘編『家の存続戦略と婚姻──日本・アジア・ヨーロッパ』刀水書房、二〇〇九年
(22)　渡辺祥子「近世大坂道修町の商人と「イエ」──鍵屋茂兵衛家のあり方から」『史学雑誌』一〇六巻一一号、一九九七年
(23)　藪田貫「『女大学』のなかの「中国」」趙景達・須田努編『比較史的にみた近世日本──「東アジア化」をめぐって』東京堂出版、二〇一一年
(24)　「東海道四谷怪談」藤尾真一編『鶴屋南北全集第一一巻』三一書房、第一版四刷一九九二年。三章では、特に表記のない限り、史料引用は全てこれに準ずる。

(25) 深谷克己『日本の歴史6　江戸時代』岩波ジュニア新書、第三刷二〇一六年(初刷二〇〇〇年)
(26) 青木美智男『文化文政期の民衆と文化』文化書房博文社、一九八五年
(27) 前掲注25深谷『日本の歴史6　江戸時代』
(28) 前掲注26青木『文化文政期の民衆と文化』
(29) 前掲注11青木『深読み浮世風呂』
(30) 諏訪春雄『鶴屋南北――笑いを武器に秩序を転換する道化師』山川出版社、二〇一〇年
(31) 前掲注25深谷『日本の歴史6　江戸時代』
(32) 渡辺保『江戸演劇史 下』講談社、第五刷二〇一〇年(初刷二〇〇九年)
(33) お袖には高野の家臣である伊藤家には商品を売らないと反発する場面がある。
(34) 前掲注25深谷『日本の歴史6　江戸時代』
(35) 三田村鳶魚校訂、山田清作編「文政年間漫録」『未刊随筆百種　第二』米山堂、一九二七年
(36) 前掲注11青木『深読み浮世風呂』

遊廓と遊女
――芸娼妓解放令を中心に

人見佐知子

はじめに

遊廓や遊女については、歴史のみならず文学、芸能、美術、建築、民俗などのさまざまな観点から研究がなされてきた。近年では、ノスタルジーを喚起する存在としても遊廓への関心が高まっている(1)。そうしたなか、女性史やジェンダー史の視点で遊廓や遊女を研究することはどのような意味があるのだろうか。本稿が重視するのは、遊廓は基本的には商品としての性が売買される場であるという認識である。近年、そうした認識をふまえたうえで、遊女を主体として捉え、性売買の実態を明らかにしようとする研究が積み重ねられている。本稿では、明治五(一八七二)年の芸娼妓解放令を女性史・ジェンダー史の視点で再検討し、遊女たちにとって近世に成立した遊廓が近代的に再編される過程はどのような経験であったのかを考察する。分析を通して性売買の歴史的展開の一端に迫りたい。

性売買という用語についてはすこし説明が必要であろう。近年、このテーマを研究する研究者たちのあいだで、従来用いられていた「買売春《ばいばいしゅん》」という用語に代えて性売買が用いられるようになってきた。「買春《かいしゅん》」という造語は、一九七〇年代の観光買春ツアー反対運動のなかから生まれた(2)。女性が性を売ることを指す「売春《ばいしゅん》」(3)に対し、売る女性の側ではなく買う男性にこそ問題があることを強調するために作られた用語である。売ることと買うことをひとつに表現する言葉である「買売春」は、当初「売買春」とされていたが、一九九〇年代になると買う側の男性に注意を向けるために「買売春」という語順で使われるようになった(4)。二〇〇〇年代以降は、「買売春」の「春」という喜びや楽しさを意味する語が実態と異なるので、性売買と言い換えるようになった(5)。用語の変化の背景には性売買の実態についての認識の深化がある。こうした研究動向をふまえて本稿でも性売買を用い、「売春」「買春」についてもできるかぎり性を売る、性を買うなどの表現を使うようにしたい。

一　近世の遊廓と遊女(先行研究)

1　遊廓は「解放区」?

一九八〇年代以前の遊廓研究は、遊廓を利用する男性の立場で遊廓の文化的創造性や遊女の聖性を美化する研究が主流を占めた。たとえば、近世文学研究者の廣末保は、遊廓を日常的な秩序や価値観にとらわれない解放区(「辺界」)として描いた[6]。

遊廓や遊女が女性史・ジェンダー史の中心的なテーマのひとつとなっている現在からみると意外に思われるかもしれないが、女性史研究において遊廓そのものは必ずしも主題ではなかった。女性史総合研究会編『日本女性史研究文献目録』(Ⅰ—Ⅴ)が「遊廓・遊女」を立項するのは一九九二年から一九九六年の研究を対象としたⅣのなかで、それ以前は風俗史・文化史の研究動向のなかに整理されていた[7]。

この時期に、遊女の視点で遊廓の実態を明らかにしようとする試みはないわけではなかったが[8]、史料にもとづく実証的な遊廓・遊女研究は、宮本(山城)由紀子の一連の研究[9]をのぞくと乏しかった。

2 「売春社会」論の登場

一九八〇年代になると、女性史の見地から性差別の顕著な表われとして性売買を捉え、遊女たち自身の意識や実態に着目した研究が登場した。曽根ひろみ「「売女」考」[10]は、比較文学者の佐伯順子による『遊女の文化史――ハレの女たち』[11]のような「性＝聖」観念を強調する遊女の捉え方にたいする批判を意図して書かれた。近世の性売買の本質は、隠売女《かくしばいた／ばいじょ》とよばれる最底辺の私娼にあるとする曽根は、近世社会を「売春」の大衆化段階と位置づけ、遊廓の遊女、遊里の芸者から川原や辻に立ち客を引く夜鷹《よたか》・惣嫁《そうか》といった最底辺の街娼まで含めた重層的構造を「売春社会」と捉えることを提起した。[12]

3 「遊廓社会」論の登場とその批判

おなじころ、都市論と身分論の視角で新吉原遊廓研究にあらたな展開をもたらしたのは塚田孝の一連の研究である。[13] すなわち、身分や役《やく》(義務)という視点から遊女屋の営業が町《ちょう》の特権であったこと、遊女の人身把握は町の役であったことなどを分析したもので、遊廓や遊女を近世都市社会の不可分の構成要素として捉え、全体史のなかに遊廓を位置づけることを目指した。これを「遊廓社会」論として定式化したのは吉田伸之である。[14]

『シリーズ遊廓社会1 三都と地方都市』[15]『シリーズ遊廓社会2 近世から近代へ』[16]は、「遊廓社会」論の視角と方法にもとづき、遊廓を中心とした都市社会の構造と、そこに展開する社会関係の総体を構造的に分析した共同研究の成果である。三都(江戸・京都・大坂)の遊廓のみならず、宿場や地方城下町、門前町、港町など全国各地の個別遊廓・遊所の実証研究を蓄積し、近世から近代への展開もふくめて多様な遊廓・遊所の社会構造を明らかにしたこと、遊女の稼ぎに寄生し性売買を支える社会的諸関係(公的・私的ネットワーク)の展開を明らかにしたことなどが具体的な成果にあげられる。遊所は、公認の性売買営業地区である遊廓に対し、黙認・非公認の性売買営業区域を指す。

近世都市史研究の視点による「遊廓社会」論と、女性史の視座からの「売春社会」論は、それぞれの方法・視角にもとづき別個に対象にせまる傾向にあったが、両者をつないだのがジェンダーの視点である。「遊廓社会」論におけるジェンダー視点の欠如をはやくから指摘していたのは横山百合子である。横山が批判するのは、「遊廓社会」論においては、遊女が商品として客体化され事実上意思をもたない存在とみなされているという点である。[17] 他方で横山は、「売春社会」論において娼婦の実態分析自体に深まりを欠くのは社会構造分析の不足によるとして、両者の接合を主張した。[18] その後の横山の一連の研究は、右をふまえて歴史の主体としての遊女の側から遊廓の抑圧的な特質を明らかにしようとしたものであるといえよう。[19]

性売買研究におけるジェンダー視点の欠如は、遊女の「身分」についての理解に関わる。吉田伸之は、『シリーズ遊廓社会1』の序文で、近世の遊女の多くは、貧農や都市下層の「家」に所属する若年の女性が事実上の身売り奉公によって一時的にとる「地位・状態」であり、性売買は、肉体に備わった能力の一部を商品化して切り売りするという点で、労働力販売と本質的に同質だとする見解を示した。ただし、自己の生み出す労働の価値の対価が身売りのかたちで人主《ひとぬし》（親などの保証人）に支払われる一方で、本人は長期に及ぶ債務に拘束され、年季期間中、雇用主（遊女屋）の隷属下で人身的な拘束を受ける点で「日用《ひよう》」層と異なるとされた。[20]

これに対して横山百合子は、「男が買う／女が売る」という性売買におけるジェンダーの非対称性が前提にされず、性の売買を一般的商品流通や労働力販売と同様にみなすことの問題点を指摘した。[21]

性売買を一般的な労働と同列視することの問題点は、遊女の「こころ」と「からだ」に迫るセクシュアリティの観点からも批判がある。沢山美果子は、疾病や暴力の危機にさらされながらの売女奉公が彼女たちの心身に刻み込んだ影響を看過することはできないとして、性売買の現実は女性の側からすると一時的にとる「地位・状態」にとどまらないと批判した(22)。不特定多数の男性に長期間にわたって性を売りつづけることが女性の心身をいかに破壊するかは、女性史の視点にもとづく遊廓・遊女研究が関心を寄せ、つとに指摘してきたことである。ただし、その実態については、史料的な制約もあってかならずしも実証的に明らかになっていない領域でもある。今後は、新たな史料の「発掘」や既存の史料をジェンダーの視点で読み直すことによって、遊女たちの経験を実態面から明らかにすることが期待される。

二 芸娼妓解放令の歴史的位置

1 芸娼妓解放令とはどのような法令か?

明治五(一八七二)年の芸娼妓解放令は、近世の遊廓を再編するきっかけとなった法令として知られている。芸娼妓解放令は、太政官《だじょうかん》布告第二九五号(一〇月二日)と司法省布達第二二号(同九日、ただし東京府には先行して八日に発令された)からなる。太政官布告第二九五号は、①年季奉公の名目で実質的に行われていた人身売買を禁止すること、②農工商の技術習熟のための奉公は七年以内に限ること、③通常の奉公人は一年以内に限ること、④娼妓・芸妓などの年季奉公人はすべて「解放」し、身代金《みのしろきん》や借金などの訴訟は取り上げないことを宣言した。

しかしながら、「解放」は困難をともなった。身代金の問題があったからである。遊女屋は遊女を抱え入れるためにまとまった額の身代金を人主(女性の親など親権者で身元を保証する者)に支払った。自己資金が足りない場合は融資を受けた。(23) 遊女屋からすれば、投入した資金を回収するまでは遊女を「解放」するわけにはいかなかった。東京府では、新吉原遊廓の遊女屋らが戸長《こちょう》(後述)と相談し、未償却の借金について新たに借用証文を作成して返済させる方法が検討された。

ここに、太政官布告第二九五号にくわえて、司法省布達第二二号が発令されなければならなかった理由がある。すなわち、新たに借用証文が取り交わされることで人身拘束が継続され、解放令が実行されない現実に直面した政府は、司法省布達第二二号を発令し、借金の有無にかかわらず無条件で娼妓・芸妓を「解放」するように命じた。その根拠を同令は、娼妓・芸妓は人身の権利を失った存在で牛馬と異ならず、牛馬に借金の返済を求めることはできないのと同様に娼妓・芸妓に借金の返済を求めることはできないとしたため、同令は「牛馬切りほどき令」とも呼ばれた。これによって、第三章でみるように、「解放」はある局面では徹底性をもち、遊廓社会に深刻な動揺をもたらした。

2　芸娼妓解放令の世界的位置

明治政府が芸娼妓解放令を出した理由については、明治五(一八七二)年六月のマリア・ルス号事件(ペルー船マリア・ルス号から輸送中の清国人苦力《クーリー》が寄港地の横浜で逃亡し救助を求めた事件。奴隷制廃止後、奴隷に代わる労働力として苦力貿易が盛んになっていた)をきっかけとして、事件の審理の過程で日本の遊廓制度が非難されたため明治政府があわてて出したとする説が長らく通説化していた。これに対して大日方純夫は、この裁判がはじまる以前の同六月二三日に司法省が「奉公人年期定御布告案」を太政官に提出しており、これが芸娼妓解放令のもとになったことを明らかにした(24)。このことから芸娼妓解放令は、人身売買の禁止をめぐる明治初年の開化政策の一環として理解されるようになった。

芸娼妓解放令を、身分的統治の廃止との関連で論じたのは横山百合子である(25)。近世身分論の理解にもとづく「遊廓社会」研究が明らかにしたように、遊廓の公認は、遊廓以外の場所での性売買営業を認めず、身分集団としての遊女町が役と特権にもとづいて営業を独占することを意味した。遊女町は隠売女を摘発する役を負い、娼婦の身体を掌握し、管理した。芸娼妓解放令は、特定の町(身分集団)が性売買を独占して遊女を掌握・管理するあり方を否定し、その後警察の統制・管理へと移行していく、性売買システムの近代的再編を必然化したと考えられる。

芸娼妓解放令の世界史的な位置づけも考慮すべきである。ダニエル・ボツマンは、奴隷制廃止や苦力貿易への批判が高まり、「自由」や「解放」を制度的にみとめる世界的な潮流のなかで芸娼妓解放令を理解すべきことを主張した(26)。横山百合子は、イギリスで起きた、警察が性病患者と疑った女性に性病検査を強制する伝染病予防法に対する反対運動が、芸娼妓解放令の制定過程に与えた影響を検討している[27]。

こうした国際的な動向は、近代化を急ぐ明治政府に「解放」を徹底して実施させる動機になったと考えられる。これまでの研究では、芸娼妓解放令ののちも性売買は禁止されず、公娼制度は再編されて事実上の人身売買が継続したため、芸娼妓解放令をめぐってはその欺瞞的性格が強調されてきた。近代公娼制度の下で女性は、自らの「自由意思」にもとづいて性を売るものとされ、人身売買の代金を意味する身代金は、近代的な呼称である前借金《ぜんしゃくきん》と言い換えられた。じっさいには、前借金を受け取るのは人主である女性の親権者(親など)で、女性は性売買の売上金から借金を返済しなければならなかった。前借金の返済はきわめて困難だったので、女性は長い期間人身を拘束されて性を売らされた[28]。そのため、「解放」は形式的で一時的な措置にすぎなかったと考えられてきたのである。

しかしながら、近年、芸娼妓解放令の実態分析がすすめられるなかで、近世から近代への遊廓の再編過程が具体的に明らかにされ、芸娼妓解放令の歴史的意義が再検討されつつある[29]。そこで次に、「解放」の実態をできるかぎり遊女であった女性の経験から検証し、芸娼妓解放令の内実を考察したい。史料として、東京都公文書館所蔵の東京府文書から芸娼妓解放令関連史料(「娼妓解放」一―四、「娼妓解放府県往復留」など)を用いる。これらは、その存在自体は早くから知られていたものの、近年まで本格的な分析はなされてこなかった史料である[30]。

なお、芸娼妓解放令後、遊女は娼妓に、遊女屋は娼妓に営業場所を貸すだけの貸座敷《かしざしき》と言い換えられるが、以下では原則として遊女・遊女屋をもちいる。史料にもとづく場合はこの限りではない。

三　「解放」はどのように実行されたか?

1　芸娼妓解放令の実施過程

「解放」の実務は、戸長やその下にいた町用掛《ちょうようかかり》が担った。明治五(一八七二)年、新たな地方制度として府県の下に大区が、その下に小区が置かれた。小区の長が戸長である。町用掛は、江戸時代の町役人に相当する地域のまとめ役である。戸長は抱主《かかえぬし》(遊女らを抱える主人)から取り上げた証文から人主を探し出し、遊女や食売女《めしうりおんな》・飯盛女《めしもりおんな》といった女性たちを人主のもとに「引渡」した。宿場では、食売女・飯盛女の名目で女性たちは性を売らされていた。遊女や飯盛女らを手放すまいとする抱主が「引渡」を拒否した場合は、府県などの行政機関が積極的に介入した。

いしは、東京府駒込東片町四一番借地松永久治郎の娘で、明治二(一八六九)年、日光例幣使《れいへいし》街道木崎宿(現群馬県太田市、当時栃木県新田郡)の食売《めしうり》旅籠屋斉藤屋茂兵衛に食売女として売られた。芸娼妓解放令が出た直後の一〇月二一日、両親はいしを引き取るために東京を出立し、翌日木崎宿に到着して斉藤屋を訪ねた。しかし、茂兵衛はいしの身柄を断固として引き渡そうとしなかった。当地の戸長が茂兵衛を説得したが、茂兵衛は、金五、六〇両ほども出さなければいしを渡さないと譲らず、暴力も辞さなかった。身の危険を感じた両親は、やむをえずいったん東京に帰ることとした。

東京に戻った両親は町用掛と相談して東京府に訴えることとした。両親の訴えで東京府は、さっそく栃木県に問い合わせた。栃木県は、茂兵衛に説諭をくわえたようである。その後、栃木県庁においていいしは茂兵衛から久治郎に引き渡された。

2　芸娼妓解放令の衝撃

このように、行政機関を介して「解放」の徹底が目指されたことで、商品である遊女を失った各地の遊廓や遊所は深刻な苦境におちいった。新吉原遊廓では四一五〇人の遊女のうち、三五〇〇人あまりが遊廓を離れた。それだけでなく、遊廓内にとどまった遊女でも解放令の直後から休業する者が増え、より条件の良い貸座敷に移動する遊女も現われた。稼高への不満を訴えるものや検梅といわれた性病検査の強制を拒否する遊女もいた。芸娼妓解放令は、よりよい生存の条件をもとめる遊女たちの闘いを広範に呼び起こした(31)。

3　遊女にとっての「解放」とは？――「解放」の限界

(1)「引渡」「引取」としての「解放」

しかしながら、注意しなければならないのは、「解放」は、「引渡」「引取」としておこなわれたことである。すなわち、「解放」とは、抱主からみれば「家(家長)」への引き渡しであり、「家」からみれば抱主からの引き取りであった。「解放」が「引取」であり「引渡」である以上、「引取」先や「引渡」先がない場合は、「解放」されなかった。山梨県甲府市の新柳町遊廓では、遊女一三六人中九九人が解放されたが、残りの三七人は、①困窮のために立ち戻っても生活が成り立たない、②親元等と連絡がつかないなどの理由で当地にとどまった。彼女たちの多くは、あらためて「娼妓御鑑札願《おんかんさつねがい》」「芸妓御鑑札願」を山梨県に提出し、県の許可を得て当地で稼業を継続することとなった。鑑札願には、親元と連絡がつかず「日々活計ニも差支」「至急改業之手段も無之《これなき》」ため、親元から迎えが来るまでのあいだ、娼妓稼業を希望するなどと書かれている。

(2)逃亡という抵抗

しかし、親元などに引き取られる場合であっても、それが当人にとって必ずしも望ましくない場合があった。そのため、ときには「引取」を拒否して逃亡する者もいた。

水戸街道中村宿旅籠屋白木屋貞蔵抱えの飯盛女であったはつ(二二歳)は、越中国射水《いみず》郡今井村(現富山県新湊市)の農家に生まれた。はつが、姉つたを頼り奉公先を求めて江戸に出たのは明治四(一八七一)年のことである。つたはこのとき、下駄歯入《げたはいれ》渡世(職人)太田米吉と結婚し、浅草聖天横町借店にくらしていた。米吉がみつけてきた奉公先は、中村宿の飯盛女だった。

芸娼妓解放令ののち、米吉がはつを「引取」に出向いたのは明治六(一八七三)年一月一八日のことである。米吉は貞蔵方ではつと面会し、同二七日に東京に帰ることとなった。ところがその当日、はつは、ひどい風邪のため歩くこともままならないと言い出した。はつは米吉に、療養のあいだ土浦町の新井松五郎に預けおいてくれるよう懇願した。松五郎ははつの馴染み客であったようだ。はつが頑として歩こうとしないので、困り果てた米吉は根負けしてはつを松五郎に預けて帰京した。

顚末を報告した米吉に対して東京府は、あらためてはつを連れ帰るよう命じた。そこで米吉は、二月に入りふたたび松五郎に預けおいたはつを訪ねた。米吉の説得にはつは渋々ながらも了承したようである。ところが、いざ出立しようとしたとき、はつは岩間屋佐吉なる者のところに行くといったまま、行方がわからなくなってしまった。慌てて捜索したが見つからず、結局米吉は、はつ欠落の「始末書」を町会所に届け出て、帰府した。はつは、米吉にふたたび売られることを怖れたのかもしれない。はつのその後は不明である。

（3）「引取」を拒否した遊女

「引取」を拒否して稼業の継続を望んだ遊女もいた(32)。山梨県甲府市新柳町遊廓の遊女であったはつ（二〇歳）は、芸娼妓解放令の直後、人主である「兄」の飯島惣兵衛が「煩い（病気）」を理由に引き取りを拒んだため「引取」先がなく、やむを得ず山梨県に「娼妓御鑑札願」を提出した。しかしながら、鑑札願を受け取った山梨県の依頼で東京府が惣兵衛の意向を再度調査したところ、今度は惣兵衛ははつの引き取りを承諾した。じっさいにはつを引き取るために山梨県に出向いたのは、惣兵衛の代理を名乗る石山金治郎なる人物であった。金治郎に面会したはつはしかし、金治郎に「不《ふ》案《あん》」を感じて引き取りを「断然決心之体」で拒否した。はつは実母か実姉が迎えに来るまで帰らないと譲らなかった。なぜ、はつは代理人に「不案」を抱いたのだろうか。

結論を先に述べるならば、はつは、惣兵衛が代理人を寄こしたことで、転売の危険を感じとったのではないかと思われる。山梨県は、はつが「解放」を拒否したというのでその理由を書面で提出させた。そこではつが語りだしたことには、じつは、惣兵衛は自分の兄ではないという。

はつは、東京猿若町末新道で、扇職人であった父岡田慶治郎の次女として生まれた。父が万延元(一八六〇)年五月に亡くなると、下谷数寄屋町の菊屋伊之助方で芸妓奉公することとなった。奉公を開始した正確な年代は、はっきりとは書かれていないが、父が亡くなってすぐだとすればそのときはつは七歳である。そうしたところ、慶応三(一八六七)年八月、実母が姉を連れていずこかに「逃亡」して行方が分からなくなった。その後もはつは芸妓奉公を続けていたが、明治四(一八七一)年三月、下谷元御成街道の堀越七郎左衛門に身請《みうけ》されることとなった。身請とは、男性が遊女などの身代金を肩代わりして自分の妻や妾にすることである。はつは、一八歳になっていた。奉公開始時期についての先の推定が正しければ、実に一一年間の長きにわたってはつは芸妓奉公していたことになる。ところが、「不都合」が起きたためにはつは、再び奉公に出ざるを得なくなった。

そのときはつが、奉公先の周旋(仲介)を依頼したのが惣兵衛だった。惣兵衛は、かつてはつが芸妓奉公をしていた下谷数寄屋町の「元家主」であったという。はつの相談に応じた惣兵衛は、身寄りのなかったはつを自身の妹と称して山梨県の新柳町遊廓小澤増兵衛方に斡旋した。惣兵衛は、芸妓を抱えて料理屋などに派遣する置屋《おきや》を店子《たなこ》として借家を経営する「家主」であり、遊女・芸者を周旋する女衒《ぜげん》（女性を遊女屋などに売る業者）でもあったと思われる。こうしてはつは、明治五（一八七二）年四月、甲府・新柳町遊廓小澤増兵衛抱えの遊女となった。芸娼妓解放令が公布されたのは、それからわずか半年後のことである。

はつの返答に驚いた山梨県は、すぐに事実関係の調査に乗り出した。山梨県は、東京府にこれまでの経緯を説明したうえで惣兵衛の取り調べを要請した。応じた東京府は、さっそく惣兵衛だけでなく、はつの母親をも捜し出し、両者から事情を聴取した。紙幅の関係で詳細は省くが、三者の言い分はときに大きな食い違いをみせていて、限られた史料から事実を確定することはじつは容易ではない。しかし、惣兵衛は、苦しい言い訳に終始し、はつを妹と偽称した点については認めざるを得なかった。

芸娼妓解放令による「解放」は、文字通りの解き放ちではなく、奉公契約をむすぶ際に放棄した親権を再び家長が取り戻すことであった。だとすれば、遊女にとっては「解放」＝自由ではなく、場合によっては「解放」がさらなる苦痛や抑圧につながる可能性もあった。はつの人主となったのは、母や姉ではなく、はつを新柳町遊廓に周旋した惣兵衛であった。「解放」ははつにふたつの選択肢を示した。惣兵衛のもとに引き取られるか、新柳町遊廓で稼業を継続するかである。惣兵衛が女衒であったとすれば、さらに見知らぬ遊廓に転売される場合も考えられた。なじみの新柳町遊廓にとどまることがはつにとってはよりマシな選択であったと思われる。はつが真に望んでいたのは、母か姉に引き取られることだったからである。

はつはその後、母に引き取られた。ただ、明治六(一八七三)年四月一六日のはつ「引取」の届書は、母親と惣兵衛の代理人であるという濱野徳太郎なる人物との連名で作成されており、依然として惣兵衛がはつの「引取」に関与している以上、転売の可能性は否定できない。はつのその後の記録はない。

四 芸娼妓解放令と近代公娼制度

ここでは、「解放」された遊女であっても必ずしも遊女をやめることができたわけではなかったことを、近世の遊廓から近代公娼制度への再編過程と関わらせてみておきたい。

芸娼妓解放令は、人身売買は禁止したが、性売買を禁止するものではなかった。そのため、芸娼妓解放令の制定直後から性売買システムの再編が図られた。性売買業者は、人身売買の実態を隠蔽しつつ女性に性売買を強制するため、どのような手段をとったのだろうか。以下では、横山百合子の研究(33)に依拠して、芸娼妓解放令ののち、遊女をやめるために闘った遊女かしくの例から考えたい。

かしくは、越後国蒲原郡巻野東汰上村(現新潟市)の百姓の娘として生まれた。六歳で親を亡くしたあと、上野国の日光例幣使街道合戦場宿の旅籠屋に売られたのをはじめ、品川宿や千住宿を転々とし、深川の局《つぼね》遊女屋橋屋政五郎《まさごろう》に転売されたのち、明治四(一八七一)年、京町二丁目せき長屋の局遊女屋三州屋国次郎に買い取られた。局遊女屋は、浮世絵などに描かれる華やかさやきらびやかさとは無縁の性そのものが買われる最下層の遊女屋である。芸娼妓解放令を迎えたかしくは、人主であり以前の抱主であった橋屋政五郎に引き渡された。しかし政五郎は、引き取ったかしくに対して、解放令ののち食事代などで一五両の借財ができたから再び吉原遊廓で遊女になれと迫った。

これに対してかしくは、新吉原遊廓遊女屋の奉公人竹次郎と結婚の約束をし、遊女をやめたいと東京府に願い出た。


〔前略〕今度《このたび》放解《ときはなち》被仰出《おおせだされ》、誠ニ悦入《よろこびいり》候処、私儀は先年より深くなしみ〔馴染み〕ニ御座候《ござそうろう》付《につき》、夫婦約束致候ゆへ、右政五郎咄合《はなしあい》候得《そうらえ》は、当金十五両 ■〔塗りつぶし〕 これなくてハ、かしく渡ス事あへならず〔相ならず〕と申《もうし》候得共《そうらえども》、私十五両之太金《たいきん》〔ママ〕不御座候、飯料小遣《はんりょうこづかい》送り候得共、政五郎聞入《ききいれ》なく、慈悲〔是非〕ニ今日中ニ吉原升屋《ますや》方え遊女住《ゆうじょずまい》いたせと申候、かしく儀は、どのよニ相成候共《あいなりそうろうとも》、遊女いやだ申候、何卒《なにとぞ》、御上様御慈悲《おんうえさまおじひ》ヲ以、しろと〔素人〕ニなし被下候様願上奉候《くだされそうろうようねがいあげたてまつりそうろう》〔後略〕

右は、竹次郎とかしくの連名の嘆願書の一節である。文字や文章を書くことに慣れていない者が作成したとひと目で分かる文面と形式が、逆に解放令がかしくにもたらした深い喜びと、「どのようになっても、遊女は嫌だ」というかしくの固い決意を伝えている。

嘆願書はあえなく却下され、かしくは三州屋国次郎に引き渡されふたたび性を売らされた。しかし、かしくを失う危険を察知した政五郎は、三州屋宛に一通の借用証文を作成した。この借用証文で注目されるのは、「我等《われら》養娘たね事かしく義、此度《このたび》真意ヲ以《もって》遊女稼度趣申聞候《かせぎたきおもむきもうしきけそうろう》」という文言である。すなわち、第一に、かしくを養娘とし、政五郎を養父としている点、第二に、かしく自身が「真意(自由意思)」から「遊女稼」を望んでいると書かれている点である。また、渡世のための衣類などがないので、かしくが頼んで(「御無心申入」)国次郎から一五両を借り受けたとある点も重要である。近代公娼制度の下では、じっさいには親が受け取る前借金を娘の借金とし、女性が性を売った代金から返済するという契約を結ばせた。そうすることで、人身売買ではなく、借金を返済するため女性が自由意思で性を売っているという建前をつけた。政五郎が作成した借用証文は、女性を拘束するための近代的な外形(「家」・前借金・「自由意思」)がすでに整えられていた。

それでも、かしくはあきらめなかった。明治六(一八七三)年一月、新吉原の出火に乗じて、馴染み客であった深川東扇橋町に住む髪結職人の弟子菊次郎のもとに駆け込んだ。菊次郎と結婚の約束をとりつけたかしくは、菊次郎の親方である定吉の助けも借りて、政五郎に談判した。このとき、定吉は、一五両の借金を肩代わりすることまで申し出た。しかし、政五郎は聞き入れなかった。行き詰まった菊次郎は町用掛に訴えたが、一切取り合ってもらえなかった。芸娼妓解放令で「解放」の実務を担当した行政機関は、その局面ではたしかに「解放」に積極的であった。しかし、彼らは女性の人権への関心から性売買を否定したわけではなかった。そのため、遊女をやめたいと望むかしくに対して、地域秩序を維持する立場から彼らが遊女屋側に立ち、かしくの切なる願いを拒絶するのは至極当然であった。かしくはふたたび東京府へ訴え出たが、政五郎が作成した借用証文が効力を発揮して退けられた。

しかし、解放令がたとえ多くの限界をもっていたとしても、かしくが闘う決意をした契機は「解放」の経験にあったことは間違いない。かしくは、遊女をやめたい理由を次のように述べた。

〔前略〕去ル申《さる》年中、御布告被仰渡《おおせわたされ》、親元無之《これなき》ニ付《つき》、橋屋政五郎方え被引取《ひきとられ》、其後又々同人〔政五郎〕ゟ《より》三州屋方へ私身分書入《かきいれ》ニ而《て》〔身体を抵当にして〕金拾五両政五郎借用被致《いたされ》、此行末《このゆくすえ》又々私身分被書入《かきいれられ》借財相嵩候而《あいかさみそうろうて》は、生界《しょうがい》私縁附《えんづき》安心可致筋無之《いたすべきすじこれなく》、甚《はなはだ》難渋至極仕《つかまつり》〔後略〕

自分の意思にかかわらず商品として転売を繰り返され、性を売らされ続けたかしくが、借金によるさらなる拘束を拒否して人生を変えることができると確信するきっかけとなったのが芸娼妓解放令であった。一八七〇年代にはじまる「自由廃業」を求める娼妓たちの民事訴訟は、芸娼妓解放令を法的根拠のひとつとしていた[34]。意思に反した娼妓稼業を拒否しようとするとき、芸娼妓解放令の経験が呼び覚まされたのである。

おわりに

第一章では、遊廓・遊女をめぐる研究の成果を整理し、歴史の主体としての遊女の側から性売買を成り立たせる抑圧的な構造とその歴史的特質を明らかにすることが課題であることを述べた。第二章と第三章では、明治五(一八七二)年の芸娼妓解放令を遊女たちの経験という視座から再検討した。芸娼妓解放令は、近代化の過程における身分的統治の廃止や人身売買の禁止といった国内的課題にくわえ、奴隷制廃止やフェミニズム運動といった国際的な背景をもっていたため、行政的処分として徹底性をもち得た。徹底した「解放」がおこなわれたからこそ、残された遊女たちもよりよい生存の条件をもとめて闘い、そのことが遊廓社会に深刻な動揺をもたらしたのである。ただし、「解放」は「家」への「引取」「引渡」としておこなわれたため、それは必ずしも遊女の利益になったわけではなかった。また、「解放」の徹底は女性の人権への関心からのものではなかったので、芸娼妓解放令後は債務と女性の「自由意思」で人身売買の実態を隠蔽することで遊廓の再編がはかられた。しかしながら第四章でみたように、「解放」の経験が、本人の意思に反した稼業は拒否できるという「自由廃業」の思想的淵源となった点はみておくべきであろう。

さいごに、「買春」の問題に言及しておきたい。「買春」を取り上げた研究として、髙木まどかの遊女評判記の研究[35]や、横田冬彦の長崎丸山遊廓における遊客の実態研究[36]のほか、横山百合子[37]や沢山美果子[38]による分析が注目される。しかしながら、性を売る側である遊廓や遊女に焦点をあてた研究に対して、性を買う側である男性遊客の研究は立ち遅れている。本稿でもほとんど言及することができなかった。ジェンダーの視点で性売買の実態を明らかにするためには、性を売る側だけでなく、もう一方の当事者である性を買う側の実態解明が不可欠である。史料の発掘や読み直しも含めて進展が期待される。

（1）　木村聡『赤線跡を歩く――消えゆく夢の街を訪ねて』ちくま文庫、二〇〇二年、関根虎洸『遊廓に泊まる』新潮社、二〇一八年、花房ゆい『遊廓へ――女子ひとりで街歩き』柏書房、二〇一八年など

（2）ゆのまえ知子「買売春問題とフェミニズム」『買売春問題資料集成〔戦前編〕廃娼運動Ⅰ』第一巻、不二出版、一九九七年
（3）そもそも「売春」という言葉自体、一般に用いられるようになったのは、戦後の「売春防止法」制定にむけた動向のなかでのことであり、じつは歴史の浅い言葉である(曽根ひろみ『娼婦と近世社会』吉川弘文館、二〇〇三年)。
（4）「特集「買売春」の歴史」『歴史評論』五四〇号、一九九五年
（5）吉見義明『買春する帝国——日本軍「慰安婦」問題の基底』岩波書店、二〇一九年。性売買という用語をめぐっては、売買が対等な立場の取引を想起させるため、男が買い、女が売るというジェンダー的な抑圧構造が読み取りづらいという批判もある。吉見は「買春」を問題視する立場から、語順を「性買売」とすることを提起している。筆者もその趣旨に同意するが、しかし「性買売」はいまだ定着しておらず誤植とみなされるおそれもあるため、本稿では性売買を用いることとした。
（6）廣末保『辺界の悪所』平凡社、一九七三年
（7）女性史総合研究会編『日本女性史研究文献目録』Ⅰ—Ⅴ、東京大学出版会、一九八三—二〇一四年
（8）西山松之助『くるわ』至文堂、一九六三年など。
（9）山城由紀子「近世遊女考」『駒沢大学史学論集』二号、一九七二年、同「吉原細見の研究」『駒沢史学』二四号、一九七七年、宮本由紀子「吉原仮宅についての一考察」地方史研究協議会編『都市の地方史——生活と文化』雄山閣、一九八〇年、同「丸山遊女の生活——「長崎奉行所判決記録犯科帳」を中心として」『駒沢史学』三一号、一九八四年、同「丸山遊女犯科帳——唐紅毛人との関りを中心として」西山松之助先生古稀記念会編『江戸の芸能と文化』吉川弘文館、一九八五年、同「金沢の廓」近世女性史研究会編『論集近世女性史』吉川弘文館、一九八六年
（10）女性史総合研究会編『日本女性生活史』第三巻、東京大学出版会、一九九〇年(のち前掲注3曽根『娼婦と近世社会』所収)
（11）佐伯順子『遊女の文化史——ハレの女たち』中公新書、一九八七年
（12）前掲注3曽根『娼婦と近世社会』

(13)　塚田孝「吉原――遊女をめぐる人びと」『身分制社会と市民社会――近世日本の社会と法』柏書房、一九九二年(初出一九九〇年)、同「江戸における遊女と売女」『近世身分制と周縁社会』東京大学出版会、一九九七年(初出一九九三年)

(14)　吉田伸之「遊廓社会」塚田孝編『身分的周縁と近世社会4　都市の周縁に生きる』吉川弘文館、二〇〇六年

(15)　佐賀朝・吉田伸之編『シリーズ遊廓社会1　三都と地方都市』吉川弘文館、二〇一三年

(16)　佐賀朝・吉田伸之編『シリーズ遊廓社会2　近世から近代へ』吉川弘文館、二〇一四年

(17)　横山百合子「19世紀都市社会における地域ヘゲモニーの再編――女髪結・遊女の生存と〈解放〉をめぐって」『歴史学研究』八八五号、二〇一一年

(18)　横山百合子「新吉原における「遊廓社会」と遊女の歴史的性格――寺社名目金貸付と北信豪農の関わりに着目して」『部落問題研究』二〇九号、二〇一四年

(19)　前掲注17横山「19世紀都市社会における地域ヘゲモニーの再編」、前掲注18横山「新吉原における「遊廓社会」と遊女の歴史的性格」のほか、横山百合子「幕末維新期の社会と性売買の変容」明治維新史学会編『講座明治維新　第9巻　明治維新と女性』有志舎、二〇一五年、同「資料紹介「梅本記」――嘉永二年新吉原梅本屋佐吉抱遊女付け火一件史料の紹介」『国立歴史民俗博物館研究報告』二〇〇集、二〇一六年、同「遊女の「日記」を読む――嘉永二年梅本屋佐吉抱え遊女付け火一件をめぐって」長谷川貴彦編『エゴ・ドキュメントの歴史学』岩波書店、二〇二〇年

(20)　吉田伸之「序文」前掲注15佐賀・吉田編『シリーズ遊廓社会1　三都と地方都市』所収

(21)　前掲注18横山「新吉原における「遊廓社会」と遊女の歴史的性格」。横山の批判に対する吉田伸之の応答として、吉田伸之「遊廓社会論の射程」『歴史学研究』九二六号、二〇一四年がある。

(22)　沢山美果子「近世の性」『岩波講座日本歴史　第14巻　近世5』岩波書店、二〇一五年

(23)　横山百合子「遊女を買う――遊女屋・寺社名目金・豪農」前掲注15佐賀・吉田編『シリーズ遊廓社会1　三都と地方都市』所収、前掲注18横山「新吉原における「遊廓社会」と遊女の歴史的性格」

(24)　大日方純夫「第Ⅱ篇第六章　売娼問題と警察力」『日本近代国家の成立と警察』校倉書房、一九九二年(初出一九八九年)

(25) 横山百合子「芸娼妓解放令と遊女――新吉原「かしく一件」史料の紹介をかねて」東京大学大学院人文社会系研究科・文学部日本史学研究室編『近世社会史論叢――吉田伸之先生退職記念』二〇一三年
(26) ダニエル・V・ボツマン「奴隷制なき自由?――近代日本における「解放」と苦力・遊女・賤民」前掲注16佐賀・吉田編『シリーズ遊廓社会2 近世から近代へ』所収
(27) 横山百合子「近代日本における売春観の起点――芸娼妓解放令制定過程とイギリスフェミニズム運動の視点から」ダニエル・V・ボツマン・塚田孝・吉田伸之編『「明治一五〇年」で考える――近代移行期の社会と空間』山川出版社、二〇一八年
(28) 小野沢あかね『近代日本社会と公娼制度――民衆史と国際関係史の視点から』吉川弘文館、二〇一〇年
(29) 前掲注17横山「19世紀都市社会における地域へゲモニーの再編」、前掲注25横山「芸娼妓解放令と遊女」、人見佐知子『近代公娼制度の社会史的研究』日本経済評論社、二〇一五年
(30) 東京都編『東京市史稿』市街編第53、東京都、一九六三年、早川紀代「第七章 近代公娼制度の成立過程――東京府を中心に」『近代天皇制と国民国家――両性関係を軸として』青木書店、二〇〇五年
(31) 前掲注17横山「19世紀都市社会における地域へゲモニーの再編」
(32) 人見佐知子「山梨県の芸娼妓解放令と遊女/娼妓」『岐阜大学地域科学部研究報告』四〇号、二〇一七年
(33) 前掲注17横山「19世紀都市社会における地域へゲモニーの再編」、前掲注25横山「芸娼妓解放令と遊女」および同『江戸東京の明治維新』岩波新書、二〇一八年
(34) 若尾典子「人身売買――性奴隷制を考える」服藤早苗・三成美保編著『ジェンダー史叢書1 権力と身体』明石書店、二〇一一年
(35) 髙木まどか『近世の遊廓と客――遊女評判記にみる作法と慣習』吉川弘文館、二〇二〇年
(36) 横田冬彦「長崎丸山遊廓の「遊女屋宿泊人帳」覚書」『女性歴史文化研究所紀要』二〇号、二〇一二年
(37) 前掲注19横山「幕末維新期の社会と性売買の変容」
(38) 前掲注22沢山「近世の性」

近現代――ジェンダー秩序の形成／固定化／揺らぎ

女性画家の描いた「銃後」
――視覚イメージのジェンダー分析

吉良智子

はじめに

インターネットが発達した現代社会において、動画や写真、イラストなど何らかの表現された視覚イメージを目にしないで過ごせる日は一日もない。スマートフォンやパソコンからネットにつなげば、おすすめの商品広告が勝手に目に飛び込んでくる。そうした画像の中には宣伝すべき商品ではなく、微笑みを浮かべた若い女性のイメージが前面に出てくることがたびたびある。つまりアイキャッチとして女性の視覚イメージを使用しているのである。それは「偶然に女性の視覚イメージを使っただけ」という捉え方はできない。また「現実そのままを写し取ったもの」でもない。

ジェンダーの視点を用いた女性史研究や表象研究は、そのような女性像が、今も続く家父長制社会における権力者である男性にとっての都合の良いイメージとして、歴史的に創られ続けてきたということを明らかにしてきた。一方で、ジェンダーの視点を入れることによって、女性たち自身が男性によって創られたステレオタイプな女性像にあらがうように「作り手」として自らを表現してきた歴史も新たに見えてきた。本稿では、視覚イメージを扱う際の基礎的な注意点を確認しながら、近年深化が著しい、アジア・太平洋戦争期を中心とした戦時下の女性表現者たちが残した作品に関してジェンダーの視点から読み解いた研究を取り上げる。

一　近代における視覚イメージに関する先行研究

視覚イメージにおける女性表現者および女性像に関する研究は、主に美術史などの分野において展開されてきた。だがそもそも研究自体が少ない上に、上村松園など突出した活躍をみせた女性に研究が集中する傾向があったことは否めない。特に女性像に対する従来の歴史研究は、男性にとっての理想的なイメージを追認する研究が主であり、女性史と呼ぶことはほとんどできない。そのような状況下、日本美術史にジェンダー分析を導入したパイオニアの千野香織は、男性性と女性性とを巧みに使い分けることで優位を保ってきた男性と、彼らによって女性性に閉じ込められて劣位に置かれてきた女性という日本の文化構造を明らかにした(1)。

だが、「ジェンダー論争」と呼ばれる、一九九〇年代に起こったジェンダー視点からの視覚イメージ研究に対するバッシングがかつてあった(2)。九〇年代後半を中心にジェンダーの視点を導入した展覧会[3]や書籍の出版[4]が相次いだ。それに対し、男性研究者や男性美術評論家らは、ジェンダーという理論が欧米からの「借り物の思想や知」であり、「切迫した現実とは無関係」だと批判した。それを皮切りに複数のミニコミ誌などを媒体として、展覧会を企画した女性学芸員やジェンダー視点を導入している女性研究者らが、その批判に応答し論争となった。北原恵が指摘するように批判に応答した女性学芸員や女性研究者は、「イメージ&ジェンダー研究会」（一九九五年創立）のメンバーでもあった[5]。そうした既存の学問的枠組を問い直しながら、ジェンダーの視点からの視覚イメージ研究は今も生み出されている。ジェンダー分析を導入することによって具体的に何が変わったのか、以下①女性の「作り手」および彼女たちが創造した表現物に関する研究、②男性や男性主体の権力構造によって生み出された女性像に関する研究の二つに分けて基礎的な先行研究を紹介する。

1　女性の「作り手」および彼女たちが創造した表現物に関する研究

女性の作り手に関する研究は男性研究者主体の学界で疎外され、そのわずかな研究でさえも、ごく一部の著名な女性たちに限られていた。その学術的背景には「女性には創造者としての才能がない」ため、「高名な女性がごく少数なのだ」という暗黙の了解があった。欧米ではウーマン・リブの影響を受けた研究がそのテーゼを覆すために、歴史に埋もれたすぐれた女性たちの掘り起こしを行なってきた。だが、リンダ・ノックリンは発掘の結果としてごくわずかな女性しか見出すことができなければ、結局才能の問題に帰着してしまうと批判した上で、なぜ女性の表現者が現れることができなかったのかということ自体を問うべきだと提唱した。(6) つまりジェンダー規範に基づいた政治的・社会的・教育的環境が女性表現者の出現を阻んでおり、著名な女性表現者には特殊条件が存在する可能性を指摘したのである。この重要な提言は、日本の場合にも当てはまる。若桑みどりは、突出した活躍をみせた女性画家上村松園が、母子家庭のため家事育児を自身の母に任せ、家長代理として画業に専従する必要があった点を論じている。(7)

パトリシア・フィスターは、近世から明治初期にかけて活動した女性表現者たちの書や手芸など広い意味での表現活動に着目し、ジェンダーの視点から分析を行なった。(8) 男性中心的な「芸術／美術」活動から女性は基本的に疎外されていたため、従来の研究のように対象を「芸術／美術」に限定してしまうと、女性が関与した表現活動の全体像を把握することはできないためである。ジェンダー分析は男性中心主義的な社会構造自体を問い直す方法である。山崎明子は、近代の女性たちに奨励された「手芸」に関する研究において、作り手のジェンダーによって、その創作物が「芸術／美術」か否かが判定されるシステムが構築された点を指摘し、女性の創作物が「工芸」ではなく「手芸」にカテゴライズされることで、女性を貨幣経済の担い手から除外し、近代家族の主婦とする国民化の回路を論じている。(9)

歴史の中に作品を残せなかった女性、結婚・出産などのライフイベントにより画業の継続が困難になった女性、いわゆる美術史的成功を修めることができなかった女性が、どのような社会的状況に置かれていたのかを考察する研究も、ジェンダー視点の導入によって進展している例である。(10) また女性表現者に関する先駆的な研究[11]、あるいは女性史における女性表現者に関する研究[12]において、基礎的資料やライフヒストリーの集約・集積が続けられていたことを忘れてはならないだろう。

2　男性や男性主体の権力構造によって生み出された女性像に関する研究

冒頭で提示したように、「表現されたもの」は現実世界を切り取ったものではなく、その社会における権力者、すなわち男性にとって心地よいあるいは彼らの権力を増強・補強する視覚イメージとなっている。そこでは「見る」男性／「見られる」女性という、支配／被支配関係がある。具体的には美を創造する男性アーティストと、彼らにただの素材として身体を提供する女性モデルという関係性の中に見出される。

近代の女性像は基本的に男性や男性主体の権力構造によって生み出された。光田由里は、男性が女性をモデルにする場合、女性の年齢によって描かれる要素が異なってくることを指摘し、モデルが若い場合は類型化された性的な肉体として描かれる一方、モデルが老いている場合は、内面性が表現された肖像画となり、男性にとっての性的魅力を失ってようやく一個人としての尊厳をもって描かれる傾向にある点を示唆している[13]。また池田忍は、男性日本画家によって描かれた女性像が、日本の美しい自然を背景に四季折々の風景の中で労働する、伝統的な衣装を着た女性たちであることに言及し、牧歌的な女性像が豊かな資源を産出する肥沃な国土と結びつけられ、日本女性やその姿と重ね合わされた日本を、領有し守るという意識がそれを見る男性に醸成されたことを分析して

いる。(14)

ここまで、女性史におけるジェンダー視点からの研究方法として、①女性の「作り手」および彼女たちが創造した表現物に関する研究、②男性や男性主体の権力構造によって生み出された女性像に関する研究の二つに分け、それぞれの研究状況を基本的な文献に絞って概説してきた。次章では、近代においてジェンダー規範が大きく揺れ動き、複層的・複合的な視覚イメージが大量に生み出された戦時期の女性像と、それらにさまざまな位相から関わった女性の表現者たちについて男性の表現者たちと比較しながら検討する。

二 視覚イメージとしての「戦争」

1 歴史的空白期としての「戦争美術」

近代における戦争と女性に関する研究については、すでに女性史の中にかなりの蓄積を重ね、現在も緻密で質の高い研究が継続されているが、視覚イメージにおける「戦争」に関する研究はここ三〇年程の間で急速に進展してきた。そもそも戦時期の視覚文化そのものが、特に美術史においては見るべきもののない「空白期」として扱われてきた。その理由の一つには、戦時期の美術は「芸術的後退」で「特殊な条件下における異常な現象」だという認識が影響している。(15) 戦争前夜は前衛的な美術が主流だったのにもかかわらず、戦争美術は前時代的な写実主義に基づいた作品群だった。

これは美術史的な発展の流れに逆行しているため、研究する価値がないとされたのである。二つめには美術評論や美術史の主要な担い手の戦前戦後の連続性がある。[16] 戦時期に戦争美術を称賛した男性評論家や研究者はそのまま戦後も重鎮として残留したため、枷のない自由な議論や振り返りの展開が阻まれた。三つめには戦争美術は展示や報道などの機会がほとんどなく、存在そのものが忘却されていたため、議論の土壌作りが遅れた。[17] 核となる「作戦記録画」（軍部の依頼によって描かれた公式の戦争画）一五〇余点は、敗戦後ＧＨＱによってアメリカに移送され、日本に「無期限貸与」という形で戻ってきたのは一九七〇年だった。現在それらは東京国立近代美術館に収蔵されているが、未だ全面公開には至っていない。

2 「銃後」の視覚イメージに関するジェンダー分析

とはいえ戦後五〇年を皮切りに戦争美術に関する研究は一気に加速した。ジェンダーの視点による女性像研究については、若桑みどり『戦争がつくる女性像』を嚆矢とする。[18] 若桑は戦時期の『主婦之友』の表紙絵や口絵を調査し、描かれた主題を「母子像」「家族像」「勤労女性像」「従軍看護婦」「皇室（皇后）像」に分類し、基本的に戦時の女性に求められる役割は「母性」であり、国家は戦争の進展に従ってそれらを使い分け、視覚イメージを通じて女性を戦争に駆り立てたことを論じた。並行して若桑は視覚イメージが単体で存在するのではなく、それが表現される時代や場所によって、意味が書き換えられる可能性も示した。つまり平時にどこにでもある母と幼い息子を描いた

「母子像」は、戦時には兵力の育成と結びつけられ、女性たちへのプロパガンダとして機能したのである。それらの視覚イメージは総力戦の下、女性の協力なくして戦争の遂行は不可能な状況であることを、間接的に示している。一九八〇年代あたりから女性史において、アジア・太平洋戦争期における女性の戦争責任の側面が問われるようになった[19]。女性は戦争の被害者であるとともに加害者でもあるという複雑な位相にいる。その一筋縄ではいかない重層的な女性の社会的位置づけは、女性画家たちが描き出したアジア・太平洋戦争期の視覚イメージについてジェンダー分析を取り入れて検討すると、その輪郭が見えてくる。次章では戦時期の女性アーティスト団体「女流美術家奉公隊」(以下、奉公隊とする)の活動とその共同制作作品《大東亜戦皇国婦女皆働之図》(一九四四年)を分析する。その際にジェンダー分析のかなめとなる男性アーティストとの構造的な差異(教育や画題、評価における差別)に目配りをしながら、なぜ女性アーティストたちは戦争に参画し、その作品はどのような意味を持っていたのかを考察する。

三　女流美術家奉公隊と共同制作作品《大東亜戦皇国婦女皆働之図》

1　美術界におけるジェンダーバイアス

いわゆる画壇あるいは美術界と呼ばれる場所は、基本的に男性によって占有されてきた。一八八七年に創立された国立の東京美術学校は、一九四九年に東京藝術大学になるまで基本的に男子校だった。創造活動に関わりたいと願う女子には、一九〇〇年創立の私立女子美術学校（現女子美術大学）や私塾など限られた選択肢しかなかった。また当時の社会通念として、日本画が中上流階級の女子にとって花嫁修業として身につけるべき教養だったのに対し、洋画は「男性の仕事」とみなされていたこと、家庭的な主題（上品な婦人や子どもの像、花瓶に生けられた花など）が女性アーティストにふさわしいというジェンダーバイアスが存在した。[20] また美術界の各団体は展覧会での入選を重ねるごとに地位が上昇するシステムをとっていたが、女性はどんなに入選を重ねても地位がなかなか上がらなかった。[21] 女性アーティストの出現を難しくした原因は、こうした教育制度・社会的環境の不均衡のほか、女子への美術教育と、男子が受けた職業的美術教育とが同一内容のものではなかった点も大きく影響している。女子が受けた美術教育は将来家庭を営む際に必要な技術（裁縫・編み物・刺繡・造花など）を中心に編成されており、美術界に参入するために必要な教育を十分に受けることができなかった。[22] つまり男性と同等の条件で制作を行なった女性はほとんどいないということになる。私立女子美術学校は女性教員を多く輩出した一方で、戦前において職業的な表現者として活動した例は少ない。こうしていくつもの関門を通過するごとに女性の総数は少なくなる。そもそもその女性の出自が美術教育を受けることを可能にする中産階級以上でない限り、スタート地点にさえ立てないという社会階級問題も大きい。ジェンダー分析の導入によって、従来「才能の問題」と片付けられていた女性アーティストの少なさが、教育的・社会的環境による影響の結果だということが明らかになってきたのである。

2　アジア・太平洋戦争期における男性アーティストたちとの比較

アジア・太平洋戦争期の著名な男性アーティストたちは、先述した「作戦記録画」を軍部の注文に基づき制作していた。作戦記録画は戦意高揚のほか戦争を栄光化・歴史化する目的で描かれ、大規模な展覧会には公募で入選した一般の戦争画とともに展示された。ダンスホールなどがなくなっていく中で、展覧会は数少ない娯楽の場として機能していた。観客は多くの戦争画を手掛けた藤田嗣治による《アッツ島玉砕》（一九四三年、東京国立近代美術館蔵）をキリストの殉教図のように解釈して祈りを捧げ、宮本三郎によるシンガポール陥落をテーマにした《山下、パーシバル両司令官会見図》（一九四二年、東京国立近代美術館蔵）を見て「鬼畜米英」を降した興奮に酔った。(23)

ジェンダー分析によって比較するならば、作戦記録画に携わったのは男性ばかりで女性はほぼいない。その理由は先述したように、女性に不利となる構造的問題の結果、美術界での地位やキャリアを築けなかったためである。また主題という側面からは、有名な戦地や戦争が軍部によって指定されたことによって、描かれたモティーフは男性兵士の戦闘が中心となった。「銃後」のような主に女性やその空間を扱った作戦記録画は、鈴木誠《皇土防衛の軍民防空陣》（一九四五年、東京国立近代美術館蔵）のほぼ一点のみである。軍部からの公式依頼によって描かれた作戦記録画は、作り手としてもモティーフとしても男性によって占められていたことがわかる。また男性アーティストたちは兵士が戦う戦闘図や女性が労働をしているような銃後の図像まで制限がなかった。しかし、女性たちは基本的に銃後をテーマにした作品に従事していた。つまり創作する側のジェンダーによって、何を描くべきかがほぼ決められていたのである。

次にそうした男性中心の美術界を踏まえ、女性アーティストたちがどのように戦争と向かい合っていったのかを、奉公隊の活動から確認する。

3 女流美術家奉公隊の活動

奉公隊は一九四三年二月、洋画家長谷川春子を中心に、洋画、日本画、彫刻、工芸などの多様な分野にわたる女性たち約五〇名によって結成された。(24) 長谷川春子は、女性による文芸誌『女人芸術』や機関紙『輝ク』を主宰した長谷川時雨を姉に持ち、日本画を学んでから洋画に転向した。長谷川は一九三七年と三九年に、モンゴルや中国南部まで取材に出かけ、その成果を著作として発表するなど、基本的に女性が自由に外国に行くことが困難な社会の中で、女性洋画家では突出した活躍をした存在だった。長谷川は、アジアへの従軍経験を通じてアジア女性への興味や関心を挿絵入りのエッセイや作品として残した。近年長谷川による戦時期の作品二点が発見され、論じられている。一点はカーキ色の衣服に身を包んだ女性像で、女性による「国防」の意識がにじみ出ている作品であることが指摘されている。(25) もう一点は長谷川がハノイ滞在時の風景画で、同時期の長谷川の著書『南の処女地』(一九四〇年)と突き合わせながら、仏領インドシナを日本軍が占領する直前の緊張状態にあるハノイにおける女性アーティストの活動例として分析されている[26]。

奉公隊は、およそ二年半という短い活動期間の間に、「戦ふ少年兵」展（一九四三年）と「勝利の少年兵」展（一九四四年）の二回の展覧会を開催した。一九四三年五月五日、陸軍省は、少年兵志願年齢を一年引き下げる（一四歳以上）ことで、国民学校高等科卒業直後の入隊を可能にした。戦況の悪化は兵士の不足を招き、兵士育成は一刻を争う問題だった。これを皮切りにさまざまなメディアにおいて少年兵に関する宣伝活動が展開された。奉公隊による少年兵展もそうしたキャンペーンの一環だった。少年兵は、子どもを題材とした家庭的領域の延長であり、戦時下の女性アーティストにふさわしい画題として容認されるテーマだった。この展覧会について考える上で重要な点は、ターゲットは少年兵予備軍の少年ではなく、その母親だったということである。この展覧会に先立って、奉公隊は陸軍報道部とともに懇談会を開いている。この会議では「陸軍各種少年兵を目指す少国民の母に呼びかけて〝子弟を決戦へ〟の気運を促進すると共に、美術を通じて全国婦人の決戦遂行の決意昂揚を目指す一大報国運動を展開」することが話し合われた[27]。「空征く愛児を送る母の熱誠座談会」（大日本婦人会編『日本婦人』第一巻第一一号、一九四三年）には、少年が少年飛行兵学校の受験の許可を求めて、母親に懇願する話が収録されている。母親に対する啓蒙は国家を挙げて展開された[28]。奉公隊は熊谷飛行兵学校などを訪問し、実際に訓練している少年を見ながらスケッチを行なった。完成した作品は現在、絵葉書などでしか確認できないが、それぞれの隊員たちは、戦車や高射砲の操縦訓練場面の他、少年同士散髪し合う場面など、兵学校で経験する訓練から日常生活までをくまなく描き出している。こうして成長していく少年兵たちを展覧会で見せることによって、息子を絵に描かれたような兵士にするために育て戦場に送るように母親たちに呼び掛けたのである。

4　女性画家たちが描き出した《大東亜戦皇国婦女皆働之図》

奉公隊は先述した通り、戦力不足に端を発した少年兵募集運動に呼応した展覧会を開催した他、油彩による共同制作作品《大東亜戦皇国婦女皆働之図》（一九四四年、以下《皆働之図》とする。図1・図2）を描いた。この作品には、戦時に女性が担った非常に多種多様な労働や役割が細かく描かれている。しかし冒頭で述べたように、視覚イメージとは現実の反映ではなく、それを欲する社会の欲望ととらえなければならない。したがって《皆働之図》は当時の女性たちの実態というより、注文主である為政者の欲望に沿って、描き方そのものや何を描くべきかについて取捨選択された表現物である。しかし、この作品には為政者の欲望に沿いつつも、創作する主体としての抵抗も認めることができる。そこで、創作に参加した女性たちのジェンダーや社会階層を意識しつつ、戦時期の女性アーティストたちが描いた《皆働之図》をまず注文主としての為政者の視線から検討し、次に本作に参加した女性画家の視線から再検討した後、この作品から見えてくる戦時期日本女性の社会的位相の複雑性をできる限り多角的に検証する。

一九四三年一二月、「銃後」をテーマにした作品の依頼を陸軍省より受けた奉公隊は、翌年三月に本作を完成させた後、同年陸軍美術展へ出品した。現在〈春夏の部〉および〈秋冬の部〉の二枚一組

図1　《大東亜戦皇国婦女皆働之図》〈春夏の部〉(注24 吉良『戦争と女性画家』)

の作品として残されている。本来は「和画の部」と合わせて三部作として同展に出品されていたが、現在は行方不明である。関係者の戦後のインタヴューによれば、完成後の《皆働之図》は陸軍省に設置されたが、敗戦後、作戦記録画の管理に関わっていた画家のひとりである藤田嗣治の命令により焼却される寸前だった。しかし、長谷川春子はそれに反対し、長谷川の知人だった福岡県・筥崎宮宮司田村克喜の申し出により、《皆働之図》は筥崎宮が保管することになった(29)。その後〈秋冬の部〉は画中に靖国神社が描かれていることから、〈秋冬の部〉のみ一九六二年四月に筥崎宮より靖国神社へと奉納され、現在に至っている(30)。

のべ四九名の女性洋画家が参加した《皆働之図》は、四季の情景の中に戦時労働に従事する女性たちが描かれている。共同制作は画学生や画塾単位など、比較的若年層で採用される形式である。一方画壇の上層に位置する男性たちは作戦記録画のように縦二メートル、横三メートルもあるような巨大なキャンバスを一人一枚支給された。画題や描き方

図 2　《大東亜戦皇国婦女皆働之図》〈秋冬の部〉（注 24 吉良『戦争と女性画家』）

については男性たちによる戦争画が、兵士（男性）を中心とした写実主義に徹して、色遣いとしては非常に暗い色で描かれている作品が多いのに対し、《皆働之図》は女性を中心とした、詳しくは後述するが、前衛的で明るい色遣いであることが大きな特徴である。ただし後者に関しては加えて東アジアの伝統的な形式にも則っている点も指摘しなければならない。中世によく描かれた「日月《じつげつ》山水図」という形式は通常一双の屏風として構成される。「日月山水図」は右隻に春と夏の情景を描いた中に太陽を、左隻に秋と冬の情景を描いた中に月を配置する。《皆働之図》もまた、〈春夏の部〉に太陽、〈秋冬の部〉に月を配している。つまり《皆働之図》は前衛美術の流れに位置しながら同時に伝統を意識した画面構成となっている。「戦争画」は単に「戦闘図」のみを指すのではない。当時「伝統」や「歴史」（モティーフとしての豪傑な大名や忠義を尽くした武士、戦を支えた烈婦、霊力を期待させる仏画、精神的シンボルとしての富士山など）を意識した表現は、ナショナリズムを高める文化装置として頻繁に登場した。《皆働之図》もそうした一連の「戦争画」の中に置くことができる。

他方《皆働之図》そのものの機能としては、〈春夏の部〉に太陽が、〈秋冬の部〉に月が配置されていることにより、画中の女性たちが、春夏秋冬一年中そして昼夜を通して快活に労働する様子が強く印象付けられる。加えて本作には女性が担っている労働や役割は、非常に多いことにも気づかされる。文字史料と突き合わせると、一九四三年九月、女性の勤労促進のために閣議決定された「男子就業の制限禁止に関する件」で男性の就業が制限された職業、たとえば理髪業、小売販売業、建設業は、画中では女性によって代替されている。つまり《皆働之図》は、当時の政治的・社会的状況にできる限り沿うように描出しようという意思が確かに存在する。視覚イメージはこうした現実とのすり合わせが必要ではあるが、もし明らかに現実との「ずれ」を見出すことができるのであれば、そこには描き手および注文主の意思や意図あるいは欲望が表現されている可能性が非常に高い。たとえば、やや確認が難しいが、〈春夏の部〉右上に表わされた大陸的風景や中国風の楼閣は、戦争美術に関する先行研究において「侵略や支配への欲望」と結びついていることが指摘されている[31]。本作は、外地へと広がる日本の覇権、すなわちそれは注文主である為政者の視線を視覚的に表現しているのである。

5 女性表現者としての女流美術家奉公隊

《皆働之図》の描き方の特徴に、いくつかの報道写真との類似性(たとえば、〈秋冬の部〉における「鍛治」の場面と「撃ちてし止まむ⑤職場を護る〝軍国の妻〟」『朝日新聞』一九四三年三月一日)があり、下絵を担当した前衛美術家桂ゆきの証言から写真の転用が行なわれたことがわかる。(32) しかし、このような前衛的技術としての「フォトモンタージュ技法(写真を切り張りするような手法)」は、写真の元々の意味を無化して新しい意味を作り出すのが美術史的に「正しい」やり方である。だが、《皆働之図》では、写真のつなぎ方にそうした意図が読み取れず、むしろ写真が描き出す労働や役割を丁寧に伝えることに意義を見出しているかのようである。実際に《皆働之図》の裏には制作意図として「東亜全民族の興亡を決する今次の戦争も今や決戦決勝の機せまりたる時皇国の婦女が銃とる男性にかはつてあらゆる部門に皆働する情況を合作によつて後々の記録の一助にもと集成描写したるもの」(33)とあり、作り手である奉公隊の意思として写真が表現する労働の記録を残すという選択をしたことがわかる。

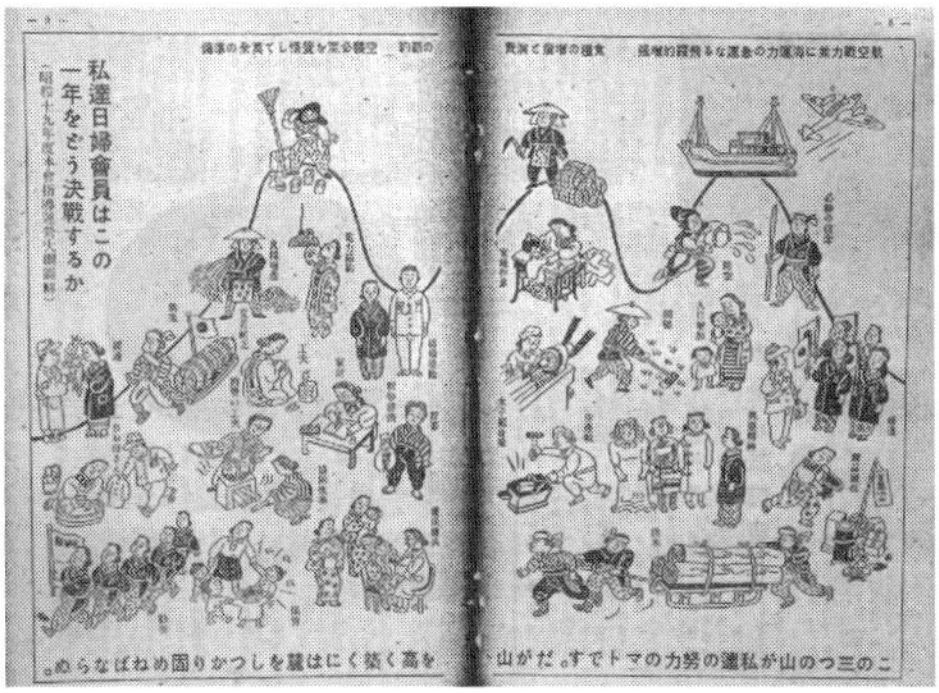

図3　「私達日婦会員はこの一年をどう決戦するか」
(『日本婦人』第2巻第5号より)

《皆働之図》と類似する視覚イメージとしては、雑誌『日本婦人』(図3)に掲載された「私達日婦会員はこの一年をどう決戦するか」という記事のイラストがある。このイラストは女性の役割がわかりやすく丁寧に説明されている。戦時の婦人団体である国防婦人会のスローガン「国防は台所から」のように、特段「戦時労働」ではなくても、節約や家事労働、保育など、女性が平時から担っていた労働がすべて戦争と結び付けられていくさまが見て取れる。つまり《皆働之図》には、制作者としての奉公隊員らの視点に立てば、戦時の女性の姿を女性表現者の視点から歴史化する意図があったと推察される。

残念ながら、男性研究者中心の美術史研究において、男性主体の前衛表現の論理に逆らい、女性の経験を描き留める方向性は、「女性は前衛の論理を理解できない」のだという評価になってしまう。だが、男性の作った前衛の理論に従っていては、戦時期の女性を歴史化するという目標はおそらく達成できなかっただろう。《皆働之図》についてこのようなジェンダー分析を行なうことは、これまで普遍的とみなされてきた論理が、実は「男性によって創られた論理」にすぎないのだということに目を向ける契機としても有効なのだ。

その点からも、《皆働之図》は、男性によって表現された多くの銃後の女性像と比較すると、その特色が浮かび上がってくる。その多くが男性画家によって描かれた『主婦之友』に見られる聖母子のような母子像は現在残された《皆働之図》にはない。

また戦争画が展示された展覧会において最も好まれた女性像は、戦勝を祈る女性像である。それらはほとんどが男性の手になる作品であった。国家による女性政策において、最も配意されていたのは、女性の徴用ではなく、再生産による人的資源の確保および母性保護政策であった点は、すでに女性史研究の蓄積の中で明らかにされている。強制的労働である徴用は、女性が外に出て働くことになり、家父長制の根幹を揺るがしかねず、国家的建前としては、本来望ましいことではなかった。「祈る女性」とは男性兵士の無事を頼りに待つ存在である。男性不在という危機を乗り越えるために他の女性たちと連帯して労働し自立するより、残された女性たちが自分を頼りに生きるほかはないというコンテクストの方が、兵士の戦う理由は強化される(34)。展覧会という場では、祈るという一見消極的な行為を描くことで、積極的に戦争を応援する女性像が表現されたのである。だがやはり、《皆働之図》には兵士を応援する祈る女性もいない。

働く女性だけが描かれ、しかも男性労働者主体だった重工業系の労働まですべて女性に置き換えられている。このような自立した女性だけで成立する世界観は、家父長制社会においては明らかな逸脱である。つまり、女性たちで一致団結して連帯し自立するこの男性不在の世界観では、「弱い女性たちを守る」という動機付けが意味をなさないのである。そのような《皆働之図》の特色に、男性によって生み出された都合の良い女性像へのある種の抵抗を見出すこともできるだろう。また、美術界においてあるいは社会において確固たる基盤を持たない女性アーティストに、奉公隊は認知の場をもたらした。大変小さく描かれているため、確認が難しいが、〈春夏の部〉右上に太陽の下、「女流美術家奉公隊」と記された旗を先頭に行進する奉公隊のメンバーの姿が描きこまれている。ここに作者としての自負心を垣間見ることができよう。特に、《皆働之図》は洋画家によって描かれていることは指摘しておきたい。女性洋画家は女性であることと洋画を専門とすることによる二重の差別を受けていた。戦争画の制作という公的な活動への参加は、ある意味の充足感をもたらしたと推測される。

だが、そもそもアーティストになるためには中上流階級である必要があり、長谷川のようなリーダーに顕著に見られる、植民地や外地における従軍経験は、誰でも体験できることではなかった。そうした優遇された女性アーティストたちの社会階層を表現の中に見出すこともできる。たとえば、《皆働之図》は全体的に、都市部は画面中央、農村部は画面周囲に配置されることで後者の周縁化がなされているが、女性画家らが都市部居住の中産階級だったことと無関係ではない。またすでに述べたように、支配者・為政者の視線を《皆働之図》において描出したことや日本女性の戦時労働を栄光化する視点に、戦争責任を免れることはできないだろう。

長谷川春子の従軍記『満洲国』(一九三五年)には「前線同性同胞といへば兵隊さんの往くところ必ずついてゆく娘子軍、可憐な朝鮮娘ばかりだと思つてゐたらかういふ女性もあつたのだ」という記述があるように、長谷川は「慰安婦」の存在におそらく気づいていた(35)。内地にいては知り得なかったことを知る経験は、長谷川が日本女性の中でも際立って特別な地位を得ていたためである。だが、「慰安婦」は「視覚イメージとして表現されてはならない者」だった。何を描き、何を描かないかという選択肢を持ちうることそのものが、すでに何らかの権力を手にしている状態であることを強調しておきたい。

おわりに

第一章で、①女性の「作り手」および彼女たちが創造した表現物に関する研究、②男性や男性主体の権力構造によって生み出された女性像に関する研究の二つに分けて、基礎的な先行研究を紹介した。

第二章で、「戦争」における視覚イメージを、女性アーティストと男性アーティストの作品を比較し社会構造的差異が画題や描き方に影響を与えている点を指摘した。

第三章で、女流美術家奉公隊と《皆働之図》を例に、女性アーティストたちが戦時文化の創出に参画していたことと、その作品がジェンダー構造に抗う視点を持つと同時に為政者の欲望をも体現した複層的意味を有している点を明らかにした。

現代社会において私たちは、いやがおうにも過剰な視覚イメージに囲まれて生活している。中にはジェンダーの視点で的確に読み解かなければ、それらの視覚イメージに無意識のうちに洗脳されるばかりか、知らず知らずのうちに差異化されたジェンダー構造の加担者になる危険性がある。視覚イメージにおけるジェンダー分析は、今後ますます重要なツールになるだろう。

(1) 千野香織「日本美術のジェンダー」『美術史』一三六冊、一九九四年
(2) 議論の経過については、熊倉敬聡・千野香織編『女?日本?美?——新たなジェンダー批評に向けて』(慶應義塾大学出版会、一九九九年)などを参照されたい。
(3) 笠原美智子企画「ジェンダー 記憶の淵から」展図録、東京都写真美術館、一九九六年、光田由里企画「女性の肖像——日本現代美術の顔」展図録、渋谷区立松濤美術館、一九九六年、小勝禮子企画「揺れる女／揺らぐ

イメージ――フェミニズムの誕生から現代まで」展図録、栃木県立美術館、一九九七年、笠原美智子企画「ラヴズ・ボディ――ヌード写真の近現代」展図録、東京都写真美術館、一九九八年、など。

(4)　ロジカ・パーカー、グリゼルダ・ポロック／萩原弘子訳『女・アート・イデオロギー――フェミニストが読みなおす芸術表現の歴史』新水社、一九九二年、鈴木杜幾子・千野香織・馬渕明子編著『美術とジェンダー――非対称の視線』ブリュッケ、一九九七年(新装版二〇〇三年)、グリゼルダ・ポロック／萩原弘子訳『視線と差異――フェミニズムで読む美術史』新水社、一九九八年、北原恵『アート・アクティヴィズム』インパクト出版会、一九九九年など。

(5)　北原恵「VI近現代　9表象・メディア」女性史総合研究会編『日本女性史研究文献目録　一八六八―二〇〇二』東京大学出版会、二〇一四年。また機関誌『イメージ&ジェンダー』は「ウィメンズアクションネットワーク(WAN)」のミニコミ図書館においてPDFファイルとして閲覧できる(https://wan.or.jp/dwan)。

(6)　Linda Nochlin, "Why Have There Been No Great Women Artists?", *ART News*, January 1971, pp22-39(リンダ・ノックリン／松尾和子訳「なぜ女性の大芸術家は現われないのか?」『美術手帖』四〇七号、一九七六年)

(7)　若桑みどり『女性画家列伝』岩波新書、一九八五年

(8)　パトリシア・フィスター／後藤美香子訳『近世の女性画家たち――美術とジェンダー』思文閣出版、一九九四年

(9)　山崎明子『近代日本の「手芸」とジェンダー』世織書房、二〇〇五年

(10)　吉良智子「近代日本における女性美術家の社会史的考察――洋画家足助恒の事例から」、小川知子「女が『日本画家』になるということ――大正期の大阪・島成園の場合」、山崎明子「女性が絵を学ぶことの社会的意味――赤艸社女子絵画研究所の事例から」『近代日本の女性美術家と女性像に関する研究』平成一五―一八年度科学研究費基盤研究(B)研究成果報告書、研究代表者池田忍、二〇〇七年三月所収。本報告書の他の論文も参照されたい。また、女性画家に関する概説書としては、草薙奈津子監修『女性画家の全貌。――疾走する美のアスリートたち』(美術年鑑社、二〇〇三年)を参考とされたい。

(11)　JWA日本美術と女性(宮脇道子他)編著『日本美術を支えた女性画家たち――日本美術における女性画家の調査・研究』一九九三年度大阪府ジャンプ活動助成事業報告書、一九九四年、深澤純子「日本の女性アーチス

ト」『アサヒグラフ別冊　シリーズ二〇世紀２　女性』朝日新聞社、一九九五年、〝女性とアート〟プロジェクト（深澤純子・西山千恵子・香川檀）編『ネオダダから21世紀型魔女へ――岸本清子の人と作品』東京女性財団自主研究助成報告書、一九九七年など。

(12) 高井陽・折井美耶子『薊の花――富本一枝小伝』ドメス出版、一九八五年など。

(13) 前掲注３「女性の肖像――日本現代美術の顔」展図録

(14) 池田忍『日本絵画の女性像――ジェンダー美術史の視点から』筑摩書房、一九九八年

(15) 酒井哲朗「戦争と美術――戦争画をめぐって」『開館十周年記念特別展　昭和の絵画　第二部「戦争と美術」』展図録、宮城県美術館、一九九一年

(16) 中村義一『続日本近代美術論争史』求龍堂、一九八二年

(17) 吉良智子「「戦争と表象」に関する研究動向」『イメージ＆ジェンダー』vol. 5、二〇〇五年

(18) 若桑みどり『戦争がつくる女性像――第二次世界大戦下の日本女性動員の視覚的プロパガンダ』筑摩書房、一九九五年（ちくま学芸文庫版、二〇〇〇年）

(19) 川名紀美『女も戦争を担った』冬樹社、一九八二年、鈴木裕子『フェミニズムと戦争――婦人運動家の戦争協力』マルジュ社、一九八六年（新版一九九六年）、加納実紀代『女たちの〈銃後〉』筑摩書房、一九八七年（新装版、インパクト出版会、二〇一九年）、東京歴史科学研究会・婦人運動史部会編『昭和史叢書⑤女性　女と戦争――戦争は女の生活をどう変えたか』昭和出版、一九九一年など。

(20) 小勝禮子「近代日本における女性画家をめぐる制度――戦前・戦後の洋画家を中心に」『奔る女たち――女性画家の戦前・戦後一九三〇―一九五〇年代』展図録、栃木県立美術館、二〇〇一年。また掲載の論文は、香川檀・小勝『記憶の網目をたぐる――アートとジェンダーをめぐる対話』（彩樹社、二〇〇七年）に再掲されている。

(21) 前掲注20小勝「近代日本における女性画家をめぐる制度」

(22) 山崎明子「美術教育をめぐるジェンダー・システム」池田忍・小林緑編著『ジェンダー史叢書４　視覚表象と音楽』明石書店、二〇一〇年

(23) 丹尾安典・河田明久『岩波近代日本の美術１　イメージのなかの戦争――日清・日露から冷戦まで』岩波書店、一九九六年

(24)　以下、女流美術家奉公隊と同隊にかかわった女性画家に関しては、吉良智子「第三章　女流美術家奉公隊——一九四〇年代」『戦争と女性画家——もうひとつの近代「美術」』(ブリュッケ、二〇一三年)を参照のこと。初学者向けには、同『女性画家たちの戦争』(平凡社新書、二〇一五年)も参照されたい。

(25)　小勝禮子「戦時下の日本の女性画家は何を描いたか——長谷川春子と赤松俊子(丸木俊)を中心として」北原恵編著『日本学叢書4　アジアの女性身体はいかに描かれたか——視覚表象と戦争の記憶』青弓社、二〇一三年。また小勝は日本を含めたアジアの女性アーティストに関する資料や文献リストの構築を進めている(「アジアの女性アーティスト——ジェンダー、歴史、境界」https://asianw-art.com/)。

(26)　北原恵「戦争下の美術家・長谷川春子——《ハノイ風景》(一九三九年)の絵を中心に」前掲注25『日本学叢書4　アジアの女性身体はいかに描かれたか』。また北原は、戦前の女性アーティストに関する書誌データベースを公開している(「大阪大学視覚文化/ジェンダー研究　書誌データベース」http://www.genderart.jp/bibliography/)。

(27)　「子弟を決戦へ！　女流画家が世の母に呼びかく」『朝日新聞』一九四三年六月二六日

(28)　「女流美術家熊谷飛行兵学校見学」『毎日新聞』一九四三年六月二九日

(29)　「筥崎宮に『婦人皆働図』日の目みる戦時の女流合作画」『西日本新聞』一九六一年一二月二六日

(30)　「晴れて靖国神社へ　筥崎宮　近く大東亜戦の油絵を奉納」『フクニチ新聞』一九六二年三月二六日

(31)　前掲注23丹尾・河田『岩波近代日本の美術1　イメージのなかの戦争』

(32)　「インタヴュー　桂ゆきの四〇年——コラージュと諷刺的絵画の間で」『みづゑ』八九三号、一九七九年

(33)　前掲注24吉良『戦争と女性画家』。

(34)　山崎明子「研究ノート　表象としての「千人針」——「千人針」の表象分析のためのジェンダー理論によるアプローチ」『家父長制世界システムにおける戦時の女性差別の構造的研究』平成一七—一八年度科学研究費基盤研究(B)研究成果報告書、研究代表者若桑みどり、二〇〇七年三月

(35)　池田忍「研究ノート　戦時下の衣服と女性表象——「帝国」の身体への眼差し」前掲注34『家父長制世界システムにおける戦時の女性差別の構造的研究』、前掲注26北原「戦争下の美術家・長谷川春子」

近現代――ジェンダー秩序の形成／固定化／揺らぎ

絵本にみる主婦／労働者としての母親像
――戦前・戦後の『キンダーブック』をてがかりに

宮下美砂子

はじめに

1　絵本の成立とジェンダー

絵本に描かれた「お母さん」といえば、読者のみなさんはどのような人物像を思い浮かべるだろう。エプロン姿で家事をこなし、献身的に子どもの世話をする……という絵だろうか。逆に「お父さん」を描いた絵はどうだろう。スーツや作業服で仕事をし、帰宅後や休日は家でのんびり……といったところだろうか。女性は家事・育児、男性は家の外での労働というように、性に基づき役割を規定することを性別役割分業という。それは「昔からの自然な」家庭や男女のあり方だと考える人も少なくないが、実はそうではない。

近代以前の社会では、男女の役割はそれほど明確に区別されるものではなかった。性別役割分業は、賃金労働をベースとする近代社会にとって都合が良いシステムであったため、日本では明治期以降に浸透しはじめた。そして、サラリーマンと専業主婦の夫婦に子どもが二人――という家族が増加し、一般的になったのは戦後の高度経済成長期のことである。つまり、近代以前の長い時間からみると、ごく浅い歴史しかもたない家族像なのである。

それにもかかわらず「当たり前のこと」のように認識されるようになった家族のあり方について、ジェンダーの視点を導入した歴史学は鋭く切り込み、性別役割の固定観念を次々と解体してきた。フランスの歴史学者エリザベート・バダンテールは、母親となる女性に対して当然のように求められる「母性」とは、本能的なものではなく、父親(男性)を中心とする近代社会が創り出したイデオロギーであることを、さまざまな史料をもとに実証した[1]。国内でも、一九八〇年代以降の研究により「母性神話」が次々と切り崩されていった。例えば、沢山美果子は、第一次世界大戦前後の日本における新中間層の台頭と、これまで国内にはなかった「母性」「母性愛」という翻訳語の浸透が同時期に起きたことに着眼した研究を行った。沢山によって子育てが母親の役割として女性に課せられるようになり、母親自身も自らの社会的地位を安定させるため、積極的にそれを引き受けるようになった過程が示された[2]。

そもそも「母性」を発揮する対象である「子ども」が、家庭のなかで守り育てられるべき存在だという認識が生じたのも、近代以降のことであった[3]。事実、日本でも近代化と西洋化が急速に推し進められた明治期以降、子どもへの意識が高まり、大正から昭和初期にかけて子どものための文化が一気に花開いた。印刷技術の進展や上中流階層での読書慣習の定着などを背景に、現代に通じるような絵本が国内で作られるようになったのもこの頃である。[4] 昭和期になると文部省は「玩具絵本改善研究会」を結成（一九二七年）するなど、「立派な国民」を育成するための絵本づくり、与え方について本格的な啓蒙活動を展開していく。[5] 家に留まり、育児を全面的に担うようになった母親に、子どもたちに絵本を与える役割が課されるようになった。それらの絵本には、女性／男性とは「こうあるべき」というステレオタイプが明示され、子どもたちのジェンダー観や規範意識を形成する。親から子へと手渡される絵本によって継承されるジェンダー観の連鎖は途切れることなく、現代にも続いている。

2　絵本についての先行研究

一九八〇年代から九〇年代にかけ、あらゆる分野においてジェンダーの視点を導入した研究が進展した。絵本研究においても、藤枝澪子の「絵本にみる女（の子）像・男（の子）像」を端緒に、絵本の登場人物には、量的にも質的にもジェンダーの非対称があることが指摘されるようになった。藤枝の研究では、一九八一年時点の国内絵本の主人公の多くは男児で、彼らは主体的、個性的に描かれるが、女児は主人公になることが少なく、非主体的で静的、ロボットのように描かれる傾向があると明らかにされた。[6]

本稿に近い分析対象を扱った研究としては、武田京子が月刊絵本『こどものとも』（福音館書店）について、作者、主人公、物語のあり方を、時代別（一九五六―二〇〇四年）にジェンダーの視点から分析している。武田は、母親・父親は性別役割分業を前提とした固定的な役割が投影されて描かれることがほとんどで、『せんたくかあちゃん』（二六九号、一九七八年）などにみられる例外的に描かれる女性の労働は、現実的な生活の基盤を支えるためではなく、「生き甲斐」として表現される傾向にあることや、『いってらっしゃーい　いってきまーす』（三二八号、一九八三年）のように家の外で働く母親が登場しても、職場で働く場面が描かれる父親とは異なり、仕事から帰宅する姿しか描かれないことを指摘した(7)。

戦前・戦中の絵本についても研究は進展している。大橋眞由美は、近代日本において、母親と子どもが一体化して「国民化」されていく過程を、明治期から昭和初期にかけて刊行された絵本や絵雑誌（『日本幼年』〔東京社〕や『子供之友』〔婦人之友社〕など）の「絵解き」という家庭教育から考察する研究をおこなった。大橋の研究では、大正期に登場した絵本の「母向け」ページにおいて、絵本を用いた家庭教育が「母性愛溢れる賢母」の役目と位置付けられ、読者の母親たちは、国策に沿った家庭教育を、「近代的な母親」が担うものとして次第に自ら積極的に引き受けるようになったことが示された(8)。

これまで蓄積された先行研究により、絵本のなかの母親像には、結婚後の女性は主婦として家に留まり、男性の労働を支えるために家事・育児を全面的に担うことを理想とするジェンダー観が、色濃く投影されてきたことが明らかにされた。

しかし、近代化が進行するなかでも、家事・育児以外の労働に従事する母親たちは当然ながら数多く存在していた。では、主婦のようには注目されてこなかった労働者としての母親像は、絵本のなかにいかに描かれたのだろうか。本稿では、月刊保育絵本『キンダーブック』に着目し、労働者としての母親像・主婦としての母親像――これら双方の母親の描かれ方を検討し、絵本が読者にいかなるジェンダー観を伝えてきたのかを考察する。

3　月刊保育絵本『キンダーブック』について

「月刊保育絵本」とは、幼稚園や保育所を通して購入する「直販方式」によって普及した月刊の絵本雑誌である。現在も多種多様な「月刊保育絵本」が流通し、多くの保育施設で購買されている。その先駆けが『キンダーブック』であった。戦中の一時期を除き、戦前から現在まで刊行され、昭和から現代までの長きにわたり子どもたちの価値観形成に最も大きな影響を与えてきた一冊といえる。欧米の新しい幼児教育理論を導入するなど、国内初期の幼児教育界をリードした倉橋惣三（一八八二―一九五五）をはじめ、当時の最先端の幼児教育の専門家によって編み出された絵本であり、園では「教科書」として活用されることもあった。[9] また、『キンダーブック』が採用した「直販方式」は、保育現場と密接な意思疎通を可能とし、そのことによって読者としての幼児は同誌への親近感を高めたようだ。[10] 一九二七年一一月の創刊号の初版は約三〇〇〇〇部で隔月刊であったが、園からの支持をうけ、一九二九年一月より月刊となった。[11]

創刊の前年には、「幼稚園令」が公布され、幼稚園という場が公的な教育機関として認められるなど、幼児教育に対する意識が高まりをみせていた。しかし、「幼稚園令」の第一条で幼稚園の役割が「家庭教育ヲ補フヲ以テ目的トス」と定められているように、子どもの教育は、第一に家庭――つまり母親が全面的に担うべきものだと考えられていた。こうした考えは『キンダーブック』にも色濃く反映されており、誌面は子どもと同等か、あるいはそれ以上に母親の目を多分に意識して作られている。そのことを裏付ける一例として、一九三二年には、母親と幼稚園教諭向けの読本『ツバメノオウチ』が別冊付録として添付され、本誌の解説や幼児教育のあり方、育児情報などが詳細に伝達されるようになった(12)。近代的な幼児教育のあり方を啓蒙する『キンダーブック』に登場する母親像は、当時の女性たちが手本とすべき新しい理想像として描かれたといえよう。

調査には、創刊から昭和期に刊行された六七九冊の誌面をデジタルアーカイブ化したDVD資料(フレーベル館、二〇一九年)を使用し、補足的に国立国会図書館のデジタルアーカイブを用いた。一九二七年一一月の創刊号から、対象年齢や用途別に細分化する以前に刊行された一九七二年三月号までの四七五冊を対象とした。その中から、一冊に労働者としての母親像と、主婦としての母親像が同時に描かれる号を抽出した。

同誌には、見開きか、一頁ごとに完結した場面が複数集められて一冊を構成するという特徴がある。本調査では一つの完結した場面を一例と数えた。ただし、異なる複数の場面が一画面のなかに挿入されるときは、場面ごとに一例とし、一場面に複数の母親が登場していても、労働者/主婦として同じ役割を担う場合は全体で一例と数えた。調査にあたり、注意するべき点は「母親」の特定である。子どもと共に描かれる女性は、幼稚園教諭や「女中」という場合などもあり全てが母親とは限らない。そのため、母親であるか否かは文章と図像から判断できるものに限定した。

以上の条件のもと、絵本に登場する回数、役割、外見、場、一緒に描かれる家族(子どもの人数、父親や祖父母の有無、行動)について分析を行い、戦前・戦後を通して『キンダーブック』に掲げられた母親の理想像とは、いかなるものだったのかを考察した。

一　戦前の労働者としての母親像と主婦としての母親像

戦前の『キンダーブック』については、戦時の統制をうけ『ミクニノコドモ』と改題した一九四二年四月号から一九四四年一月号まで(以降一九四六年まで休刊)を含む、合計一八九冊を調査した。その中で、労働者としての母親像と主婦としての母親像が同時に描かれた絵本は、三二冊となった。三二冊中、労働者としての母親像は五七例、主婦としての母親像は八五例確認できた。数の詳細は、結果をまとめた表1を参照されたい。

1　労働者／主婦としての母親像の役割

労働者としての母親像が従事する仕事の大部分は、農作業であり、四五例が確認できた。他には、

表 1　戦前の『キンダーブック』に描かれた母親像

		労働者としての母親像	主婦としての母親像
総数		57	85
役割 労働者としての母親像	稲作・畑作・農作物加工	45(作業の合間の子の相手・世話 19)	
	漁業・魚類加工	4	
	織物・染色・養蚕	8	
役割 主婦としての母親像	子の相手・世話		51
	買物		9
	縫物		4
	料理・配膳		13
	掃除・洗濯		3
	接客		4
	その他		1
外見	モンペ等作業着の和服	57	2
	和服		81
	洋服		3
場	田畑・牧場・農家の敷地内	46	5
	屋内作業場・農家家屋内	5	
	浜辺・港・漁村	4	2
	河川・池	1	2
	行楽地		9
	劇場・映画館・博物館		3
	公園		2
	神社・仏閣		4
	和室		20
	洋室		1
	台所		4
	庭・玄関先		5
	幼稚園		2
	路上		3
	商店・露店・百貨店・郵便局		10
	駅・電車内		3
	広場・原っぱ		3
	その他・特定不能	1	7
家族	父親有(可能性の高い図像数)	25(19)	21(2)
	子どもの人数　※群像除く	総数160／平均2.8	総数242／平均3.06
	祖父母有　※不確定な図除く	9	3

漁業、養蚕業、織物業に関わる労働が描かれ、そのほとんどが家業とみられる。農作業中の授乳姿が六例見られるように、子どもの世話は労働の合間の仕事として描かれる。

主婦の役割として最も多いものは、子どもの相手や世話であり、五一例確認された。次に、食事の支度や配膳が一三例となるが、母親自身が飲食することはなく、徹底してサービスする側にまわる。他には、買い物、縫物、洗濯、掃除など家事全般をこなす姿で描かれる。時代が進むにつれ、子どもたちの慰問袋(兵士を励ますため、日用品や手紙等を詰め戦地に送った袋のこと)作成の見守りなど、軍国教育を担う役割が加わるようになる。

2 外見

労働者として描かれる場合の母親は全て和服の作業着を着用しており、モンペ姿で描かれることが圧倒的に多い。肌の露出が多い着崩し方も特徴的で、漁業に携わる場面や農作業中の授乳場面などでは、乳房を露出して描かれる場合もある。ほっかぶり、傘帽子、襷《たすき》、背負い籠、脚絆《きゃはん》など、労働するための装具も多く確認される。

主婦像として描かれる場合の母親も和服姿が大部分を占める。しかし、労働者としての母親像とは対照的に、その大部分が都市部に居住する富裕層を思わせ、色柄の華やかなモダンな和服姿で描かれる。ただし、農村部で主婦の役割を担う母親として描かれる場合は、祭礼に参加する場合を除き、労働者としての母親像が着用する質素な作業着風のものを着用する姿で描かれる。

3　場

労働者としての母親像は、屋外で描かれることが多い。最も多いのは田、畑、牧場またはそこに接続する農家の敷地内で、四六例が該当した。その他では浜辺、港、漁村が四例、屋内では、養蚕作業場などが五例みられた。

主婦としての母親像は、居間や応接間らしき和室にいる場合が多く、二〇例確認された。台所や洋室も描かれるが、いずれも戦況が悪化する一九四〇年代までは豪華な設えで描かれる。住居外では、商店や百貨店など購買活動に関する場が多く、一〇例となった。次に、子どもや父親と共に訪れる行楽地が多く、九例確認できた。それ以外では公園、庭先、玄関先など自宅周辺で描かれる。

4　一緒に描かれる家族

労働する母親像と一緒に描かれる家族として、父親(夫)と考えられる男性像は二五例ほど確認できたが、母親とは異なり、子どもに構わず仕事に没頭する様子であったり、複数の成人男性が共に描かれる場合などが多いため、父親であるかが曖昧な例が多々みられる。同様に、一緒に描かれる子どもについても、一世帯あたりの人数は明確ではない。子どもたちも仕事を手伝う、差し入れをするなど、労働の一部を担う姿が多く確認される。また、作業を協働する祖父母や親戚縁者、地域住人らしき人物も頻繁に登場する。

主婦としての母親像と一緒に描かれる父親(夫)像は、二一例確認できた。大部分が核家族として描かれ、労働者の母親像の場合と比較して父親であることが明確に描かれている。父親が登場する際は、行楽や食事の場面が多いが、常態的に子どもとの身体的接触が描かれる母親に比べて、父親は子どもと一定の距離をとる傾向がみられ、家事を担う姿も確認できなかった。父親としての威厳を保ちつつ、家庭内では仕事という男性役割から離れ、子どもたちと余暇を楽しんだり、家でのんびりとくつろぐ姿で描かれる。

5　二つの母親像の関係性と意味

義務教育の普及が目指されていた戦前において、小学校よりも高額な保育料を徴収していた幼稚園は、必然的に都市部の上中流階層の子どもたちが通う場所となった。[13] それでも、着実に幼稚園教育は普及していき、幼稚園に通う幼児(五歳)は、一九二〇年代の約六%から、一九四一年には一〇%に達した。[14]『キンダーブック』の購読者は、戦前は一部の階層に限定されるものであったが、増加・拡大傾向にあったといえる。

誌面に登場する主婦としての母親像は、読者層の中心となる都市部の比較的富裕な生活スタイルを反映しており、戦況が悪化する前は、立派な家に住み、美しく着飾り、サービスや品物を購買し、消費する(図1)。近代社会の到来を肯定的に体現するその姿は、読者に専業主婦になることへの憧れを喚起し、性別役割分業こそが「目指すべき」新時代の家族のあり方なのだというメッセージを

図1 的場朝二・絵「キヌセイヒン」(部分)1929年5月号(『DVD-ROM版 キンダーブック アーカイブ』フレーベル館, 2019年. 以下同)

送り続けた。

それとは対照的に、労働者として描かれた母親たちは、農山村漁村生活者として描かれた。経済的余裕を感じさせる都市部の主婦像とは異なり、自給自足による質素な生活が表現される。実際に、戦前の国内産業の中心は第一次産業であり、既婚女性の非農林漁業就業率は一九四〇年で一三%に留まっていた。[15] さらに、乳幼児を抱えた女性の就業となると、戦後の高度成長期以前は、やむをえない経済事情のある場合がほとんどであった。[16] つまり、戦前の働く母親たちは、幼稚園への「直販方式」を採用していた『キンダーブック』の読者としては、基本的には除外される層であったといえる。

このように、『キンダーブック』の読者側の「私たち」とは、異なる立場の人々である働く母親が誌面に描かれる際、そこには「観察」する視線が少なからず混ざっていたことが指摘できる。

例えば、一九二九年七月号の「ヂビキアミ」(田村昇・絵/酒井朝彦・文、図2)では、一場面の中に主婦と労働者としての母親像が同時に描かれるが、主婦である母親たちは、着物に日本髪を結った姿で優雅に日傘をさし、浜辺で労働する母親を「見物」する。地引網を引く母親のなかには、上半身

図2　田村昇・絵／酒井朝彦・文「ヂビキアミ」(部分)1929年7月号

裸体で描かれる者もあり、都会的かつ「近代」的な主婦と並べることで、「前近代」的な要素が強調される。

ただし、労働者としての母親たちが否定的に描かれているというわけでもない。むしろ、「私たち」の近代的な消費生活を支えるために、不可欠な人々だという位置付けが強調される。一九三二年二月号の「ワタシノキモノ」(藤澤龍雄・絵)では、都市部の主婦と思われる母親が、子どものために美しい色柄の生地で着物を縫う。その先のページ「カヒコノオシタク」(中西義男・絵／国木田幸子・文)では、養蚕農家の一家が蚕を飼育するための道具を川で洗う。都市部と非都市部の暮らしが、生地という一つの「モノ」を通してパラレルに描かれることで、読者側である「私たち」の生活は、非都市部における労働によって成立しているということが、子どもにも分かりやすく示される。

戦時統制が厳しくなる一九四〇年代になると、農家の労働は「私たち」にとって生命線であり、感謝すべきものとして一層称揚されるようになる。(17) 一九四一年九月号に掲載された倉橋惣三による巻頭言では、読者の母親に向け、子どもたちにお百姓さんへの感謝の心を持たせるよう呼びかけられる。最終見開き頁の「オコメニ　オレイヲ　イヒマセウ」(多田北鳥・絵)は、主婦として描かれた母親が配膳を担う食卓の場面だが、食事前の一家は、米とそれを作る「オヒャクショウサン」に頭を下げ、感謝の祈りを捧げる。

二　戦後の労働者としての母親像と主婦としての母親像

戦後の『キンダーブック』は、一九四六年八月に再刊された。戦後については、再刊号から一九七一年三月号までの合計三〇四冊について調査した。その中で、労働者としての母親像と主婦としての母親像が同時に描かれたものは、一七冊であった。調査対象は戦前に比較して多くなったが、調査の条件に該当するものは大幅に減少した。一七冊中、労働者としての母親像は二四例、主婦としての母親像は四五例確認できた。数の詳細は、結果をまとめた表2を参照されたい。

1　労働者／主婦としての母親像の役割

労働者としての母親像は、戦前と同様に農業従事者が最も多く二二例となった。戦後の農村部の衰退と都市化を背景に、農作業を担う母親像の登場回数は、戦前と比較して減少したといえる。また、本調査の条件下では、養蚕、織物、漁業など、戦前は描かれていた職業に従事する母親像は確認できなかった[18]。戦前のような授乳場面は描かれなくなったが、大多数が働きながら子どもたちの相手をする。そして、都市部で消費される作物を精力的に生産する姿は、戦前と同様である。

表2　戦後の『キンダーブック』に描かれた母親像

		労働者としての母親像	主婦としての母親像
総数		24	45
役割 労働者としての母親像	稲作・畑作・農作物加工	22(作業の合間の子の相手・世話 7)	
	窯業	1	
	都市労働者	1	
役割 主婦としての母親像	子の相手・世話	27	
	買物	3	
	縫物	4	
	料理・配膳	6	
	掃除・洗濯・アイロンかけ	5	
外見	モンペ等作業着の和服	22	3
	和服	0	19
	和洋混合　※シャツ＋モンペ等	1	2
	洋服	1	23
場	田畑・牧場・農家の敷地内	20	4
	屋内作業場	3	
	浜辺・港・漁村		1
	河川・池		
	行楽地		5
	劇場・映画館・博物館		
	公園		1
	神社・仏閣		2
	和室		8
	洋室		5
	台所		2
	庭・玄関先		6
	幼稚園		1
	路上		
	商店・露店・百貨店・郵便局		4
	駅・電車内		1
	広場・原っぱ		
	その他・特定不能	1	4
家族	父親有(可能性の高い図像数)	10(5)	12(3)
	子どもの人数　※群像除く	総数73／平均3.17	総数72／平均1.8
	祖父母有　※不確定な図除く	2	4(回想1例含む)

図3 吉澤廉三郎・絵「おかあさんによせて」(部分)1950年5月号

戦後の主婦として描かれた母親の役割は、引き続き子どもの相手や世話が中心であり、二七例みられた。自然に親しむレジャーや、季節の伝統行事を子どもに体験させる場面は戦前から多数確認されており、母親の担うべき重要な家庭教育とみなされていることが分かる。それ以外では家事全般を全面的に負担する姿として描かれており、期待される役割は戦前からほぼ変化がない。

2 外見

労働者としての母親像は、戦前と変わらず和服の作業着での登場がほとんどであり、モンペ姿が多い。珍しい例として、一九五〇年五月号「おかあさんによせて」という背表紙の読み物の挿絵に、会社員風の服装をした帰宅中の母親が登場する(図3)。本調査では、都市部の賃金労働者と判別できる母親像は、この一例しか確認できなかった。

主婦として描かれる場合の母親像も、一九五〇年代までは和服が優勢であった。しかし、優雅な和服姿が多くみられた戦前に比べて、家事をこなすために割烹着《かっぽうぎ》やエプロンを着用していることが多く、庶民的で活動的な雰囲気が増している。一九五〇年代半ば以降和服は徐々に減少し、一九六〇年代にはひざ丈スカートとエプロンという姿が定着した。

3　場

労働者としての母親像は、田畑に描かれる場合がほとんどであり、二〇例となっている。主婦としての母親たちは、住居内に描かれることが多いが、その設えは全体的に戦前よりも庶民的で生活感が増している。戦後に急増した、核家族の新生活を象徴する団地も登場する。また、行楽地を家族で訪れる場面が、戦前同様に数多く確認される。

一方、同じ主婦としての母親像であっても、農村部の母親像は全て囲炉裏端《いろりばた》に登場するという特徴がみられる。囲炉裏を囲み団らんする家族像は、核家族化や都市化が進行する高度成長期の日本において、都合よく美化されたノスタルジーを担わされることになったことが推察される。

4　一緒に描かれる家族

労働する母親像と共に描かれる家族として、父親と考えられる男性像は一〇例であった。戦前に引き続き、伝統的な血縁や地縁の濃さが前面に出ており、親類や祖父母、地域住民とみられる人々が農作業の協働者として一緒に描かれることが多い。子どもたちの多くも戦前と同じように農作業を手伝う姿で描かれる。

主婦としての母親像と共に描かれる父親像の数は一二例であった。戦後は核家族化が進行したが、祖父母との同居を描いた作品もみられる。子どもの数は戦前に比較して減少傾向にあり、一人か二

図4　村上勉・絵／稗田宰子・文「やさいとくだもの」1971年10月号

人で描かれる例が増加する。父親は、余暇に子どもと触れ合うことはあっても、戦前同様に普段の家事・育児に参加せず、母親からのサービスを一方的に受ける存在として登場する（図4）。母親が献身的に家事を担い、「居心地」のよい家庭を築くことで、父親は仕事の疲れを癒し、再び外で働く力を得るという「労働の再生産」が、戦前・戦後を通し、絵本によって子どもたちに教示され続けていると指摘できる。

5　二つの母親像の関係性と意味

戦後は多くの出版社が「月刊保育絵本」への新規参入を果たし、読者数と読者層を拡大した。その背景には、戦後の幼稚園数の増加と利用層の拡大がある。一九四七年、幼稚園は学校機関として新たに位置づけられ、一九五〇年には二一〇〇園となり戦前の設置数を上回った[19]。また、一九六一年の池田勇人内閣で開始された「三歳児健診」は、「人づくり政策」の一環として実施されたが、次第にさまざまなメディアで「三歳」という時期への注目が集まり、「三歳までは母の手で育てるべき」という「三歳児神話」が大衆的意識として形成された[20]。三歳以上の幼児を預かる戦後の幼稚園は、当時の政策とも合致し、「望ましい教育施設」として広く一般に浸透する。

図 5　若林一男・絵「いもほり」1963 年 11 月号

そして、高度成長期から一九七〇年代前半の日本では、都市部に居住するサラリーマンと専業主婦による家庭が「多数派」となり、専業主婦は絵本のなかでも特権的な身分ではなくなっていった。一九六三年一一月号「いもほり」(若林一男・絵、図5)は、そのことを象徴するような作品である。画面右側の母親たちはモンペ姿で稲刈りと芋の収穫をする。そして、画面左側にいくほど、田畑は町の風景に移行していき、左側に登場する母親たちもスカート姿で芋ほりをする。しかし、こちらは労働ではなく、レジャーとしての畑作業に興じる姿と解釈される。両者の比率は均等ではなく、町の風景が画面の約三分の二を占め、人物の数も田畑で働く人々に比較して格段に多い。農業地帯が都市に吸収されていく高度成長期の状況と同時に、既婚女性の主婦化の拡大を暗示するようで興味深い。

一方、都市部の専業主婦は、数の上では一九七〇年代前半にピークを迎えるが[21]、主婦の労働者化もそれを上回る勢いで増加し、七〇年代には、パートタイムで職業を持つことはすでに「当たり前」の主婦の生き方となっていた[22]。しかし、本調査のなかでは、都市部労働者としての母親像は、図3の一例しか確認できなかった。同じ「月刊保育絵本」の『こどものとも』を分析した武田京子は、母親の労働は、父親が家事・育児に積極的ではない現状のもとでは、母親ばかりに負担を強いる図像となる可能性が高く、子どもにとって成長のモデルを示しにくいため、積極的に描かれないのではないかと指摘する。(23)

戦後の『キンダーブック』では、労働する母親像のほとんどが戦前と同じように農作業に携わる姿で描かれた。「家」と切り離されない形での労働は、「三歳児神話」を侵すことがなく、幼い子どもを持つ母親が担う仕事として「うってつけ」である。つまり、農作業に代表される家業に従事する母親像は、唯一、絵本のなかで肯定的に描くことができた図像であったのだと考えられる。

おわりに

近代社会が作り出した理想的な母親像は、戦前の『キンダーブック』のなかで優雅な都市生活者として描かれ、読者たちに憧れや自己肯定感を抱かせた。そして、戦前の大部分の女性・女児にとっては夢であった専業主婦としての生活は、戦後において現実となった。

しかし、消費することで成立する主婦たちの生活の背後には、常に農山村漁村における労働があった。労働者としての母親像は、『キンダーブック』の創刊時から高度成長期に至るまで、社会の存続に不可欠な「ありがたい」存在であることを示し続けた。戦後は、農業を担う母親像の登場回数は明らかに減少した。だが、高度成長期に主流となった核家族による労働と家事の分離された閉鎖的かつ孤独な生活に比較し、大家族で労働を分かちあう農村部の母親像は、絵本のなかで「古き良き日本」を象徴する役割も担ったとみられる。

主婦や農作業に従事する母親像が肯定的に描かれる一方で、都市部の賃金労働に従事する母親たちは、『キンダーブック』のなかでは完全に不可視化された。戦前は近代国民国家の形成と戦時体制の維持・強化のため、そして戦後は経済大国へと成長するため、母親たちは男性の留守を預かり、家事の一切を引き受け、さらには次世代を「有用な」人材として教育する役割が期待された。家の外での賃金労働は、家事・育児という「女性の本分」をおろそかにするだけでなく、男性の領域を侵犯し、近代社会のシステムを根底から覆す危険性もある(今もそうした考えは根強い)。したがって、時代ごとに策定される国の幼児教育の指針に準じ、内容を決定してきた『キンダーブック』において、都市部の賃金労働者としての母親像はふさわしい図像ではなく、絵本から排除される傾向にあったと考えられる。

しかし、現実には家業以外の労働に従事する母親たちも戦前・戦後を通し多数存在した。そして、彼女たちの労働も社会を支え、家族を支えてきたのだ。そうした母親たちの姿が絵本に描かれなかったことは、子どもたちのジェンダー観の形成にとって、ひいては社会全体におけるジェンダー平等性の確立にとって、マイナスであったと言わざるを得ない。絵本と現実社会は相互に関与しあいつつ、人々のジェンダー観を形成する。女性／男性だけでない多様な性のあり方も広く認識されるようになった二一世紀の今日、性別によらず自由な生き方が選択できるということを、子どもたちに示せる絵本がもっと必要であろう。

(1)　エリザベート・バダンテール／鈴木晶訳『プラス・ラブ――母性本能という神話の終焉』サンリオ、一九八一年(のち『母性という神話』として、ちくま学芸文庫、一九九八年)
(2)　沢山美果子「近代家族の成立と母子関係――第一次世界大戦前後の新中間層」人間文化研究会編『女性と文化Ⅲ　家・家族・家庭』ＪＣＡ出版、一九八四年、一一七―一四四頁
(3)　フィリップ・アリエス／杉山光信・杉山恵美子訳『〈子供〉の誕生――アンシァン・レジーム期の子供と家族生活』みすず書房、一九八〇年
(4)　樺山紘一「幼児教育と大正リベラリズムの伝統――倉橋惣三と絵雑誌の系譜、『コドモノクニ』『キンダーブック』まで」印刷博物館編『キンダーブックの90年――童画と童謡でたどる子どもたちの世界』展図録、印刷博物館、二〇一七年、一三頁
(5)　小山静子『家庭の生成と女性の国民化』勁草書房、一九九九年、二二二―二二三頁
(6)　武田京子他編『講座主婦Ⅰ　主婦はつくられる』汐文社、一九八三年、一四八―一七四頁
(7)　武田京子『絵本論』ななみ書房、二〇〇六年、一三六―一三七頁
(8)　大橋眞由美『近代日本の〈絵解きの空間〉――幼年用メディアを介した子どもと母親の国民化』風間書房、二〇一五年、一四一―一六五頁
(9)　『ツバメノオウチ』創刊号(一九三二年四月)の「社告」には「近来教科書として御採用の幼稚園が多くなった」とある。
(10)　前掲注4樺山「幼児教育と大正リベラリズムの伝統」一四頁
(11)　日本児童文学学会編『児童文学事典』東京書籍、一九八八年、二二五頁
(12)　『ツバメノオウチ』については、棚橋美代子「戦前『キンダーブック』の付録「ツバメノオウチ」の成り立

ちと展開」前掲注4『キンダーブックの90年』一九―二九頁に詳しい。

(13) 棚橋美代子・小山明「月刊絵本『キンダーブック』発刊の背景――日本における幼稚園の成立と関って」『京都女子大学発達教育学部紀要』九号、二〇一三年、九九頁

(14) 前掲注4樺山「幼児教育と大正リベラリズムの伝統」一二頁

(15) 塩原秀子「既婚女性の労働」『帝京経済学研究』三八巻二号、二〇〇五年、一七一頁

(16) 「子育てと仕事の狭間にいる女性たち――JILPT子育て世帯全国調査二〇一一の再分析」『労働政策研究報告書』一五九号、二〇一三年、二頁

(17) 倉橋惣三「國民理科」『キンダーブック』一九四一年九月号

(18) ただし、主婦としての母親像と同時に登場しない号には、漁業、林業等に従事する母親像も確認できる。

(19) 前掲注4『キンダーブックの90年』七六頁

(20) 小沢牧子「乳幼児政策と母子関係心理学――つくられる母性意識の点検を軸に」井上輝子・上野千鶴子・江原由美子編『日本のフェミニズム5 母性』岩波書店、一九九五年、六二―七〇頁

(21) 杉野勇・米村千代「専業主婦層の形成と変容」原純輔編『日本の階層システム1 近代化と社会階層』東京大学出版会、二〇〇〇年、一七八頁

(22) 井上輝子・江原由美子編『女性のデータブック――性・からだから政治参加まで』有斐閣、第四版二〇〇七年、八〇頁

(23) 前掲注7武田『絵本論』一三九頁

近現代――ジェンダー秩序の形成／固定化／揺らぎ

別学・共学論争からジェンダーに敏感な教育へ

友野清文

はじめに――学校教育の一断面から

●自分が男女の不平等を学校生活で感じた場面は「合唱祭」である。暗黙の了解で「指揮者は男子がやる」という決まりがあったことである。指揮者をやる上で、身体的に女子にはできないという理由がある訳ではない。特に規則として存在したわけではないが、「指揮者をやりたい」と名乗り出た女の子が「男子の方がサマになる」という理由で辞退させられていた。

●高校生の時、体育祭では、団ごとに分かれて、それぞれ一〇名ほどのリーダーがいるが、それは、伝統的に男子生徒だけがすることになっていて、女子生徒は「スタッフ」という陰で支えるような役割のものしか、することができなかった。

●不平等とは言わないかもしれないが、自分は小学校の頃、絵を描くのが好きだったので、休み時間でもよく絵を描いていた。すると、ある先生に「男の子なんだから、外で遊べばいいのに」と言われ、その言葉にすごく違和感があった。

以上は、筆者が担当する大学の授業での「これまでの学校教育の中で経験した男女の不平等について」のレポートの一部である。いずれも「ありがち」な話かもしれず、一種の「慣行」や「伝統」のようなもので、それほど大した問題ではないのかもしれない。しかしここには、「女だから／男だからこうである(あるべき)」という考えが存在している。これは「ジェンダー・ステレオタイプ」と言われるものである。

一　問題の所在と先行研究

1　問題の所在

日本教育史では、全国的な教育制度を構想した「学制」(一八七二年)をもって「国民皆学」を目指し、身分ではなく「学力」によって社会的地位が決められる「立身出世主義教育」が成立したとされる。一般的に国民国家では、すべての人が国民としての教育を受けるシステムが採られる。しかしそれは「平等な教育」であることを意味しない。むしろ、政策的に意図するかどうかは別としても、実際には階層・経済的状況・地域・障がいの有無などによって異なった教育が与えられる。そして性別もその大きな要素の一つである。

ジェンダーの視点から見れば、戦前の「国民皆学」は「男女別学」体制により実現され、「立身出世」は男性限定であったと言えるのである。女子教育は「良妻賢母」育成のためとされ、高等教育(大学)は女性を基本的に排除していた。

対して、戦後の教育基本法(一九四七年)では「男女共学」が規定され、大学は女性に門戸を開いた。教育の男女平等を保障するものが共学であった。

それから七〇年以上経過したが、冒頭に挙げた学生のコメントはいずれも現代の共学校でのことである。つまり男女が同じ場所で同じことを学んではいても(あるいはいるからこそ)、「ジェンダー・ステレオタイプ」は維持されているのである。そうだとすればむしろ別学の方が、とりわけ女子のリーダーシップ形成や学力向上には望ましいという考えが現れても不思議ではない。すなわちかつてのような、男女の教育格差を正当化するための別学論ではなく、それぞれの能力や個性を伸ばすために別学が有効ではないかという主張である。男女共学は、教育におけるジェンダー平等の「必要条件」ではあっても、「十分条件」ではないのかもしれないのである。本稿では、これまでの別学・共学の議論をたどりながら、この「十分条件」について考えていく。

なお男女共学とは、「男女児童・生徒が同じ学校に入学し、男女の区別なく編成される学級集団のなかでおなじ教育課程による指導を受ける形態」(1)を指し、単に男女が同じ学校にいるだけではない。また本稿では主に中等教育(中学校・高等学校)について考える。

2 先行研究

日本における男女共学についての研究としては、小泉郁子『男女共學論』(拓人社、一九三一年)が古典的存在である。小泉はアメリカの大学で学び、桜美林学園を創設した人物であり、この本では共学を巡る欧米の動向や思想を体系的に整理している。

ジェンダーの視点から戦後教育の問題を取り上げた初期の著作としては佐藤洋子によるものがある。[2] 一九七七年の朝日新聞連載記事を元に刊行されたが、教科書や絵本の内容、授業や部活動、進路指導などでの男女の扱われ方の違い、性教育など、「女の子」がつくられていく実態が多面的に描かれている。法律や制度の面では男女平等であるはずなのに、実際には生活の多くの場面で「被差別感」を抱いている人々に、「それは個人的レベルの問題ではなくて、社会構造全体の問題なのだ」というメッセージを伝えた本である。この問題提起は、木村涼子[3]や亀田温子・舘かおる[4]に引き継がれる。

一九九〇年代から、共学のあり方をジェンダーの視点から再検討する研究が現れる。橋本紀子[5]は戦前からの共学論を学校制度と思想・運動の関係から詳細に検討した。小山静子[6]は、戦後の共学が、男子教育を「標準」としてそこへの女子の参加を促すものだったこと、男女平等を掲げた学校の中で「ジェンダー化」が進行したことを指摘した。また、坂本辰朗[7]は、アメリカの大学での共学のあり方を批判的に検討している。

二〇一〇年代になると、多様なジェンダー問題が論じられるようになった。多賀太[8]は「男性学」の視点から、「男らしさ」の規範にしばられる男性の問題状況を指摘した。また、セクシュアル・ハラスメントについての内海﨑貴子他の研究[9]、性的少数者に関わる金井景子・薬師実芳・杉山文野・早稲田大学教育総合研究所[10]による論考など、個別課題に即したものもある。

また同時期に一般読者(保護者)を対象として別学の意義を解く著作が現れた。私学教員であった中井俊已[11]は、男女が様々な面で異なること、男女の特性に応じた別学に利点があること、学力面でも別学が有利であること、そして欧米で別学が再評価されていること等を根拠に男女別学のメリットを主張している。教育ジャーナリストのおおたとしまさ[12]、私立女子中高校の校長であった吉野明[13]も、各々の立場から「女子校教育」の意義を述べている。

二　良妻賢母主義と女子特性論

1　戦前の別学体制

先に触れた「学制」の「布告文」では、女性を含めてすべての国民が学校に就学することを謳っていた。しかしその後展開する学校教育制度は、男女別学体制を原則とするものであった。一八九九年に「中学校令(第二次)」「高等女学校令」「実業学校令」という三本の勅令が整備される(戦前の教育に関する規程の多くは「法律」ではなく、天皇の命令である「勅令」で出された)。男子の中学校と女子の高等女学校(同じ段階でも女子にのみ「高等」がつくことに注意)が並立する形ではあるが、高等女学校は「良妻賢母」育成を目的とし、理数系教科や外国語は軽視されていた。さらに中学校が高等学校―大学へと接続するのに対して、高等女学校ではそのような接続はなかった。

もちろん女子に対して教育が不要であるとされた訳ではない。むしろ明治啓蒙期以来、繰り返し女子教育の重要性は論じられてきたと言える。そしてその論拠は主に「母性教育」であった。子どもを産み育てる役割を遂行できる母親を作ることが女子教育の大きな目的とされたのである。明治初めの「賢母論」から第二次世界大戦下での「国家的母性論」に至るまで、母性が重視されていたのである。

2　戦後の共学化と女子特性論

(1)戦後の教育改革と共学化

敗戦後、一九四六年一一月に公布された新憲法で両性の平等が謳われたが、それに先だって、一九四五年一〇月に連合国軍総司令官マッカーサーから幣原首相に示された「人権確保の五大改革」の冒頭に「婦人解放」が掲げられた。文部省でもこれを受けて教育の面でも改革への取り組みを始め、同年一二月には閣議で「女子教育刷新要綱」が諒解された。ここでは「方針」として、女子に対して高等教育機関を開放し男女共学を認めることと、女子の中等教育学校の教育内容を男子のそれと平準化することが求められている。

翌一九四六年三月の米国教育使節団報告書でも、初等教育と「下級中等学校」での完全共学化、「上級中等学校」での共学化の早期実現、そして大学の門戸の女子への完全な開放が勧告された。また五月に文部省が刊行した「新教育指針」においても「女子教育の向上」について触れられている。この流れは、一九四七年三月に公布された教育基本法の第三条（教育の機会均等）と第五条（男女共学）へと引き継がれ、制度的な男女平等が戦後教育の原則とされたのである。第五条は「男女は、互に敬重し、協力し合わなければならないものであつて、教育上男女の共学は、認められなければならない」と規定していた。

ただ教育基本法制定を含めた戦後教育改革を議論した教育刷新委員会が一九四六年一二月に行った建議「国民学校初等科に続く教育機関について」「中学校に続くべき教育機関について」では、国民学校に続く「中学校」には男女共学を求めたが、「高等学校」については「必ずしも男女共学でなくてもよいこと」とされた。また教育基本法と同時に公布された学校教育法では男女共学や教育内容の共通性については触れられていない。

実際の教育内容については、例えば一九四九年に刊行された高等学校社会科教科書『民主主義（下）』の第一五章「日本婦人の新しい権利と責任」で、二〇頁以上にわたり、参政権・教育・家庭生活・職業生活について述べられている。新しい時代を切りひらく意気込みが感じられるが、具体的な改善策としては（妻が家事を担当することを前提として）「家事の簡易化」のみであったことからも分かるように、時代的な制約の中にあったと言えよう。

(2)家庭科と「女子特性論」

戦後の新しい教育の柱として「社会科」が登場したが、これと並んで「家庭科」も新しい家庭を築くための教科として登場した。

家庭科は一九四七年三月の「学習指導要領(試案)」で新しい教科として設定されたが、その前年に民間情報教育局(CIE:GHQに置かれた教育担当部局)が提案したものであると言われる。「学習指導要領試案　家庭科編」では「家庭科」は「家庭建設の教育」とされ、次の三点が「総目標」とされた。

(1)　家庭において(家族関係によって)自己を生長〔ママ〕させ、また家庭及び社会の活動に対し自分の受け持つ責任のあることを理解すること。

(2)　家庭生活を幸福にし、その充実向上を図って行く常識と技能とを身につけること。

(3)　家庭人としての生活上の能率と教養とをたかめて、いっそう広い活動や奉仕の機会を得るようにすること。

カリキュラム上は小学校五年以上に置かれ、小学校では男女とも必修、中学校では「職業科」の中の選択科目とされた。中学校については「大部分の女生徒はこの科を選ぶものと思われるが、中には男生徒もこれを選ぶかも知れない」とされている。つまり、新しい家庭建設のために男女とも学ぶべき教科(科目)とされながらも、実際には中学校では「女子教科」的な位置づけが行われていたのである。

その後小学校では男女とも同一内容を学ぶ教科として存続しているが、中学校では、一九五一年から「職業・家庭科」となり、さらに一九五八年の学習指導要領改訂で「技術・家庭科」とされ「男子向き」の技術科と「女子向き」の家庭科の二系列に分けられた。一方高等学校の家庭科は、当初は選択教科として発足したが、一九六〇年の改訂では「女子について「家庭一般」二ないし四単位を履修させることが望ましい」とされ、一九七〇年の改訂ではさらに「「家庭一般」は、すべての女子に履修させるものと」すると定められた（実施は一九七三年から）。

このように家庭科は次第に「女子向き」の性格を強め、女子にとっての必修教科とされてきたのであるが、この動きを支えたのが「女子特性論」であった。

「女子特性論」は「女性はその生物的・生理的特性により、男性とは異なった社会的役割を持つ」という考え方であるが、一九五〇年代から六〇年代にかけての女子教育の方向を大きく規定するものであった。この考えは、男女平等・機会均等の原則は認めた上で、男女の役割の違いを強調するものである。その点で戦前の「男尊女卑思想」や「良妻賢母主義」とは一線を画すものではあったが、共学体制の中での「別学」を正当化する根拠とされたのであった。

（3）女性差別撤廃条約と家庭科男女共修運動

このように女子特性論は、男女の「平等」を前提とした上での「役割の違い」を主張するものであり、これに対する批判的な視点を打ち出すことは難しかった。しかし、一九六〇年代からの米国を中心とした「女性解放運動」の影響により、七〇年代になると、改めて男女の平等の内実が問われることとなった。

米国ではベティ・フリーダンの『女らしさの神話』(一九六三年、邦訳『新しい女性の創造』三浦富美子訳、大和書房、二〇〇四年〔改訂版〕)が刊行され、黒人解放運動と並行して「ウーマン・リブ」の動きが広まった。そこでは「性別役割分業の撤廃」と「女性の自己決定」が目的とされたが、日本でも一九七〇年頃から様々な運動が現れた。

そして一九七五年が国連「国際婦人年」に指定され、七九年には「女子に対するあらゆる形態の差別の撤廃に関する条約」が国連第三四回総会で採択された。国内では七七年に、女性の地位向上についての初めての総合施策となる「国内行動計画」が策定され、先の「条約」は八五年に批准された。

この「条約」の最も大きな意義は、「(固定化された)性別役割分業」自体が差別の一形態であると確認されたことである。同第五条では「男女の定型化された役割に基づく偏見及び慣習その他あらゆる慣行の撤廃」が謳われている。

そして「定型化された役割」には、性差や特性が「自然」によって定められているのではなく、歴史の中で社会的・文化的に形成されたものであるという視点が登場する。これがまさにジェンダーの視点である。

さらに教育については「条約」第三部第一〇条で男女の「同一の教育課程」と「男女の役割についての定型化された概念の撤廃」が掲げられている。当時日本政府は「同一(same)」を「同等」と訳そうとしたと言われるが、この条約では「同一」が求められたのであった。

この条約によって、中学校の技術・家庭科や高校の家庭科の見直しが迫られることになるはずであった。しかしそれは直ちに行われたのではなかった。教育課程の見直しに大きな力を持ったのが、「家庭科の男女共修をすすめる会」の運動であった。

「家庭科の男女共修をすすめる会」は、国際婦人年に先立つ一九七四年一月に市川房枝・半田たつ子・樋口恵子らによって結成された。これは前述のように一九七三年から高校で女子のみ家庭科が必修となったのを受けて、家庭科の男女共修(共学必修)を目的として作られたものであった。当初のスローガンは「男女ともに生活を大切にする人間に育てよう」「生産優先の社会から生活優先の社会へ」「協力してよい家庭をつくる男女を育てよう」「「男は仕事、女は家庭」という考え方を変えていこう」「教育の中の男女差別をなくそう」などであった。男女ともに学ぶ家庭科の新しい内容も追求された。この運動に対しては、行政側だけでなく現場の教師からの抵抗も大きかったと言われるが、ねばり強い活動の結果、中学校については一九七七年の学習指導要領改訂で「男子向き・女子向き」の区別がなくなり、高校では八九年の改訂で男女とも必修の家庭科(家庭一般・生活一般・生活技術の三科目)が設定され、制度上、小中高を通して家庭科の男女共学・必修化が実現した。

三 共学への疑問と別学の再評価――米国での問題提起

このように「性による区別」自体が差別であるという視点が国際的に主流化する一方で、一九九〇年代になると、共学への疑問が出されるようになる。

共学体制での問題点を指摘した代表的な調査が、全米大学女性協会(American Association of University Women, AAUW)の報告書『いかに学校は女子を不当に扱っているか』(一九九二年)[14]であった。この中で、幼稚園から高校に至るまで、女子が男子に比べて劣った教育を受けている事実が明らかにされた。そして女子生徒の自信(self-confidence)や自尊感情(self-esteem)を損なう学校教育のあり方が鋭く指摘されているのである。例えば、「教室で女子は男子ほど教師から注意を払われていない」「教科書の中で女子・女性の貢献や経験はいまだに脇に追いやられるか、無視されている」「多くの学校はセクシュアリティ(性行動)や健康な発達についての適切な教育をしていない」といった点である。そして提言としては、「公式の学校のカリキュラムに、あらゆる種類の女性と男性の経験を含めなければならない」「女子と男子は、彼らの勉強する教材の中に女子と女性が登場し、そして評価される姿を見るべきである」「女子は数学と科学が重要であり、自分たちの生活に関わりのあるものであることを理解するように教えられ、励まされなければならない。そして女子はこれらの領域の学習と仕事を継続するよう積極的に支援されるべきである」などと述べられている。

同時期に女子が受ける教育の内実を詳細に検討した研究が刊行された[15]。ここにおいても、男女が共に学ぶ教室において、女子が男子に比べて不当な扱いを受けていること、そして教師がそれにほとんど無自覚であることが示されている。例えば、教室での教師と生徒との会話の分析では、教師は男子に対しては、自分の定めた規則(手を挙げて指名されてから発言をすること)にとらわれず自由に発言することを許すが、女子に対しては厳格に規則を守ることを要求するのである。教師はそのことには気づいていないのであろうが、このように女子に対して男子と異なる扱いが行われていることは事実なのである。

以上のように、一九七〇年代からの男女共学の推進が男女の平等のための教育に必ずしも結びついておらず、むしろ逆の結果を招いていることが明らかになってきた。それに対して、一方では共学の中で一層の平等を進めていくことが主張されたが、他方で改めて別学の意義が再評価されてきたのである。日本でも二一世紀にさしかかるころから、同じような議論が行われるようになる。

四　男女共同参画社会基本法制定と教育基本法の改定

1　男女共同参画社会基本法制定とバックラッシュ

男女共同参画社会基本法(一九九九年)は、「男女が、社会の対等な構成員として、自らの意思によって社会のあらゆる分野における活動に参画する機会」が確保される「男女共同参画社会」の形成を目的に制定された。本法の制定過程でも、男女の特性や役割をどう考えるかが議論されたが、むしろ成立後に具体的政策をめぐって論争が起きた。その一つが次章で述べる、公立高等学校の共学化の動きであるが、同時に「バックラッシュ（揺り戻し）」が見られた。

例えば、財団法人日本女性学習財団が二〇〇二年四月に発行した『新子育て支援　未来を育てる基本のき』という冊子の中で「女の子だったらおひな祭りのおひな様、男の子だったらこいのぼりと武者人形、女の子は言葉遣いを丁寧に、男の子はガッツがあって責任感のある子」に育てようとすることを「押しつけるような子育て」と述べられていたのに対して、それが「日本人の文化や美意識」を否定するものであるという批判が、保守系国会議員からなされた。また同年六月に母子衛生研究会の『思春期のためのラブ&ボディＢＯＯＫ』と題する性教育の副読本（中学三年生に配布）の内容が国会で問題視され、絶版になった。「性行為を煽るものである」「ピルの危険性に触れられていない」との議員からの批判が原因であった。翌二〇〇三年には性教育に積極的に取り組んでいた東京都立七生養護学校（東京都日野市、現東京都立七生特別支援学校）の校長と教師たちが東京都教育委員会から処分を受ける事件が起きた。

2　教育基本法改定

教育基本法の改定については、小渕恵三首相の私的諮問機関の「教育改革国民会議」（二〇〇〇年）で初めて政府の方針として打ち出され、文部科学省の中央教育審議会答申「新しい時代にふさわしい教育基本法と教育振興基本計画の在り方について」(二〇〇三年)で具体的な内容が示された。男女共学を定めていた第五条については、当時の高校共学化の動きなどを背景として、「共学は当然のこととなった」「むしろ別学の意味を考える必要がある」などとして、あまり議論されることなく削除された。同時に「男女共同参画社会への寄与」を盛り込むことも提言されたが、これは実現しなかった。

五　共学・別学の問い直し

1　公立高等学校の共学化

男女共同参画社会基本法を受けて、公立高等学校の共学化が進められた。二〇〇二年末の段階で公立高等学校がすべて共学であるのは二五都道府県、制度として別学校のあるのが一五府県(青森・宮城・秋田・福島・栃木・群馬・埼玉・千葉・新潟・富山・愛知・大阪・高知・大分・鹿児島)であったが、その中で一一府県が共学化を検討したのであった。ここでは埼玉県の事例を取り上げる。

埼玉県の高校共学化問題は、まさに県の「男女共同参画社会づくり」の方針の中で提起された。男女共同参画社会基本法に沿って二〇〇〇年一〇月に設置された埼玉県男女共同参画苦情処理委員会に対して、同月「苦情」が申し立てられたことから始まる。「苦情」の内容は「すべての県立高校を共学化することに消極的な県教育局の姿勢に対しての苦情を申出、一日も早く県立高校をすべて男女共学にすることを望む」ことであった。これを受けた同委員会は二〇〇二年三月二八日に共学化の勧告を県教育委員会に対して行った(埼玉県男女共同参画苦情処理委員会勧告、二〇〇二年三月二八日)。この動きに対して、共学化の対象となった学校の関係者を含めて、共学化推進と反対の立場から様々な意見が出され、運動が展開された結果、勧告からほぼ一年後の二〇〇三年三月二五日、県教育委員会は「早期の共学化」は見送る旨の決定を行った。

この議論で提示された共学・別学自体に関わる論点は以下の通りである。

県立高校の全面的な共学化に賛成する立場からは、苦情処理委員会の勧告にも述べられているように、分けること自体に問題がある、性別にかかわりなく一人ひとりの能力を生かした教育のためには男女共学が望ましい、別学では固定的な異性観を持ちがちで共学の中でこそ多様な個性を知ることができる、性を越えた切磋琢磨の場となり、また男子は差別される立場にある女子への思いやりを学ぶことができる、男子校・女子校と分けること自体による学校格差が生まれている、という主張がなされている。

これに対して別学存続の立場からは、公立学校においても共学と別学の選択肢はあるべきだ、別学(特に女子校)では女子がリーダーシップを取ることができる、異性の目を気にせず勉強や行事に打ち込むことができる、別学としてのこれまでの伝統を守ることが必要である、といった意見が出された。

「リーダーシップ」に関しては、別学のメリットとして挙げられることが多いが、これに対しては勧告でも触れられているように「女子だけの中でリーダーシップを取ることができても、現実の社会の中では通用しないのではないか」という批判があったが、それへの再反論として女子校の生徒が、別学の意義を認める立場から、「リーダーシップは男子が取るべきだという環境で育ってきた私たちは段階的にリーダーシップを身に付けるしかない」という意見を示した。また「男女を分けることにより教育目標や進路選択に差ができ、学校間格差が生じる」という勧告の指摘に関しても、むしろ男女で異なる教育目標を掲げることに意味があるのではないかという意見があった。

さらに共学化批判の立場から、「男女一緒に生活することで男女差別がなくなるのであれば、企業の中の差別はなくなっているはず」という意見も出され、これについては、共学化推進の立場からも、単に男女を一緒にするだけでは不十分であり、今後さらに「ジェンダー・センシティブ」な（ジェンダーに敏感な）教育が必要であるという見解が示されている。

埼玉県の場合、県立の伝統校が別学であり、その共学化に対する抵抗が特に強かった面はあるが、「男女共同参画社会実現のために共学が必要である」「分けること自体が差別である」というレベルの議論だけでは、共学化推進の十分な根拠とならなかったと考えられる。

2　公立高等学校別学の再評価

これと並んで公立高校の別学を評価する議論も登場した。例えば、千葉県公立高校の教員であった望月由孝[16]は、公立女子高校を残してよい理由を二点挙げている。

第一点は、「共学の中学時代は消極的だった女生徒が、女子高に入学して生徒会や委員会などで活発な動きをするようになり、非常に積極的な人間に変化する者がいる」ということである。第二点は「女子高でしか生きていけないような弱い立場の女生徒がいる」ということである。具体的な例としては、中学時代男子にいじめられたり、無視されたりして不登校気味だった女生徒が、女子高で元気を取り戻す場合が示されている。

望月は自身を「消極的女子高存続論者」であるとしているが、個々の生徒の必要に応じ、選択を保障すべきであるとする立場から別学の意義が主張されている点が注目される。

六　ジェンダーに敏感な教育を求めて

1　公正(equity)と平等(equality)をめぐって

以上のように現代の別学論は、共学体制では本当のジェンダーの平等や個人の成長発達が十分に保障されないという認識に基づいて、共学を修正・是正しようとするものとして展開されている。この点を論じるにあたって、「公正(equity)」と「平等(equality)」との関係を指摘しておく。ジャニス・L・ストレイトマター[17]は両者の違いについて次のように述べている。

女子が男子と同一の教室に入り、同一の内容の教材を学ぶことは「平等」の実現である。ひとたびそのような状況になれば、結果の違いは性の差ではなく、個人による差として理解されるようになる。しかし、このような「平等」の観点だけでは不十分なのである。必要なのは「公正」の観点であって、とりわけ「ジェンダーの公正さ」が重要である。これは「女性にとって形式と結果の両方の形において公平な扱い」を意味している。社会の中にジェンダーによる不公正(inequity)が存在する以上、教育の場ではそれを修正するために積極的な活動が必要なのである。例えば女子のみの授業を行うことで、「参加意識」や「居場所意識(所属感)」が得られ、主体的な振る舞いができるのであって、そのような配慮によってこそ「公正さ」が達成されるのである。

以上のような理由からストレイトマターは、女子のみのクラスが認められるべきであると主張している。実質的な公正さを保障するためには、積極的に異なった扱いを行うことが必要であるという視点は重要であろう。

これに関連して、別学によって実現しやすくなる教育と学習があると言える。例えば、性や身体に関わる内容は共学では「避けられたカリキュラム」とされ、

図１　equality と equity の違いを示したイラスト(https://medium.com/@CRA1G/the-evolution-of-an-accidental-meme-ddc4e139e0e4, 原作 Craig Froehle)

学校ではほとんど語られることがない。またキャリア教育においても、別学の方が女性にとって必要な情報を提供しやすい。特に結婚・育児と職業を巡る問題は、どのような選択をするにせよ一度は考えなければならない内容である。これは女性のエンパワーメント(差別や抑圧をなくし、本来持っている能力を十分に開花できるようにすること)のために不可欠のものである。

2 「ジェンダーに敏感な」教育

ここまでの内容をまとめるならば、「ジェンダーに敏感な(gender-sensitive)」教育の必要性ということになる。冒頭で、男女共学は教育におけるジェンダー平等のための「必要条件」であっても、「十分条件」ではないのかもしれないと述べた。歴史から考えれば、法的・制度的レベルで、男女が同一の場で、同一の内容を学べることを保障するという意味での男女共学は、ジェンダー平等の教育のための必要条件であると言える。しかしこれまで見てきたように、それだけでは実質的平等の実現にはつながらないのであって、「ジェンダーに敏感な」教育を追求することが、「十分条件」であると考えられる。

「共学か別学か」という一般論のレベルでの議論は意味を持たない。個々の生徒の成長にとって何が必要であるのか、どのような学習環境が望ましいのかを具体的に論じる中で、学校教育の一つの選択肢として「共学・別学」を捉えていくべきであると考える。

そしてこの視点は、女子だけではなく男子の教育にとっても課題となる。江原由美子(18)は男子校の高校生に性別役割意識が強く、男らしさの価値観が維持されていると指摘している。また先に触れた「男性学」の立場から、フィリップ・ジンバルドーとニキータ・クーロン[19]は「男らしさ」「男性役割」が見直される中で、自分に自信を失い問題行動をしてしまう若い男性たちの姿を描いている。男子にこそ、自らの「ジェンダー」のあり方を考える場が必要である[20]。

さらに近年いくつかの自治体の公立中学校で「性別にとらわれない制服」の導入が行われている。また二〇二〇年度から、お茶の水女子大学と奈良女子大学がトランスジェンダーの学生の受け入れを認めた。お茶の水女子大学の「トランスジェンダー学生受入れに関する対応ガイドライン」(二〇一九年四月)では、「今後、固定的な性別意識に捉われず、ひとりひとりが人間としてその個性と能力を十分に発揮し、「多様な女性」があらゆる分野に参画できる社会の実現につながっていくことを期待しています」と述べられている。

このようにジェンダーの問題が多様化する中で、一人ひとりの人間が自分らしく生きていくことを目指す教育の内実を、改めて問う必要がある。

おわりに

新型コロナウイルスの影響で長期にわたり社会が閉鎖状態となった。その中で明らかになったのが日本社会のジェンダー構造であったと言える。家庭責任を負うのも女性であれば、真っ先に解雇されるのも女性、医療現場の最前線に立つのも多くは女性である。しかし世界的に見るならば、有効な対策を取ったとされる国・地域の多く(ニュージーランド、台湾、ドイツなど)が女性リーダーを擁していたことも示された。その背景には、個々の女性リーダーの資質だけではなく、女性リーダーを輩出できるような公正なジェンダー構造があると指摘されている。

ジェンダーの問題は、非常に身近な事柄に関わると同時に、社会や国のあり方を大きく規定するものである。本稿が読者にとって、自分なりに教育におけるジェンダーの課題を考えるための手がかりとなればと思う。

(1) 牧昌見編『新学校用語辞典』ぎょうせい、一九九三年
(2) 佐藤洋子『女の子はつくられる――教育現場からのレポート』白石書店、一九七七年
(3) 木村涼子『学校文化とジェンダー』勁草書房、一九九九年
(4) 亀田温子・舘かおる編著『学校をジェンダー・フリーに』明石書店、二〇〇〇年
(5) 橋本紀子『男女共学制の史的研究』大月書店、一九九二年
(6) 小山静子『戦後教育のジェンダー秩序』勁草書房、二〇〇九年、小山静子編『男女別学の時代――戦前期中等教育のジェンダー比較』柏書房、二〇一五年も参照されたい。
(7) 坂本辰朗『アメリカの女性大学――危機の構造』東信堂、一九九九年
(8) 多賀太『男子問題の時代?――錯綜するジェンダーと教育のポリティクス』学文社、二〇一六年
(9) 内海﨑貴子他『スクール・セクシュアル・ハラスメント――学校の中の性暴力』八千代出版、二〇一九年
(10) 早稲田大学教育総合研究所監修『LGBT問題と教育現場――いま、わたしたちにできること』学文社、二〇一五年

(11) 中井俊巳『なぜ男女別学は子どもを伸ばすのか』学研パブリッシング、二〇一〇年

(12) おおたとしまさ『女子校という選択』日本経済新聞出版社、二〇一二年(新版、二〇一九年)。なお、おおたは『男子校という選択』日本経済新聞出版社、二〇一一年(新版、二〇一九年)も著している。

(13) 吉野明『女の子の「自己肯定感」を高める育て方——思春期の接し方が子どもの人生を左右する!』実務教育出版、二〇一八年

(14) American Association of University Women, *How Schools Shortchange Girls: The AAUW Report: A Study of Major Findings on Girls and Education*, Da Capo Lifelong Books, 1995.

(15) Myra Sadker and David Sadker, *Failing at Fairness: How Our Schools Cheat Girls*, Simon & Schuster, 1994 (川合あさ子訳『「女の子」は学校でつくられる』時事通信社、一九九六年)

(16) 望月由孝「公立女子高校・存在してもいいのではないか」『全国教法研会報』六〇号、二〇〇三年

(17) Janice L. Streitmatter, *For Girls Only: Making a Case for Single-Sex Schooling*, State University of New York Press, 1999.

(18) 江原由美子「男子校高校生の性差意識——男女平等教育の「空白域」」藤田英典他編『教育学年報7 ジェンダーと教育』世織書房、一九九九年(後に、天野正子解説『新編 日本のフェミニズム8 ジェンダーと教育』岩波書店、二〇〇九年に所収)

(19) Philip Zimbardo and Nikita D. Coulombe, *Man Disconnected: How technology has sabotaged what it means to be male*, Rider, 2015(高月園子訳『男子劣化社会——ネットに繋がりっぱなしで繋がれない』晶文社、二〇一七年)

(20) なおこの問題は、公立学校と私立学校でも異なる。私学には「建学の精神」に基づく独自の教育を行う自由があり、公立よりも広い選択と裁量が認められるべきである。この点を含めて、本稿の内容の詳細については拙著『ジェンダーから教育を考える——共学と別学／性差と平等』丸善プラネット、二〇一三年を参照されたい。

近現代――ジェンダー秩序の形成／固定化／揺らぎ

地域女性史における聞き書きの可能性
――「地方」とジェンダーの視点から

柳原　恵

はじめに

本稿では、東北の農婦の聞き書きに取り組んだ文筆家・石川純子（一九四二―二〇〇八）に着目し、中央集権国家のなかで周縁化されてきた「地方」という場と、社会的・文化的に構築されてきたジェンダーがどのように連関するのかという視点から、地域女性史における聞き書きの可能性について考察する。第一章では地域女性史という分野の成立と展開を概観する。第二章では石川自身の著作と筆者による石川へのインタビューから、農婦の聞き書きに至るまでの石川のライフストーリーを追う。第三章、第四章では石川が取り組んだ農婦の聞き書きについて、語り手－聞き手の相互作用に着目しながら「地方」とジェンダーの視点から分析する。なお、筆者による石川へのインタビューは二〇〇七年八月三一日、一〇月三一日、二〇〇八年三月二二日、八月二九日、九月二七日に実施されたものである。

一　先行研究と問題の所在

1　地域女性史の成立と展開

地域女性史とは、ある一定の地域を研究対象とした女性史のことである。かつては地方女性史とも呼ばれたが、中央と対立的に、あるいは上下の関係で地域をとらえる「地方」という語に替わって「地域」を採用し、自分たちの住む地域社会に軸足をおいた歴史研究が目指されてきた(1)。地域女性史サークルの研究交流の場である「全国女性史研究交流のつどい」第四回(一九八六年)において、「ここに生き、ここを変える女性史を」という提起がなされ、「中央－地方」という上下関係ではなく、自分たちの住んでいる「ここ(地域)」に視点を定めた女性史を、という意識から「地域女性史」という名称が一般化した(2)。地方女性史から地域女性史へという呼称の変化は、特定の地域を研究対象とする場合の呼び方が郷土史から地方史、そして地域史へと変化していった歴史学全体の変化からの影響もあるが、「歴史を創る主体(3)」として女性史に取り組む女性たちの意識の変化が大きかったことを、地域女性史の第一人者である折井美耶子は指摘する(4)。地域女性史という呼称は、地域に住む女性の立場に立った歴史を目指す姿勢を表しているのである(5)。

地域女性史的研究は一九五〇年代からすでに始まっているが、地域女性史のサークルが増え始めたのは一九七〇年代に入ってからである。(6) 奥田暁子によれば、その理由として、女性史論争(女性史が描くべきは女性の解放史か女性の生活史かをめぐる論争)を通じて民衆女性の日常を明らかにするという視点が取り入れられたこと、高度経済成長期以降、核家族化と性別役割分業の進展、環境破壊や教育の保守化など様々な矛盾が噴出するなか、家庭の責任を一手に負わされる女性は生活者として地域に関心を持たざるを得なくなったこと、一九七六年から始まる「国連婦人の一〇年」などのプロジェクトが女性の問題に社会の目を向けさせ、女性たちの学習をバックアップする役割を果たしたことなどが挙げられる。(7) 一九七七年には愛知女性史研究会の伊藤康子らが中心となり「全国女性史研究交流のつどい」も始まった。こうしたサークルの多くはアカデミックなバックグラウンドを持たない草の根の女性グループであった。八〇年代には「国連女性の一〇年」の事業として行政が地域女性史の編纂に取り組み、九〇年代にかけて多くの地域女性史書が刊行された。(8) 二〇〇〇年代以降、刊行史料数は減少傾向にあるが、二〇一四年には地域女性史の初の全国的組織である地域女性史研究会が新たに発足した。代表を務める折井美耶子は、その設立趣旨を「自治体史・地域史のみならず日本の歴史に対して、「つけたし(史)」ではなく「書き直し(史)」を目指す場」であると宣言する。(9) 地域女性史は、単にその地域に暮らした女性の歴史を探るだけではなく、地域に生きる女性の視点から、全体史そのものを再考することも目指しているのである。

2　地域女性史におけるオーラリティ(口述性)の重要性

地域女性史において主要な方法となってきたのが聞き書きである。聞き書きという方法の選択は、文字資料には女性のことが書かれていないという事実への反発と発奮の反映であり[10]、文献主義の歴史学への抵抗でもあった。六〇年代には地方自治体史が盛んに編纂されたが、それらは文書史料に頼る編集事業であり、男性の視点で描かれた歴史にすぎなかった[11]。例えば、北海道女性史研究会の設立は、北海道の自治体史には女性の姿が「わずかに遊廓と遊女に触れる程度[12]」しかなく、「実際に開拓に従事した女性への無視蔑視[13]」を問題視してのものであった。今日に至るまで、地域女性史において聞き書きは主要な方法論であり続け、市井の女性たちのライフ(生活・人生)を聞き取った膨大な聞き書きが編まれてきた。

口述資料を研究対象とする隣接分野としてオーラル・ヒストリー研究があるが、日本オーラル・ヒストリー学会は立ち上げ当時から折井美耶子が携わり、地域女性史に関する特集がたびたび組まれている。また、社会学のライフストーリー研究においては、桜井厚の対話的構築主義に代表されるような、聞き手と語り手との相互作用を含めたインタビューの場全体を分析対象とする方法が主流化している。北海道女性史研究会を主宰した高橋三枝子は、一九七八年に発表された「私のきき書き考」と題する文章のなかで、「たやすい仕ごと」と思われがちな聞き書きが実は「「きき手」の「力量」を問われる作業」であると述べ、「ききとりをして、そしてその記録をもとに文章化していく。相手を書いているつもりが、その実、書かれているのは己れ自身であるということを知るべきである」[14]と指摘するが[15]、この視点はインタビューにおける相互過程と語られた内容の関係を重視する対話的構築主義の今日的視角に通底するものであろう。

3　地域女性史におけるジェンダーの視点と「地方」という視座

社会的・文化的構築物として性別をとらえるジェンダーという概念は、女性解放を目指す思想・実践であるフェミニズムのなかから創出された。ジェンダーの視点に立つことで、不可視にされていた「女性」の経験を顕在化させると同時に、「性」の分別や差異化による規定要因に注目し、「性別」が社会制度の中でどのように構築されているかという観点での解釈が可能になる[16]。

一九九〇年代に入り、日本における女性史研究へもジェンダーの視点が導入され始めた。これはジョーン・W・スコット『ジェンダーと歴史学』の翻訳書出版(一九九二年、増補版は荻野美穂訳、平凡社ライブラリー、二〇〇四年)によるところが大きく、脇田晴子他編『ジェンダーの日本史　上・下』(東京大学出版会、一九九四年)をはじめ、主に大学の職業研究者の手によるジェンダー史の多種多様な成果が得られてきた。一方、草の根の女性サークルによる民間学として発展してきた地域女性史においては、ジェンダーの視点の導入はさほど進んでこなかった。例えば、「地域ジェンダー史」という言い方はほとんど見られない。

さらに、二〇〇〇年代以降、従来のフェミニズムがその実「欧米・白人・中産階級の女性のフェミニズム」であることを批判したポストコロニアル・フェミニズムや第三世界フェミニズムからの影響を受け、ジェンダー研究においてはエスニシティや階級と関連づけながらジェンダーをとらえる研究が進展した。先述の通り、地域女性史は「中央－地方」を上下関係としてとらえる見方を転換するために「地域」という言葉を採用した。しかし、折井美耶子が指摘する通り、「地方」を「地域」と言い換えてしまうことで、中央集権国家である日本の近代が持つ「中央－地方」という構造を不可視化してしまう危険性がある。[17] 例えば、東北地方は近代日本の殖産興業政策がもたらした産業構造の地理的偏りから、産業基盤が脆弱であり、その脆弱性がもたらした一九三四年の昭和大凶作は自然現象ではなく、構造的凶作であった。これにより「娘の身売り」という社会問題が発生し、東京の娼妓屋に売られてきた娘の大多数が東北出身である状況となる。東北地方で顕在化した日本経済の近代化の矛盾は、同時に経済的不振が女性の性を売却することに直結していたという歴史的事実をも指し示す。[18] このような「中央－地方」構造を踏まえ、地域女性史は女性たちの暮らす「ここ(地域)」に軸足を置きつつも、「性別」が社会制度の中でどのように構築され、他の社会的カテゴリーとどのように交差するのかを検討する近年のジェンダー研究の視角も援用し、「ここ(地域)」が「地方」として構築され組み込まれた権力構造、「中央」との上下関係自体をも、分析の対象としなければならないだろう。以降、本稿では東北という「地方」を舞台に農婦への聞き書きに取り組んだ石川純子の実践を取り上げながら、地域女性史における聞き書きの可能性について考察していく。

二 「聞き書き」を「地方」とジェンダーの視点から読む

1 石川純子のライフストーリー

(1)「戦争未亡人」の子として

石川純子は昭和一七(一九四二)年、岩手県との県境に近い宮城県登米《とめ》郡迫町《はさまちょう》佐沼《さぬま》(現・登米市)に生まれる。父・幸太郎が海軍軍人であったために一時期横須賀で生活するが、まもなく父方の家がある佐沼集落へ疎開する。潜水艦の通信兵だった父は一九四四年五月、ソロモン海戦にて戦死した。敗戦後は「戦争未亡人」となった母・うめの(宮城県出身)の行商で生計を立てる暮らしであった。「犬にぶつける石っくれもないような、何にもない」家庭環境のなか、子どもに教育をつけることを重視してきたうめのの方針により、石川は自立心をたくましくして育つ。昭和二五(一九五〇)年頃より、うめのは自宅を改装し、石川商店という小さな衣料雑貨店を開く。母の商店は近隣の「農婦のたまり場」になっていた。石川は母の商店に集っては「ざんぞ話(悪口)」に興じる農婦たちの住む「田舎の世界」が「とくとヤんたくなって(嫌気がさして)」いた。石川は「農婦」たちの住む「田舎」とは別の世界を求め、「知的な世界が広がって」いるだろうという漠然とした憧れを抱きながら、昭和三六(一九六一)年、東北大学教育学部に進学する。

(2)近代的=男性的主体構築の挫折と失語体験

大学入学後、石川は「「可哀想な人たちのために役に立ちたい」という純粋な」「奉仕の精神」からセツルメント活動(貧困層の救済活動)に参加する。「政治的なものなんか、なーんにも分からない」状況での加入であったが、実はセツルメントは民主青年同盟の拠点であり、東京や京都で高校時代から左翼運動に身を投じてきた学生たちが主体であった。石川にとってそこは「〝閉じた世界〟(田舎の世界)」「あの女性の具象界」とは異なる「抽象界(男性の具象界)」として感じられた。しかし同時に、自分自身が「人間の世界」に入った「野山のウサギ」のような場違いな存在であるという感覚に苛まれ、失語状態に陥ってしまうのであった。[19]

石川:で、例えばね、「おまえは論理的じゃない」とかさ、女の人はよく言われるけどね……そういう〔学生運動のなかの男子学生の〕言語圏のなかでね、まるでウサギみたいなね、間違って入ってしまったようなのがとにかく弾かれて、ウサギ自身が持ってる言葉すらも無くしてくのよ。そんで、自分の言葉さえも失ってしまったような時期があったのね、何もしゃべりたくないと。んで言葉を失うってのはね、これはね、なんつうかな、存在を失うことだね。自己否定だね全くのね。

学生運動を通じて「女よりも人間として生きたい」との思いから、石川は社会主義的女性解放論を勉強する。労働者階級の解放が女性の解放につながるという「正論」が、「女の哲学」から乖離しているという予感を抱きつつも、その理由をつかみきれないまま「ただただ悲しいばかりで」大学時代を終えることとなる。[20]

（3）農婦の言葉を探して

石川が自身の失語体験を再解釈するきっかけになったのが妊娠・出産の経験であった。石川は大学卒業後、岩手県水沢市（現・奥州市）の私立高校に赴任し、職場結婚する。当時の石川にとって、「私にとって主要なことは、自分の仕事を通して、いかに生きるかという課題を解決することだけで、全く〝子供〟云々については思いも及ばぬ課題[21]」であった。

筆者が実施したインタビューにおいて、石川は妊娠と出産の経験を振り返り、「孕み」を経て自分の失語体験を次のように意味づけて語った。

石川：〔前略〕男の性的個性で統括された知的世界にぶつかって跳ね飛ばされた、それが〔大学時代の〕私だったんだってことがその時〔お産の時〕分かったんだよねぇ。〔中略〕それで初めて普遍化できたのさ、私の個人的な、だぁれにも何をしゃべっても悩んでる人がおかしいとしか思われない私の苦しみが。だって、書き言葉の世界を握ってきたのは、ほんとに知的な一部の者だし、しかも男性だし、しかも中央でしょ。京都とか、関東でしょ。ところが私たちはそっからものすごく疎外されたおなごであり農婦であり、しかも東北でしょ？〔中略〕で、私は化外《けがい》〔周縁・辺境〕のおなごであり農婦であると、そういうね、ものすごい疎外されてきた女が、農婦がね、文化を独占した、しかも男の性的個性でね、つくりあげた、そこからね、そこでできた言語圏だから、言葉だから、私ははじかれて当然で。

それが初めて私なりに普遍化できたときに、なんだか知らないけどね、言葉がね、今度ね、噴出してきたの。自分のなかで。つまり、私は私の言葉をしゃべって良いのだっていう風に。〔中略〕噴出したったのは母語だったと思うの。あたしのなかにあるね、農婦の言葉だろうと思うの。土の言葉、農の言葉、そして東北の言葉。そうゆのを全部ミックスした、こちらにはこちらの、すごい言語圏があるんだもんね。ねーえ、なんにもその東北大学の、その「革命だ」なんつう輩《やから》がいう言葉でなくても。それから、大学で勉強する言葉そのもの自体が、そういう男性の性的個性で統括されたなかから出てきた言葉でしょう、日本史だってなにだって。

石川が見出した「母語」とは、「農婦の言葉」「土の言葉」「農の言葉」、そして「東北の言葉」であり、それはかつて「農婦」の世界から抜け出し、知的な世界に生きたいと憧れた時期に否定した「言語圏」である。石川にとって、この「母語」を学び直す手段が、「農婦」への聞き書きであった。第一子出産後、「女の原型のゆくえを追いたい」と石川が考えていた頃、岩手県胆沢町(現・奥州市)の農婦・伊藤まつをの著書『石ころのはるかな道——みちのくに生きる』(講談社、一九七〇年)に出合う。この本に感銘を受けた石川はまつを宅を訪問、以降二三年にもわたり聞き書きを続けていく。石川にとってまつをは「幾時代もの女を埋めたあの広がる泥田のなかで唯一、女の原型をいくらかでも露呈させた小さな塚のように見えた(22)」のであった。

石川は個人誌『けものたちはふるさとをめざす』(一九七一年)、『垂乳根の里便り』(一九七五年)に

「孕み」の思索を綴る一方、女性解放論や女性史研究の先駆者である高群逸枝の思想を考察、『高群逸枝雑誌』に「高群逸枝論」を連載（一九七二―七五年）し、『両の乳房を目にして――高群逸枝ノート』（青磁社、一九八〇年）も上梓する。

同時期、石川は詩人・小原麗子（一九三五―　）と出会い、森崎和江『闘いとエロス』（三一書房、一九七〇年）の読書会を持ったことから「おりづるらん読書会」（のちに麗《うら》ら舎《しゃ》読書会と改名）を結成する。以降、麗ら舎読書会を拠点とし、農婦の聞き書きを小原の個人通信『通信・おなご』や読書会の機関誌『別冊・おなご』に発表していく（読書会の活動については拙著『〈化外〉のフェミニズム――岩手・麗ら舎読者会の〈おなご〉たち』（ドメス出版、二〇一八年）を参照されたい）。

2　農婦の声を可聴化する――石川純子による農婦・早園さつよの聞き書き

(1)東北のおなごの〈沈黙〉とその位相

ここからは、石川が聞き書きを行った農婦の一人である早園さつよ（聞き書きは『さつよ媼《おばば》――おらの一生、貧乏と辛抱』として上梓）を取り上げ、「地方」とジェンダーの視点から分析を行ってみたい。

早園さつよは明治四三[23]（一九一〇）年、宮城県登米郡北方村《きたかたむら》（現・登米市）に生まれる。生家は「赤貧《あかびん》乏《ぼう》」「貧乏者《びんぼたがり》の一等賞」で、九歳になると子守奉公に出され、小学校へも満足に通えなかった。一六歳から五年間、茨城県土浦市荒川沖の製糸工場で働くが、そこは白飯や具の入った味噌汁が食べられる「別天地」だった。その後、同郷の畳大工に嫁ぎ、子供をもうける。「自分中心《われめぎり》」で「昼間

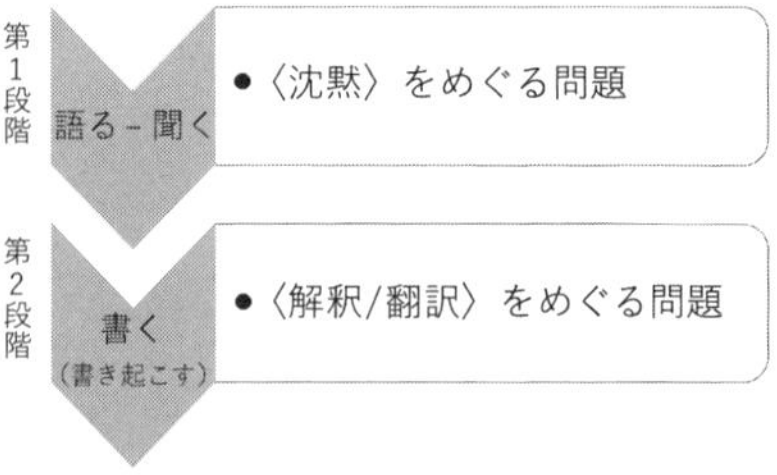

図1 聞き書きのプロセスと生じる問題

は鼻鼾《はないびき》してどんがり寝てる」「親父《おやん》つぁん〔夫〕」[24]に代わって家計を支えるも耐えかねて離縁、末子のみを連れて実家に「出戻った」後は、手間取り（農繁期の農作業の手伝い）やヤミ米の行商、迫《はさま》川（宮城県）の護岸工事等、肉体労働で生計を立ててきた。

石川は、「東北の農婦」を、「化外〔周縁・辺境〕」の地にあり「農民」であり「おなご」であるという「疎外の極地」にある存在だととらえる。

石川：いわゆる農婦って、疎外の極地にいるんだよね。つまり、一つはさ、人間であることは男であることでしょ。ところが女であること。それともう一つは東北であることは蔑視の対象でしょ。農婦であることは三重の疎外なんですね。

石川が語る東北の農婦（おなご）の「三重の疎外」とは、ジェンダー、地域性、階層の複合的な他者化を指す。この「三重の疎外」のなかで、農婦は重層的に沈黙してきた／させられてきたサバルタン（社会から疎外された人々）としてもとらえられよう。

ここで、聞き書きのプロセスとそこで生じる問題について確認してみたい（図1）。まず、聞き書きのプロセスの第一段階として、「語る−聞く」という行為が成立することが必要となる。当然ながら、聞き書きが実現するためには、まず話し手が語らなければならないが、ここには話し手である農婦・さつよが置かれた「三重の疎外」状況がもたらす〈沈黙〉の問題が横たわる。この聞き書き

表1 〈語る－聴く〉相互作用のモデル(注25坂本「語る/聴く主体はいかにして成立するか」をもとに筆者作成)

位相	語る－聴く	沈黙の問題 (語っているのに聞き取られないという次元も含む)	可聴化の鍵
1	語る側が他者に向かって発話する	狭義の沈黙：言語やリテラシーの問題	方言のまま語れる関係性
2	「語る－聞く」という相互作用が形式的に成立する	相互作用が成立しない(無視)：語る場が存在しない	石川商店という場
3	聞く側がどう聞くか	誤解：ステレオタイプ，偏見，社会通念	「農婦の言語圏」の希求

における〈沈黙〉の問題を、坂本佳鶴惠の「〈語る－聴く〉相互作用のモデル」[25](表1)を用いて考えてみたい。このモデルは、「語る－聞く」という行為における三つの位相と、それぞれの社会的文脈において存在する可能性がある〈沈黙〉の問題と性質を整理したものである。第一の位相では、言語やリテラシーの問題で「話せない」という意味での〈沈黙〉が問題となる。さつよは公に発話する際に適切だとされる標準語で話すことができない。また、教育をほとんど受けられなかったため、ひらがな、カタカナの読み書きもままならず、戦後東北地方で盛んだった生活記録などのような「書く」という表現方法を取ることもできない。第二の位相には、これまでさつよが語る場が、直接対話が成立する場と印刷物のような間接的場のどちらにもなかったという問題がある。第三の位相では、「聞く側がどう聞くか」という問題、つまり、聞く側がさつよに抱く偏見や社会通念が問題となる。石川はいかにしてこれらの重層的な〈沈黙〉を破り、〈語る―聴く〉場を成立させ、聞かれてこなかった声を可聴化したのか。ここからは、三重の〈沈黙〉を破った「鍵」について分析していく。

(2)〈沈黙〉を破る三つの「鍵」

石川は四〇代半ば頃、糖尿病を患った母うめのの看病のために毎週末、佐沼集落の実家・石川商店に通った。五年が経った頃、うめのが交通事故により急逝したことをきっかけに、石川は職場を早期退職し、商品整理のために店を開けるようになる。さつよは、石川が店を開けると必ず来店した三人の「お婆《ばん》つぁんたち」の一人であった。

同じ時期、石川は聞き書き本の第一作目となる佐沼集落の専業農家への聞き取りを行っていた(『名生《みょう》家三代、米作りの技と心』草思社、一九九八年)。昼間は商店で「お婆つぁんたち」と交流し、夜は名生家にて聞き取りを行い、その内容を「お婆つぁんたち」に確認してもらい、さらなる情報を得るというスタイルで聞き書きが進む。数年に渡る交流によって、石川は「お婆つぁんたち」の「絶大なる信頼」という「宝物」を得ることになった。口達者に「語る人」ではなかったさつよだが、石川商店に集った「お婆つぁんたち」に「さつよさんの話、何回聞いてもいっちゃなぁ。ほら語らん語らん。」[26]と促され、徐々にその人生を語り出した。

あのときは、店に通ううちにみんなと仲よくなり、みんなのとこ〔こと〕信用したから、しゃべったんだよ。でなきゃ、しゃべらないよ。[27]〔中略〕

しゃべりだしたら、弱《がお》った身体が生き上《いあ》がった(息を吹きかえした)ような気持ちだったでば。〔中略〕しゃべると、気持ちがうんと愉快になるの。〔中略〕だから、おら、店《ここ》に来るの楽しいよ。だれにも気ぃつかわなくともいいもの。〔中略〕それに、ほれ、純子さんと、お婆《ばん》つぁんたちが

加勢してくれたからしゃべったんだよ。(28)（ルビ原文、引用以下同）

石川は「この聞き書き〔『さつよ媼』〕は、母の店に集まってくれたお婆さんたちみんなのおかげでできたのである(29)」と述懐する。〈沈黙〉を破る一つ目の鍵となったのが、このようにさつよの「母語」である方言で自分の人生を安心して語れる関係性が構築されたことであった。聞き書きとは語り手と聞き手の相互行為によって〈語る－聞く〉場(30)が構築されなければなし得ない実践であり、作品としての聞き書きはその相互行為による共同作品なのである。

二つ目の鍵が、石川商店という空間の存在である。本章第一節で見たように、石川の子供時代から、石川商店は常連客の「お婆つぁんたち」が集う「農婦のたまり場」であった。そこは石川がかつて抜け出たいと願った「田舎の世界」を象徴するネガティブな空間であった。しかし転機となった「孕み」の経験を経て、石川は佐沼集落に母が遺した商店を、「農婦」が安心して〝話っこがたり〟できる「おのおのの一代記を吐露する不思議な場所(31)」として再構築したのである。

三つ目の鍵が、「母語」として希求した「農婦の言語圏」への石川の認識である。「三重の疎外」にあったさつよは、社会的地位や経済力等によって序列化される社会においては、価値のある「言葉」を持つ存在とは認識されてこなかった。

出《で》戻《もど》りだし、貧乏者《びんぼうもん》だし、世間の男たち、おらのことなど、人間《ひと》くせとも(人間だとも)思ってなかったんでないの。(32)

しかし、石川にとっては、「疎外の極地」にあるからこそ、さつよの言葉は「農婦の言語圏」を垣間見せてくれる可能性を持つものであった。「びでえ〔男に逆らったりする女をののしる言葉〕」「女奴《おなばす》」といった言葉を投げかけられ、「夜這《よべ》え」の危険に晒されつつも、「こんな男めらにバカにされてられないから、きかなくならなきゃって(気を強くもたなくてはと)(33)」生きてきたさつよの語る言葉と経験そのものに価値を見出す、石川という聞き手の登場が、さつよの声を可聴化する最大の鍵となった。農婦の声の可聴化をめぐり石川はこう書き記す。

ざんぞ話〔悪口〕にしか聞こえなかった農婦たちの声に、本当はさつよ媼のような女たちの思いが詰まっていたのだ。

十八で家を出てから、三十年も経って、ふたたび母の店に舞い戻ったとき、やっと、わたしはその声が聞き取れるようになっていた。(34)

以上のような三つの鍵によって〈語る‐聴く〉場が成立し、さつよの〈沈黙〉が破られ、その声が可聴化されたのであった。

(3)混成語としての聞き書き言葉

さて、聞き書きのプロセスにおける「話す‐聞く」の次の段階として、聞き取った言葉を「書く(書き起こす)」という行為が必要となる(図1)。「書く」ことをめぐる問題について、聞き書きに関する石川の語りを手がかりに見ていこう。

石川:〔前略〕私の書き言葉に直すと、おばあちゃんを冷凍したみてになるの。〔中略〕あたしが持ってるね、というよりおばあちゃんが持ってる、いわゆる、母語なる、こっちの言葉でしゃべったように書いたほうが、ずっとおばあちゃんそのものになって。あったかみもなにもね。

私の中で、私がおばあちゃんになってくんだね。冷凍しないってことは。〔中略〕やっぱり読んだ人が、おばあちゃんの、体感ね、あったかみとか、そういうのがすんなりと入ってくるようになるにはね、もうごちゃごちゃにして、元素に分解して、そこからやり直すみたいな感じだもんね。〔中略〕ただし、創ってはいない。つまり、言わねことを言ったようにはしてないよ。〔中略〕あと、絶対この言葉は入れると。つまり、方言としてね、標準語の中には残ってないけれども、標準語の中にもこの言葉を絶対いつかはね、活かしたいと言うような。〔後略〕

東北の農婦の語りを書き起こす困難を考える際には、標準語／方言概念成立の歴史的背景を踏まえておく必要がある。標準語とは、明治期、近代国民国家形成のために作られた概念であり、「標準」として採用されたのは東京の教養ある中流社会の男性の言葉だった(35)。東北方言はその誕生と同時に劣位に置かれ、周縁化された言葉であり、さらにジェンダーの面からも重層的に周縁化された言葉として東北の「農婦」の言葉はある。

東北の農婦の語りを書くということは二つの面で困難に直面する。一つは話し言葉を書くという困難であり、さらにその話し言葉がこのような歴史的背景を持つ東北方言であることの困難である。石川は筆者のインタビューのなかで、さつよの語りに含まれる豊かな「擬態語とか擬音語とか」（オノマトペ）に言及し、その語りは「触《ふ》れるような言葉」であり、「あの人こそ身体の言葉しゃべった人」であると評価する。「昔の土手は、女《おなご》のモッコ〔土砂などを運搬するカゴ〕と唄《うた》でこさえたようなもんだでば。土手の土が一尺ぐらい高くなるごとに、ドズン、ドズン、やったんだから、三つぐらいの組をつくって、あっちでもこっちでもどんづき唄歌ってたの(36)」「それこそ朝早く土方さ行く前に、畑さダラ桶〔肥料用の人糞を入れた桶〕担いだんだよ。〔中略〕ゆっつ、もっつ、ゆっつもつって担いだの(37)」(強調引用者)というように、オノマトペを駆使して表現されるさつよの言葉は、生涯にわたる肉体労働と結びついた言葉であった。

オノマトペの多用は当地の方言の大きな特徴でもある(38)。幼稚な印象が加わるオノマトペは言語体系を離れた周辺的なものとして扱われてきた(39)。それは教育によって学習した語彙ではなく、身体に根ざした「身体の言葉」であり、標準語に翻訳しつくしてしまえば失われてしまうさつよの「触れるような言葉」である。折井美耶子は、聞き書きを文字化し、表現する際、話し言葉でも書き言葉でもない「聞き書き言葉」という「新しい表現」が必要だと言う(40)。これは歴史的に「話し言葉」であった方言を、書き起こしの際にどう書くかという問題でもあるだろう。近代において周縁化された「方言」で語られる「農婦」たちの言葉をそのまま書き起こしたとしても、石川が指摘する通り読み手には理解しがたいものとなる。そこで石川は、「農婦」が発する身体性に根ざした「触れるような言葉」を記述する際、「標準語」で用いられる漢語に方言でルビを振る(例：可哀想《もぞい》)、いわば「標準語」と「東北方言」の混成語(異なる言語間の接触によって生まれた言語)を使用する。農婦の語る方言を生かした聞き書きは、若い頃の石川が書いてきたような評論文調の硬質な文体とは全く異なる。近代から周辺化され蔑視されてきた農婦が有する知と経験を聞き取り、「母語」として再獲得しようとする石川の営為は、中央／周辺の文化混交を経て、この新しい「聞き書き言葉」を生み出した。石川のこうした混成語の使用は、ポストコロニアル理論の批評家であるトリン・T・ミンハが行ったような、言語の抑圧操作を、言語を用いて解体していこうという試みである。つまり、「標準語」と「方言」、「書き言葉」と「話し言葉」を混交させ、「権力のお馴染みのペア」である「教授される公的言語」と「正しく書く」[41]という行為を、行為遂行的に壊していくのである。

三 「農婦の言語圏」に見出されたもの――幻想を越える〈肉声〉

さつよの紡ぐ肉体に結び付けられた言葉のなかから、石川は近代化の過程で失われていった、東北農村の女《おなご》の性と生殖にまつわる現実を描く言葉も見出していく。

あらや、半産三月《はんさんみつき》って聞いたことない？　半産ってのは、堕《おろ》して流産させることだよ。そうすっと空《から》っ胎《ぱら》になるから入りやすくて、三か月も経てばまた子宮が妊娠《かか》えてしまうんだと。〔中略〕身体《かばね》から生血《なまち》落ちるんだもの。そうやって下《お》りる血を、昔の人は「血あらし」っていったんだよ。おら、そんな目に遭ったことないから語られないが、なんでも人間《ひと》こになりそこねた血が全部、がわがわと雨嵐《あめあらし》のように落ちるんだって。[42]

妊娠中絶のために挿入したほおずきの根が子宮へ突き刺さり「堕《おろ》し失敗《そぐ》ねて目ぇ落とす〔死ぬ〕産婦」[43]「弟《おと》見《み》負《ま》げ〔年子の妊娠で母乳量が減り、兄姉の乳児が亡くなること〕」[44]で乳飲み子を亡くす嫁、生まれてすぐ「臼ごろ〔臼を被せて赤子を間引くこと〕」[45]にかけられそうになったさつよの実母、「恐《お》っかない思い」をした「夜《よ》這《べ》え」[46]——。さつよが語るのは、性的自己決定権や性と生殖の権利の確保からはほど遠かった農村女性たちの現実である。母性幻想とも東北をノスタルジックな〝日本の原風景〟として描くような農村幻想とも異なる、東北の農婦の〈肉声〉である。石川は、近代が周縁化した女性の身体と現実を表現する言葉を東北の農婦が語る方言のなかに聞き、混成語を駆使して書き記す。それはまた、近代社会のなかで周縁化される「地方」を生きた女たちの歴史の記述でもある。

四　自己解放としての聞き書き

聞き書きとは話し手・聞き手＝書き手相互行為の場であるが、「聞き書き」における相互行為とは、〈解釈／翻訳〉の繰り返しでもある（図2）。話し手は自らの人生経験を主観的に解釈し、それを話し言葉に〈翻訳〉して語る。二章2節（3）の冒頭で引用した石川の語りが示すように、聞き手はそれを聴き、〈解釈〉し、「聞き書き言葉」へ〈翻訳〉して書く。それは逐次書き起こしを基本とするインタビュー・トランスクリプトの作成とは異なる行為となる。そして、それぞれの〈解釈／翻訳〉において、認識の変容が起こりうる。聞き手にとっての「聞き書き」とは、自身の解釈枠組みを変容

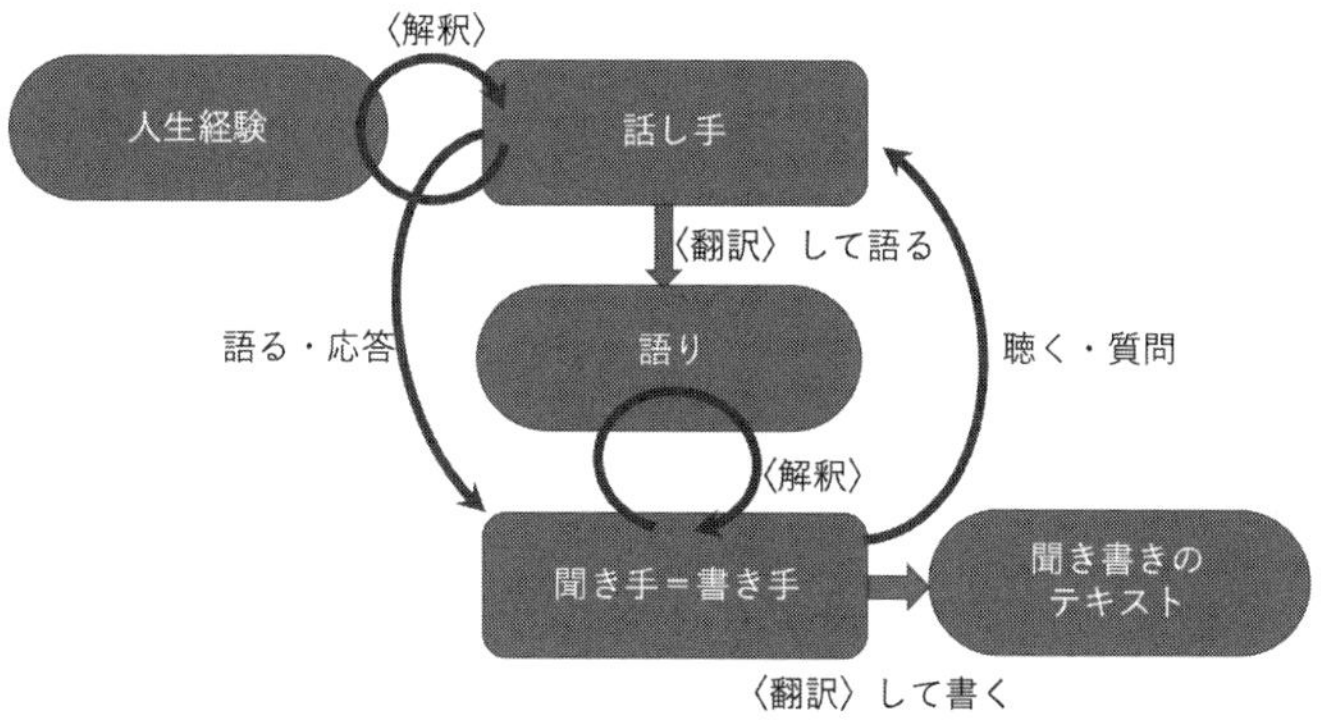

図2　聞き書きにおける〈解釈/翻訳〉

させる可能性をひらく営みでもある。かつて石川は「知的な世界」に憧れさつよたちの暮らす佐沼の「農婦」の世界と決別し、東北地方の「中央」・仙台にある旧帝国大学・東北大学へ進学した。そこは中央／男性が作り上げた知識・文化圏が支配する世界であった。石川にとって「農婦」の聞き書きとは、そこで学んだ知を、「農婦」の言葉を通じて忘れ去ってみる[47]行為であり、切り捨ててきた「化外(周縁・辺境)」であり、おなごであり、農婦である」というアイデンティティを再構築する作業でもあった。

また、筆者が石川純子と出会ったのは、女性史家・もろさわようこが編纂した『女のからだ』(平凡社、一九七九年)を通じてであった。学生時代、筆者は『女のからだ』に収められていた一編の随筆を発見する。東北方言、それも岩手県南周辺で話される方言が使われたその随筆の著者が石川純子であった。その数年後、高群逸枝が伝説的研究生活を送った「森の家」をイメージして建てたという石川宅でインタビューの機会を得、本稿につながる研究を始めた。その過程で、岩手出身の筆者自身が内面化していた、東北の女《おなご》としてのネガティブな自己イメージも変化していった。

自己解放、自己変革を伴う営みとしても、地域女性史の聞き書きがある。

おわりに――これからの地域女性史研究に向けて

以上見てきたように、地域女性史における聞き書きには、権力としての知から排除されたサバルタンの〈沈黙〉を破り、その声を可聴化し、一つのオルタナティブな歴史として記録する力がある。この聞き書きをはじめとする地域女性史の成果は、担い手の高齢化に伴い、散逸の危機にさらされている。国立女性教育会館の「女性アーカイブセンター」は女性史編纂関連の史資料を収集しているが、収録対象は原則として全国的な影響力を持った事例に関わる資料に限られる。このような背景から、上野千鶴子が理事長を務めるウィメンズアクションネットワークは、二〇一三年「ミニコミ図書館」(48)を設立し、地域の視点を重視してミニコミ(自主制作誌)をデジタル化して収集している。各地の地域女性史誌も多数収録されており、本稿で取り上げた石川純子による農婦の聞き書きが載る『通信・おなご』『別冊・おなご』も閲覧できる。半世紀以上に渡って蓄積されてきた膨大な地域女性史の成果は、今日研究対象として活用されているとは言い難い状況にもある。ジェンダーと「地方」の視点から地域女性史を再読することは、ある地域の女性について調べるだけではなく(つけた史)、既存の歴史を書き直す可能性を拓き、地域社会に生きた女性のエイジェンシー(行為主体性)――「ここに生き、ここを変える」力を描く試みとなる。石川純子の表現を借りれば、「思想」は「金ピカの本の中」[49]だけにあるのではない。身近な生活者である女性たちが語る経験のなかから、まだ見ぬ「思想」を探して出してみよう。

（1）折井美耶子『地域女性史入門』ドメス出版、二〇〇一年、二三―二六頁
（2）折井美耶子「地域女性史とオーラル・ヒストリー」『日本オーラル・ヒストリー研究』第七号、二〇一一年、五頁
（3）横川節子「〝ここを変える〟女性史の創造」『第四回全国女性史研究交流のつどい報告集』全国女性史研究交流のつどい実行委員会、一九八六年、一八頁
（4）前掲注1折井『地域女性史入門』二四―二六頁
（5）伊藤康子「地域女性史の可能性再考」『地域女性史研究　ここに生きここを超える』地域女性史研究会、二〇一八年
（6）折井美耶子・山辺恵巳子『地域女性史文献目録〈増補改訂版〉』ドメス出版、二〇〇五年、一三―一四頁
（7）奥田暁子「「根」をさぐる――女性史論争と叢生する地域女性史」「文学史を読みかえる」研究会編／加納実紀代編『文学史を読みかえる7　リブという〈革命〉――近代の闇をひらく』インパクト出版会、二〇〇三年、一二一頁、一二四頁
（8）前掲注6折井・山辺『地域女性史文献目録』一四―一五頁
（9）折井美耶子「「地域女性史研究会」発足」『総合女性史研究』三二号、二〇一五年、九五頁
（10）伊藤康子「地域女性史の可能性」『現代と思想』三三号、一九七八年（再録『新編日本のフェミニズム一〇　女性史・ジェンダー史』岩波書店、二〇〇九年、三八頁）、前掲注7奥田「「根」をさぐる」一二四頁
（11）前掲注10伊藤「地域女性史の可能性」
（12）前掲注10伊藤「地域女性史の可能性」三九頁
（13）前掲注10伊藤「地域女性史の可能性」三九頁

（14）高橋三枝子「わたしのきき書き考」『歴史評論』三三五号、一九七八年（再録前掲注10『新編日本のフェミニズム一〇』三三頁）
（15）桜井厚・小林多寿子編著『ライフストーリー・インタビュー――質的研究入門』せりか書房、二〇〇五年、一三三頁
（16）舘かおる「女性学・ジェンダー研究の創成のために」『女性学・ジェンダー研究の創成と展開』世織書房、二〇一四年、九頁
（17）前掲注1折井『地域女性史入門』三六頁
（18）伊藤大介「身売り」東北都市学会編『東北都市事典』仙台共同印刷、二〇〇四年、三六三―三六四頁、一戸富士雄・榎森進『これならわかる東北の歴史Q＆A』大月書店、二〇〇八年、一一六頁
（19）石川純子『個人誌No. 1けものたちはふるさとをめざす――孕み・出産の記録』自費出版、一九七一年、三八頁
（20）前掲注19石川『個人誌No. 1けものたちはふるさとをめざす』三九頁
（21）前掲注19石川『個人誌No. 1けものたちはふるさとをめざす』一三頁
（22）前掲注19石川『個人誌No. 1けものたちはふるさとをめざす』一六七頁
（23）石川純子『さつよ媼――おらの一生、貧乏と辛抱』草思社、二〇〇六年、一四頁
（24）前掲注23石川『さつよ媼』一二八―一二九頁
（25）坂本佳鶴惠「語る／聴く主体はいかにして成立するか――アイデンティティ論からアイデンティフィケーション論へ」『アイデンティティの権力――差別を語る主体は成立するか』新曜社、二〇〇五年
（26）石川純子インタビューより
（27）前掲注23石川『さつよ媼』三〇六頁
（28）前掲注23石川『さつよ媼』三〇八頁
（29）前掲注23石川『さつよ媼』
（30）前掲注25坂本「語る／聴く主体はいかにして成立するか」
（31）前掲注23石川『さつよ媼』

（32） 前掲注23石川『さつよ媼』二四四頁
（33） 前掲注23石川『さつよ媼』二四四頁
（34） 前掲注23石川『さつよ媼』三〇九―三一〇頁
（35） 中村桃子『「女ことば」はつくられる』ひつじ書房、二〇〇七年
（36） 前掲注23石川『さつよ媼』一九〇頁
（37） 前掲注23石川『さつよ媼』二二五頁
（38） 平山輝男編『全国方言辞典（一）』角川書店、一九八三年、五六頁
（39） 筧壽雄・田守育啓編『オノマトピア――擬音・擬態語の楽園』勁草書房、一九九三年、一―四頁
（40） 折井美耶子「女性史とオーラルヒストリー」『史資料ハブ地域文化研究』二号、二〇〇三年、五四頁
（41） Trinh T. Minh-ha, *Woman, Native, Other: Writing Postcoloniality and Feminism*, Indiana University Press, 1989（竹村和子訳『女性・ネイティヴ・他者――ポストコロニアリズムとフェミニズム』岩波書店、一九九五年、岩波人文書セレクション、二〇一一年として再刊）
（42） 前掲注23石川『さつよ媼』一三二―一三三頁
（43） 前掲注23石川『さつよ媼』一三一頁
（44） 前掲注23石川『さつよ媼』一四一頁
（45） 前掲注23石川『さつよ媼』一五三頁
（46） 前掲注23石川『さつよ媼』二四五頁
（47） Gayatri Chakravorty Spivak, "Can the Subaltern Speak?", Cary Nelson and Lawrence Grossberg eds., *Marxism and the Interpretation of Culture*, University of Illinois Press, 1988（上村忠男訳『サバルタンは語ることができるか』みすず書房、一九九八年、七四頁）
（48） https://wan.or.jp/dwan（二〇二〇年六月二三日最終閲覧）
（49） 石川純子『個人誌 No. 2 垂乳根の里便り』自費出版、一九七五年、六一頁

第II部 テーマと方法

男性史の方法とその可能性

加藤千香子

はじめに

女性史・ジェンダー史とともに、「男性史」は、今日の歴史研究において無視できない存在になりつつある。[1]だが、マジョリティに位置づけられる〈男〉を対象とする「男性史」の意義や方法は、はたしてどれほど明確に理解されているだろうか。

〈女〉であるがゆえの問題を見つめ考えようとする女性たちによって、女性学や女性史が担われてきたのと同様に、男性学や男性史もまた、〈男〉であることに由来する問題に向き合おうとする当事者によって行われてきた。後述するように日本の女性史研究は一九九〇年代にジェンダー概念の導入によって転回を遂げたが、男性史もまたそこで新たに見出されたといえる。現在では、男性史はジェンダー視点の歴史研究の一翼を担うものと見なされるようになっている。

本稿では、最初に男性史がどのように模索されてきたのか、女性史・ジェンダー史とのかかわりにも注意しながら見ていく。さらにその後、近年の研究成果をふまえながら、男性史研究の具体的な実践例を提示することとする。対象は、近代日本の国民国家形成や帝国化において一大画期とされる一九世紀末から二〇世紀初頭の世紀転換期である。近年の男性史はこの時期にかかわる研究の蓄積をもつようになっているが、それらはこの時期や日本近代の歴史をどのように照射し再検証しようとしているのかを示しながら、男性史の可能性を展望したい。

一 女性史・ジェンダー史・男性史

まず、性差に着眼する歴史研究としての女性史・ジェンダー史の経緯をふまえたうえで男性史の登場をとらえ、現在に至る男性史研究の方法や特徴について述べることとする。

1 女性史からジェンダー史へ

日本の女性史研究の歴史は長い。戦前すでに高群逸枝による『母系制の研究』(一九三八年)があり、敗戦後にはマルクス主義の立場からの井上清『日本女性史』(一九四九年)がある。戦後の女性史研究は、各地に生まれた女性たちが主体となって運営するサークルでの自主的な学習運動として展開され、裾野を広げながら成果を重ねていった点に特徴がある。だが、こうした女性史が歴史学界の中では孤立した存在であったことは否めない。その状況に変化が起こったのは、一九八〇年代の女性史総合研究会による『日本女性史』[2]全五巻、『日本女性史研究文献目録』[3]などの刊行で、これを機に、女性史研究はアカデミズムとのかかわりを強めていくこととなる。

一方、欧米とりわけアメリカにおける女性学・女性史研究の活性化は、参政権など公的な諸権利を女性が獲得した後の女性の抑圧を問うた一九六〇年代後半から七〇年代の第二波フェミニズムをきっかけとしていた。日本においても同様の時代状況を背景として女性学が誕生した。「女性学」を提唱した井上輝子は、男性によって担われてきた学問のあり方自体を問いなおすという期待をそこに込めたと述べている。学問としての新たな展望を切り開こうとしていた日本の女性史研究は、こうした第二派フェミニズム発の欧米や日本の女性学との接点をもつようになっていった。

日本の女性史研究に大きな画期をもたらしたのは、一九九〇年代初めにおける「ジェンダー」概念の提起である。そのきっかけをつくったのは、一九九二年に翻訳出版されたジョーン・W・スコット『ジェンダーと歴史学』[4]である。スコットは、女性史が持つ潜在的可能性を発揮するために「ジェンダー」を新たな道具として使うことを提案した。「性差の社会的組織化」「肉体的差異に意味を付与する知」と定義された「ジェンダー」概念の画期性は、「女／男」の性差を所与の条件と見なすのでなく、社会的構築物ととらえるところにあった。そのうえでスコットは、「女たちの経験に焦点を当てた歴史を書くと同時に、いかにして政治がジェンダーを形づくり、ジェンダーが政治を形づくるかを分析しなければならない」と提言した。「ジェンダーの歴史学」＝ジェンダー史とは、単に女たちと男たちの経験をあわせたものではない。〈女〉〈男〉をカテゴリーとしてとらえ、性差とされるものが社会的に構築される過程を分析するための方法なのであった。

ジェンダー概念は、日本の女性史研究において「文化的・社会的に作られる性差」と理解され、それまで重ねてきた女性史研究に包括的な視点をもたらすものとして積極的に受けとめられた。(5) 一九九四年に刊行された『ジェンダーの日本史　上・下』は、女性史と女性学との出会いから生まれた「ジェンダー史」の最初の研究書といえる。「ジェンダー」を掲げる同書の次のような趣旨に注目しておきたい。第一に、女性史の孤立化に対して、男女双方の関係から成り立つ社会動態をとらえようとした点、第二には国際的な共同研究、第三には学際的共同研究という方法を志向したことである。(6) その後、〝ジェンダー史〟は、ジェンダー史学会設立(二〇〇四年)や『ジェンダー史叢書』(7)全八巻刊行といった形で定着をみている。

2　男性史の開始

男性史は、男性中心の社会のあり方や理想化された〈男らしさ〉を問う男性運動や男性学とかかわっているが、その起点はフェミニズム運動にある。英米では、一九六〇年代後半以降の第二派フェミニズムやウーマン・リブ運動に呼応する形で起こった男性たちの「自己省察」の中からメンズ・リブ運動や男性学が生まれ、その中から男性史研究も始まった。

一方、九〇年代以前の日本では、男性学・男性史は限られたものであったといえる。その中で注目されるのは、フェミニズムの問題提起を受けた七〇年代の男性の家事・育児を考える運動や、八〇年代に起こったアジアの買売春に反対する男性たちの運動などである。(8) 男性学は八〇年代から現れたが、先駆的な著書としては、渡辺恒夫の『脱男性の時代――アンドロジナスをめざす文明学』がある。(9) 渡辺は同書で「脱男性革命宣言」を打ち出したが、その意図は、「お仕着せの「男であること」の非人間性」からの解放を求め、「アンドロジナス」つまり両性具有の完全なる人間のあり方をめざすことにあった。九〇年代に「男性学の仕掛人」を自称するようになる伊藤公雄は，イタリア・ファシズムと〈男らしさ〉をテーマとする研究を始めていた。(10)

伊藤公雄は、「一九九〇年代は「男性問題の時代」の始まりを告げる時にならざるをえない」と宣言したが、実際に九〇年代には、大学や公民館等での「男性学」講座の開講、本の刊行が相次ぎ、(11) メンズ・リブ運動や多様な性のあり方についての問題提起も広がるようになった。(12) これまで分析の対象とはされてこなかった〈男〉をめぐる研究への取り組みが進む中で、男性史研究も緒に就くこととなった。この背景にはジェンダー概念の導入がある。性差を社会的構築物ととらえるジェンダー概念が、女性史のみならず男性史研究を後押ししたことは確かである。

九〇年代末より活発化する男性史のきっかけをつくったのは、ドイツ史研究者の星乃治彦によるトーマス・キューネ編『男の歴史――市民社会と〈男らしさ〉の神話』の翻訳出版であった。(13)「男性の歴史を、性の歴史として登場させる」同書は、英米に遅れながらドイツで始まったばかりの男性史の論集で、近代市民社会における〈男らしさ〉の形成をテーマとしていた。翻訳者の星乃は、男性史の必要性について、「男性自身が解放され、女性の解放を支援し、そして、ホモセクシュアルやトランス・ジェンダーといったマイノリティの人々がのびのびと暮らしていける」という性規範からの解放への期待を述べていたが、そこには星乃自身の強い当事者性があった。

女性史研究者・西川祐子とスコットの翻訳者・荻野美穂は『[共同研究]男性論』を刊行した[14]。同書は学際的な共同研究であり、「日本のジェンダー研究の中ではまだまだ影のうすい存在である「男性という問題」に挑戦することにした」と書かれている。その中の「近代国家と男性性」の部には、西川祐子「男の甲斐性としての家つくり」、長志珠絵「天子のジェンダー——近代天皇像にみる〝男らしさ〟」といった日本近代を対象にした歴史研究が所収されていた。

『思想』ではジェンダーの特集が何度か組まれ、その中で男性史が取り上げられた。ドイツのジェンダー研究者であるU・フレーフェルトは、インタビューで「最良の意味で革新的であり、かつ従来の歴史学に対する反乱となりうるのは、ジェンダーの歴史の問題意識を研ぎ澄まして男性に向けることである[15]」と、ジェンダー史を男性史へと進めるための提言を行っていた。

また、男性史研究の方法にかかわる翻訳書として、イヴ・セジウィック『男同士の絆——イギリス文学とホモソーシャルな欲望[16]』は話題をよんだ。セジウィックが提示した「ホモソーシャル」は、女性やホモセクシュアルの排除によって成り立つ男性同士の社会的関係性——強固な「絆」を示す概念で、近代社会におけるジェンダー配置をとらえるうえで不可欠な概念となる。

3 男性史の方法と課題の模索

二〇〇〇年代には、日本の研究者による男性史の方法や課題の模索が進んだ。男性史研究の一つの拠点となったのは、男性学の細谷実の呼びかけにジェンダー史にかかわる研究者が加わる形で始まった近代日本男性史研究会である。同会が進めた「近現代日本における男性性(マスキュリニティーズ)の構築過程についての学際的研究」のプロジェクトでは、研究誌『モダン・マスキュリニティーズ』[17]、『現代のエスプリ』[18]特集、ジョージ・モッセ『男のイメージ——男性性の創造と近代社会』の翻訳出版[19]などの成果があった。以下、これらの研究を通じて見出された男性史の方法や課題を挙げておこう。

第一に、男性史とジェンダー史との関係についてである。男性史は、男性学に示される当事者性によって支えられるとともに、ジェンダー概念導入後の歴史研究にとっても新たな視点を切り拓くものであることが認識されたのである。これまでの歴史研究で普遍的でニュートラルなものとされていた対象を〈男〉としてとらえ直し問題化する男性史の方法は、通説とされていた主流の歴史の見直しを迫るものとなる。

第二に、男性史が問題とするのは、カテゴリーとして構築された〈男〉〈男らしさ〉、すなわち男性性《マスキュリニティ》である。「男はかくあるべし」という男性性の観念は、キューネやモッセが論じたように近代社会の中で生成されるイデオロギーであるが、男性性に焦点をあてて近代社会をとらえ直すと、

〈男ではない者〉のあぶり出しや排除によって成り立つ排除と包摂の力学が浮かび上がる。[20] 男性性が〈男ではない者〉としての他者を伴うという問題は重要である。ただし、その場合の男性性も一枚岩ではない。男性性を複数の権力関係の集合体ととらえるR・コンネルによるならば、複数の男性性とその間の権力関係を見据えながら、他者に対する支配構造をとらえることが必要となる。[21]

第三に、男性性と実在する人間との関係についてである。G・ビーダーマンは、男性性を「個々の人間が「男」という既成の社会的カテゴリーの構成員にされる文化的プロセス」と定義しながら、「〔男性性を〕現在進行中のイデオロギー過程と見ることによって、歴史家は人間を、歴史に変化をもたらす主体者として見ることができる」と言う。[22] 男性性／女性性をイデオロギーととらえながら、個々の人間がそれにどう対処してどう生きようとしたのかを明らかにすることも、男性史／女性史の重要な課題となる。

この時期に歴史学界が男性史を無視できなくなっていたことは、『男性史』全三巻[23]の刊行が話題になり、『歴史学研究』で「「男性史」は何をめざすか」という小特集[24]が組まれたことからも明らかである。日本近現代史の研究者によって編まれた『男性史』全三巻は、「男であること」に焦点をあわせて近現代日本の「通史」を描こうとした試みであった。ただし、女性史の問題提起の継承や、人を〈男〉と読み替えることで歴史をどのように見直そうとするのか、といった点で疑問や課題が出されたのも事実であった。

4　男性史の現在

次に、男性史の方法の模索とともに進められた実証研究について見ていきたい。近代日本男性史研究会のメンバーであった海妻径子は『近代日本の父性論とジェンダー・ポリティックス』を著した。[25] 同書は、「近代的な男性性構築の政治」を「父性論」から検証した男性史の研究書で、海妻は「父性論」を、「父親は子どもとの関わりにおいて、どのような特質をもつ（べき）ものなのかについての言説」と定義し、父性論を生み出した男性・女性・国家・資本の間の力学についての分析を行った。

二〇一〇年前後より、男性史の実証研究の成果が次々と出される段階に入った。内田雅克は『大日本帝国の「少年」と「男性性」――少年少女雑誌に見る「ウィークネス・フォビア」』[26]で、少年少女雑誌を通して「男らしさ」の理想像の構築やその変容過程の検証を行った。その特徴は、「男らしさ」が生み出す「ウィークネス・フォビア（weakness phobia）」――「「弱」に対する嫌悪と、「弱」と判定されてはならないという強迫観念」――を問題に据えた点にある。その射程は、国家と「覇権的な男性性」の連鎖にまで及ぶ。内田はその後ホモ・フォビア（同性愛嫌悪）をも視野に入れた「エフェミナシー・フォビア（effeminacy phobia）」（「女っぽさ」への嫌悪）という概念の提起に至っている。[27]

藤野裕子『都市と暴動の民衆史――東京・１９０５―１９２３年』[28]は、一九〇五年の日比谷焼き打ち事件に始まる都市民衆暴動についての実証的研究であるが、従来の歴史学において大正デモクラシーの起点とされてきた一連の「都市民衆運動」を、「民衆による暴力行使」として読み替え、その根源に何があったかを解明するという問題提起的な視点が打ち出されている。そこで藤野が暴力行使の文化的基盤として注目したのが、社会的に疎外され劣位におかれた下層の男性労働者の日常的実践の根底にある「男らしさ」、すなわち男性性であった。

藤野がクローズアップしたように、暴力行使の根源を探ろうとする問題意識において、男性性は欠かせない観点の一つである。特に、近年の戦争や軍隊、「慰安婦」問題をはじめとする性暴力をめぐる研究の高まりの中で、暴力行使の基盤となる男性性の問題が論じられている。木本喜美子・貴堂嘉之編『ジェンダーと社会――男性史・軍隊・セクシュアリティ』[29]、歴史学研究会・日本史研究会編『「慰安婦」問題を／から考える――軍事性暴力と日常世界』[30]、上野千鶴子・蘭信三・平井和子編『戦争と性暴力の比較史へ向けて』[31]などには、男性史の視点をもつ論考がおさめられている。

男性史は、自然と見なされてきた〈男〉のセクシュアリティのあり方の問い直しにも向かう。近代日本において男性の性的身体がいかなるものとして位置づけられてきたのかを正面から論じたのは、澁谷知美『立身出世と下半身――男子学生の性的身体の管理の歴史』[32]であった。一方、異性愛・シスジェンダー(身体的な性別と性自認が一致)の〈男〉を前提とした歴史自体も、問い直しの対象とされることとなる。三橋順子は、『女装と日本人』[33]で、歴史学では無視されてきた「女装」や性別越境を軸に、日本文化史の見直しを行った。前川直哉は、『男の絆――明治の学生からボーイズ・ラブまで』[34]で、女性およびホモセクシュアルを排除したホモソーシャルな「男の絆」の歴史的形成・展開過程を論じ、『〈男性同性愛者〉の社会史――アイデンティティの受容／クローゼットへの解放』[35]では、戦後日本社会で、同性に性的な欲望をもつ男性たちが〈男性同性愛者〉というカテゴリーとアイデンティティを受容していく過程を描いている。

このように見ると、現在の男性史研究が、研究者自身の問題意識や当事者性に根ざしながら、これまでの歴史像に大きな見直しを迫るようになっていることは確かである。

二　国民国家形成と男性性――世紀転換期を中心に

次に、男性史は歴史をどのように照射するのか、日清戦争(一八九四―九五年)と日露戦争(一九〇四―〇五年)をはさむ世紀転換期を対象に提示したい。この時期は、一般的な通史では、帝国憲法や帝国議会などの国家制度の整備、産業革命による資本主義発展を指標とする近代国家建設の達成と帝国主義化の時代として描かれる。国民国家論の観点から見るならば、「新しい国民国家の制度と装置によって形成された「国民」が、国民国家の諸装置を作動させはじめる」[36]時期であるとともに、対外的には植民地化が開始され、国民国家の内と外――「われわれ」と「かれら」の境界、性差をはじめとする「差異」が権力関係を伴って構築されていく時期である[37]。

ジェンダー史は、国民国家が一大家族に見立てられながら、その基礎単位として「男は外、女は内」という性役割に基づく家族が生み出される中で、社会のジェンダー化が進んだことを明らかにしている。男性史はこの時期をどうとらえるのだろうか。近年の研究に即して、軍人、「青年」、下層労働者それぞれの男性性の構築と歴史過程への作用を中心に見ていくこととする。

1　軍人と男性性

近代日本の男性性分析において欠かせないのは、軍隊・戦争とのかかわりである。国民国家は軍隊を不可欠としたが、日本は徴兵による軍隊を創出し、兵役の義務を男子のみ課した。「国民皆兵」を謳いながら女子を排したことは、その後普通選挙から女子を除外する論理にもつながる。

男性史研究は、日清・日露戦争の経験が兵士・軍隊や日本社会に刻印した問題を提示する。徴兵では戦いの経験のない男性にモチベーションを与える必要があるが、[38]細谷実は、そこに男性性が深く関わったことに注目する。[39]主権者意識に基づく自国防衛の論理は広がらず、喚起されたのは江戸時代の庶民文化の〈戦う男〉形象だった。そこに、日清・日露戦争期に登場した「武士道」論によってつくられた「忠義なる武士形象」が接木される形で、国家の為に命を惜しまない「日本男児」像が構築されたとする。特に日露戦争後、哲学者・井上哲次郎の武士道論においては、「真正ノ男子ニアリテハ、国家ノ為メニ死スルヨリ愉快ナルコトナカルベキ」といった、〈男らしさ〉を「国家の為の死」と結びつける言説があったことが指摘されている。大日方純夫は、日露戦争を契機に日本軍隊が極端な精神主義と非合理的な攻撃精神を顕著にしていくことに着目するが、その過程で重要な鍵を握るものとして指摘されたのが、武士道論と「大和魂」言説に表れた男性性であった。[40] 男性性は、このように軍人としての精神の形成において大きな力を発揮し、徴兵制や軍隊を実際に機能させる原動力となったのである。

中村江里は、陸軍における男性性の構築に関する研究の中で、「科学」を根拠とする心理学・精神医学の「知」が男性性構築に寄与したことを論じている。[41]「男の中の男」とされる軍人には、何より「感情」のコントロールが求められたが、男子は女子に比べてそれが生物学的にも容易であり、軍隊内での私的制裁などの暴力は、「「感情を冷静にし、精神を混乱させぬやうにする」心理的修養上、むしろ欠かすことのできないもの」とされた。「真正の男子」とは、そうした軍隊経験によってつくり出されるものなのであった。

同時に確認しておきたいのは女性性の役割である。大日方は、戦闘に向かう男性性の裏面で兵営内での家族になぞらえられる女性性が機能したことを指摘する。男性性の喚起が女性の手でなされたことも重要である。日露戦争開戦後、詩人の大塚楠緒子は「進撃の歌」を発表した。「進めや進め一斉に　一歩も退くな身の恥ぞ」「何に恐るる事かある　何に臆する事かある／日本男児ぞ嗚呼《ああ》我は　日本男児ぞ嗚呼我は」という歌詞は、国の為に命を惜しまない者こそ「日本男児」であると鼓舞する。北清事変下に現地の軍の慰問にあたった奥村五百子の発起により生まれた愛国婦人会は、日露戦争期には「日本全国の姉妹方に急告す」という文書を発し、「男子は膏血を濺《そそ》ぎて其の衝に当るべく、女子は衝に当る者の後顧の憂へを慰めて、士気の振興に力《つと》むべきの秋《とき》なり」と呼びかけた。[42]「日本男児」はこうした後衛としての女性性の構築によって支えられたのである。

このように、日清・日露戦争の過程で、国家の為に命を惜しまず戦うことを至上の価値とする「日本男児」という男性性が構築され、それを後押しする女性性も構築された。恐れたり臆したりする感情をもつことは〈(日本の)男ではない者〉のものとされ、軍隊内の私的制裁は、感情をコントロールするための心理的修養に必要なものとされることとなった。内田が「ウィークネス・フォビア」と名づけた「弱」に対する嫌悪や恐れを克服させるための私的制裁などの暴力は、こうして軍隊という場で強迫的に植えつけられていったといえよう。

2　「青年」と男性性

「青年」は一〇代半ばから二〇代前半の若い世代を指す言葉であるが、それを「新しい時代を切り拓く者」として称える「青年神話」は近代に生まれたものである。日本での「青年」の語は、明治初期にＹＭＣＡ(Young Men's Christian Association)を「基督《キリスト》教青年会」と訳したことに始まるとされているが、自由民権期には「新日本」の担い手を自認する「青年」たちの政治運動が現れた。日清・日露戦争期には、近世の村落にあった若者組に代わって地域で組織化が進められた青年団体に示されるように、政策的に「青年」が鼓舞されるようになったが、そこで男性性が中核的な原理となっていたことに注意したい。[43]

日清戦争期に「田舎青年」に対する呼びかけを行い青年団運動の提唱者となった山本瀧之助は、

「青年の青年たる所以」は「精神気象」にあるとし、「質素」「剛健」を備えるべき特質とした。その対極にあるのは、「奢侈《しゃし》柔弱に陥り、放恣《ほうし》怠慢に流れ、容貌の美を衒《てら》ふこと一七八の娘の如くなるも、動作の不活発にして煮へ立たざること七十八十の隠居の如く」[44]といったありさまである。ここからは「娘」や「隠居」と対比された男性性の構築をみることができる。山本は、「婦女は大なる軟化力にして、青年の身に取りては一種恐るべき魔物なり」と言う。女性は、男らしさを阻害するものにほかならず断固として拒絶しなければならない存在なのであった。

日露戦争後には、教育関係者を中心に、「青年」の男性性を喚起する言説が繰り返された。教育家・嘉悦孝子は「日本の戦後経営の大基本は、此男らしい男を造るべき教育方針が必要」であるとし、「青年諸君はどこどこまでも男らしい男として世に立つの大なる覚悟と元気とを有して居なければなりますまい」と訴える[45]。「男らしい男」とは、「勢力旺盛」で「如何なる劇烈なる競争裏に於いても充分に耐へ、充分に打ち勝つ」者とされた。力を有し競争に勝利することが男性性の証なのである。当時の小松原英太郎文相は、「近来社会の風漸く浮《ふ》華軽佻《かけいちょう》に流れ、学校生徒の意気も亦消沈せん」という学生の現状に対する対策として、新たに「青年教育の指針」を打ち出したが、その主旨は、「内に剛健不屈の気宇」をもつ、つまり〈男らしい男〉としての「青年」の育成に尽きている[46]。またこの時期には、男女交際や男子学生間の「男色」が教育上の問題となったが、それらが問題視されたのは「学生界の意気消沈」の原因とみなされたためであった。このように「浮華軽佻」「意気消沈」が教育問題とされ、それに対して「勢力旺盛」「剛健不屈」という男性性が対比され、〈男〉のホモソーシャルな結束の場として青年団の育成が教育的施策として推進されたのである。

一方、地方ではこうした呼びかけに呼応する動きが起こった。その一例として、埼玉県立川越中学校で在校生有志により生まれた同志会という団体を見てみよう。その会誌からは、「青年」としてのあるべき姿や行動が盛んに説かれていたことがわかる。会主任の学生は「青年は青年らしくすべく、学生は学生らしくすべきは最も望ましき事なり」と訴える。(47)「青年らしく」とはどういうことか、彼は「青年の本性、即ち軽快、単純、真摯、敢為の気風」と言う。また「老物階級の気習を学ぶが如きは余輩の取らざる所なり」とし、また「媚嫵善柔、婦人に倣《なら》ふ柔弱の輩《やから》」を否定する。指導的老人や女性は、「青年」にあってはならない性質をもつ存在として持ち出されるのである。指導的立場にある人物は「青年の元気」を高唱する。(48)そこには「社会の原動力たる青年は余りに柔順に過ぎざるなきか」という現状への強い憂慮があった。彼は教育の目的を「一個の男子を作らんが為め」と述べ、「青年の長所は元気に存す。粗暴を抑へんとして其特徴を消失せしむるは、之れ正しく角《つの》を矯《た》めんとして牛を殺すの類に非ずや。柔順なれば卑屈となり、文弱となり、無気力となり、薄志弱行とならんとす」と述べる。粗暴さを含む「元気」という性質を称え、「柔順」を徹底して排除しようとする内容である。その後の会誌には、「現代一部学生の柔弱怯懦《きょうだ》なる輩に一大痛棒を加へ」ることや、「堕落生退治」の檄まで掲載されている。(49)男性性は、「柔順」を排除し「柔弱怯懦」とみなされる者への暴力的制裁にまで向かうのである。

では、このような「青年」と男性性の構築は、歴史過程にどのように作用したのだろうか。一方では、既存の権威的秩序に向かい、「大正デモクラシー」と称される社会秩序変革の推進力となったといえる。だが見落とせないのは、そこに孕まれる排除と暴力の論理である。「青年」の男性性が鼓舞される中で「柔順」であることは否定され、制裁としての暴力は肯定される。「青年」に帝国日本の将来を託す当時の視点をふまえるならば、そうした論理が、帝国意識につながり近隣アジア諸国に向かったことも明らかである。

3　下層労働者と男性性

次に、社会で周辺的な位置におかれた下層労働者の男性性について見ていきたい。この時期の都市では、資本主義の発展に伴って工場労働や土木建築業などに従事する職工や人夫が急速に増加した。彼らは郷里の地縁から離れ、学歴による階層秩序でも下層に位置づけられたが、日清・日露戦争期は、そうした都市の下層労働者たちが社会的地位上昇の欲求を抱くようになっていく時期である。彼らが都市暴動や労働運動の主体となったことは明らかにされているが、近年の研究では、暴動や運動の原動力として男性性が大きな役割を果たしたことに目を向けるようになっている。

日露戦争後の「都市民衆運動」を「民衆の暴力行使」として再検証した藤野裕子は、暴動を起こした男性労働者の生活世界に注目し、そこに強烈な「上昇欲」をもちながらそれが叶わない中で、「通俗道徳に反目するような、刹那的な生活実践が氾濫していた」状況をとらえた。「通俗道徳」とは安丸良夫が論じたもので、日本の近代化過程で生み出された民衆の自己形成・自己鍛錬の思想で、勤勉・倹約・謙譲・孝行などを徳目としていた。[50] だが、こうした自己鍛錬の思想では報われない貧困を生む資本主義社会において男性労働者がつくりあげたのは、通俗道徳の徳目を転倒させた「腕力の強さ、刹那的な無頼さ、義侠心・度胸の有無、義理人情の厚さ、女性経験の多さなどを価値あるものと見なす一つの体系」であり、その底流には男性性があったと藤野は指摘する。[51]

日本で最初の労働運動が起こされたのは日清戦争後であった。一八九七年、片山潜らは職工義友会を母体として労働組合の結成を促進するために労働組合期成会を設立し、活動を開始した。この時期には、繊維産業に従事する多くの若年女性労働者が存在したが、労働運動の呼びかけの対象は男性労働者に限られた。三宅義子は労働組合の機関紙に現れる男性労働者像を分析し、女性労働者を他者化し排除する言説を伴っていたことを明らかにしている。[52] ここでは、三宅の研究をふまえ史料の再読を通してそこで喧伝される男性性の問題を見ていきたい。

まず、職工義友会が配布した「職工諸君に寄す」の文書には、[53]「家を守るべき妻、学校にあるべき小児が工場に働くとは誠に不自然極りたる次第」とし、その原因が「賃銀の安き為め男一人の腕にては妻子を養ふことを得ざるに依る」と書かれている。こうした「不自然を匡正《きょうせい》」するためにこそ組合運動が必要だと訴えられたのである。その運動は「妻子を養ふ」男子のものにほかならない。「立て職工諸君、立つて組合を組織し、以てその重大なる責務と其男子たる面目を保つを務めよ」という言葉に見られるような強い男性性が喚起されるのである。

労働組合期成会機関紙『労働世界』には「組合は労働者の花なり労働者は工業国の武士たり」[54] と

いうタイトル記事が掲載されているが、武士道論の影響が及んでいたことがわかる。また、男性労働者の現状を悲観する中で、男性労働者の問題を「女工」との対抗関係で次のように論じていることも目を引く。「工廠に於ける男工の運命は極めて悲観せざるを得ない。今や賃銀の安きを憂ふるよりも地位の女工に奪はれんとする恐れあり」「今日職工の意気地なく卑劣に陥り昔日の気概なく固有の侠義を失ふに至りたるも、女工が男工の領分を蚕食しつつあるが為めなり」[55]。男性労働者が陥る困難な状況を男性性の衰退と重ねてとらえながら、その原因を女性労働者の進出に求めるのである。ここからは、三宅が指摘するように、明らかに女工を他者化する意識が見てとれる。

「云ふ勿《なか》れ今の職工は生気地なしと　職工の為めに万丈の気焔を吐く！」という論説[56]は、次のように呼びかける。「旧時の職工は勇ましいものであつた。義侠に富むでゐた。喧嘩もした。ナグリ合もやつた。又サッパリした所があつた。男気があり、雄気もあつた、活潑であつた。〔中略〕然るに今の職工は実に生気地がない、勇気乏しい、骨抜きドゼウの様な奴だ。チヤンコロの様な打つてもナグツても蹴ても平気である。〔中略〕今の職工に魂魄《こんぱく》ありや、良心ありや」。義侠心や喧嘩などに示される従来の労働者のあり方を「男気」と称えながら現状の凋落ぶりを嘆くのである。また、中国人を「チヤンコロ」と呼び生気地のないものとして引き合いに出している。続く労働者への呼びかけでは、「我等職工は日清戦争、北清事件及び日露戦争をなし首領然り大将を失ひても一兵々々尚よく勝戦し、又た近々三四十年間に於て欧州文明を採用して世界を驚かした人民だ」と呼ばれる。戦勝国になったことによる大国意識が敗戦国の中国人に対する蔑視とともに表れていることも無視できない。

　これらの言葉からは、労働運動の開始にあたって、男たちを奮い立たせたものが、妻子を養う一家の長としての男性性であり、そこでは女性労働者や中国人の他者化、「義侠」的な男性性、ウィークネス・フォビア、戦勝国としての大国意識などが動員されたことがわかる。

おわりに

　男性史が焦点をあわせるのは、人＝男性を前提としてきた従来の歴史の中で不可視化されてきたジェンダーとしての男性性である。男性史の視点から歴史を再検証するならば、さまざまな歴史過程において、男性性の構築がいかに大きく作用していたかに気づくこととなる。

　本稿で取り上げた事例は、（日清・日露）戦争、青年運動、都市暴動、労働運動などであるが、これらの対象を男性史の視点から再検証すると、戦争勝利、大正デモクラシー、労働者の階級的成長といった歴史像は反転し、日本軍兵士の非合理な攻撃精神、ウィークネス・フォビア、すなわち〝弱くあってはならない〟強迫観念、暴力行使の正当化といった問題が浮かび上がってくるのである。

　さらに、男性史は、男性性の構築過程における排除と他者化の様相を浮かび上がらせることとなる。男性性の構築は、男性性を内で従属的に支える女性性を必要としながら、〈男ではない者〉をあぶり出し他者化することによってなされた。男性性が「日本男児」モデルとしてつくられる中で排除されたのは、「弱」と見なされる者や敗者としての中国人、「青年」モデルでは老人や女性、ホモセクシュアルであり、労働運動に立ち上がる男性労働者が他者化したのは女性労働者であった。日清・日露戦争を経た日本でつくられていく軍隊・地域の青年団や学校・労働組合などにおける〈男〉同士の「絆(ホモソーシャル)」は、こうした排除や他者化によって強固なものとなったのである。

男性史は、社会の中で不可視化されてきた暴力や排除・抑圧の構造を暴き、多様な人間同士の開かれた関係を展望するための歴史の方法の一つといえるだろう。

(1) 藤野裕子「ジェンダー 1男性史とクィア史」歴史学研究会編『第4次 現代歴史学の成果と課題1 新自由主義時代の歴史学』績文堂出版、二〇一七年、「特集 男性性／マスキュリニティの歴史学」『歴史評論』八四三号、二〇二〇年など

(2) 女性史総合研究会編『日本女性史』全五巻、東京大学出版会、一九八二年

(3) 女性史総合研究会編『日本女性史研究文献目録1』東京大学出版会、一九八三年

(4) ジョーン・W・スコット／荻野美穂訳『ジェンダーと歴史学』平凡社、一九九二年(増補新版、平凡社ライブラリー、二〇〇四年)

(5) 性差を絶対的な与件とせず性差自体を分析対象に据える議論は、ジェンダー概念の導入以前にも生まれていた。その一例として、七六年にパリで開かれた性差をテーマにした学際的な国際シンポジウムを記録したE・シュルロ／O・チボー編、西川祐子・天羽すぎ子・宇野賀津子訳『女性とは何か』上・下(人文書院、一九八三年)がある。

(6) 脇田晴子「序言」脇田晴子／S・B・ハンレー編『ジェンダーの日本史――宗教と民俗 身体と性愛』上、

東京大学出版会、一九九四年
（7）『ジェンダー史叢書』全八巻、明石書店、二〇〇九—二〇一一年
（8）大山治彦・大束貢生「日本の男性運動の歩みⅠ——〈メンズリブ〉の誕生」『日本ジェンダー研究』二号、一九九九年、伊藤公雄「男性学・男性性研究の過去・現在・未来」『新編 日本のフェミニズム12 男性学』岩波書店、二〇〇九年
（9）渡辺恒夫『脱男性の時代——アンドロジナスをめざす文明学』勁草書房、一九八六年。また、渡辺恒夫編『男性学の挑戦——Yの悲劇？』（新曜社、一九八九年）は「男性学」を冠した最初の学術書といえる。
（10）伊藤公雄「イタリア・ファシズムと〈男らしさ〉」小玉亮子編『現代のエスプリ マスキュリニティ／男性性の歴史』四四六号、二〇〇四年
（11）井上輝子ほか編『日本のフェミニズム別冊 男性学』岩波書店、一九九五年、伊藤公雄『男性学入門』作品社、一九九六年など
（12）蔦森樹『男でもなく女でもなく——新時代のアンドロジナスたちへ』勁草書房、一九九三年など
（13）トーマス・キューネ編／星乃治彦訳『パルマケイア叢書8 男の歴史——市民社会と〈男らしさ〉の神話』柏書房、一九九七年
（14）西川祐子・荻野美穂編『［共同研究］男性論』人文書院、一九九九年
（15）ウーテ・フレーフェルト、荻野美穂、姫岡とし子「〈インタビュー〉女性史からジェンダー史へ」『思想』八九八号、一九九九年
（16）イヴ・K・セジウィック、上原早苗・亀沢美由紀訳『男同士の絆——イギリス文学とホモソーシャルな欲望』名古屋大学出版会、二〇〇一年
（17）細谷実編集・発行、近代日本男性史研究会研究・編集協力『モダン・マスキュリニティーズ 二〇〇三年・二〇〇六年』二〇〇四年、二〇〇七年（『近現代日本における男性性（マスキュリニティーズ）の構築過程についての学際的研究』二〇〇三—二〇〇六年度科学研究費補助金基盤研究C（1）年次報告書）
（18）前掲注10小玉編『現代のエスプリ』
（19）ジョージ・L・モッセ、細谷実・小玉亮子・海妻径子訳『男のイメージ——男性性の創造と近代社会』作品

社、二〇〇五年
(20) 海妻径子「〈男ではない者〉の排除と抵抗――男性史が〈運動〉に問いかけるもの」『情況』第三期五巻四五号、二〇〇四年
(21) 海妻径子「男性史研究の課題――Connell 理論の接合を中心に」前掲注17細谷編『モダン・マスキュリニティーズ 二〇〇六年』
(22) G・ビーダーマン／土屋由香解説・訳「マンリネス(男らしさ)と文明――アメリカ合衆国におけるジェンダーと人種の文化史一八八〇～一九一七年」前掲注10小玉編『現代のエスプリ』
(23) 阿部恒久・大日方純夫・天野正子編『男性史』全三巻、日本経済評論社、二〇〇六年
(24)『歴史学研究』八四四号、二〇〇八年
(25) 海妻径子『近代日本の父性論とジェンダー・ポリティックス』作品社、二〇〇四年
(26) 内田雅克『大日本帝国の「少年」と「男性性」――少年少女雑誌に見る「ウィークネス・フォビア」』明石書店、二〇一〇年
(27) 内田雅克「エフェミナシー・フォビア――誰が「非男」とされたのか」『歴史学研究 増刊号』九二四号、二〇一四年
(28) 藤野裕子『都市と暴動の民衆史――東京・1905―1923年』有志舎、二〇一五年
(29) 木本喜美子・貴堂嘉之編『一橋大学大学院社会学研究科先端課題研究叢書 5ジェンダーと社会――男性史・軍隊・セクシュアリティ』旬報社、二〇一〇年
(30) 歴史学研究会・日本史研究会編『「慰安婦」問題を／から考える――軍事性暴力と日常世界』岩波書店、二〇一四年
(31) 上野千鶴子・蘭信三・平井和子編『戦争と性暴力の比較史へ向けて』岩波書店、二〇一八年
(32) 澁谷知美『立身出世と下半身――男子学生の性的身体の管理の歴史』洛北出版、二〇一三年
(33) 三橋順子『女装と日本人』講談社現代新書、二〇〇八年
(34) 前川直哉『男の絆――明治の学生からボーイズ・ラブまで』筑摩書房、二〇一一年
(35) 前川直哉『〈男性同性愛者〉の社会史――アイデンティティの受容／クローゼットへの解放』作品社、二〇一

七年
(36) 西川長夫・松宮秀治編『幕末・明治期の国民国家形成と文化変容』新曜社、一九九五年
(37) 加藤千香子「統合と差異を問う視点――世紀転換期研究の新たな課題を探る」『女性史学』一六号、二〇〇六年
(38) 日本における徴兵制の導入過程については、加藤陽子『徴兵制と近代日本一八六八―一九四五』吉川弘文館、一九九六年などを参照。
(39) 細谷実「日本における徴兵制導入と男性性」加藤千香子・細谷編著『ジェンダー史叢書　5暴力と戦争』明石書店、二〇〇九年
(40) 大日方純夫「「帝国軍隊」の確立と「男性」性の構造」『ジェンダー史学』二号、二〇〇六年
(41) 中村江里「日本陸軍における男性性の構築――男性の「恐怖心」をめぐる解釈を軸に」前掲注29木本・貴堂編『一橋大学大学院社会学研究科先端課題研究叢書　5ジェンダーと社会』
(42) 「日本全国の姉妹方に急告す」一九〇四年一月二七日(三井光三郎編著『愛国婦人会史』愛国婦人会史発行所、一九一三年に所収)
(43) 本節の記述内容については、加藤千香子「日露戦後における「青年」の主体的構築」『歴史評論』六九八号、二〇〇八年(同『近代日本の国民統合とジェンダー』日本経済評論社、二〇一四年に、第三章「青年」の主体的構築として再録)を参照
(44) 山本瀧之助『田舎青年』一八九六年五月
(45) 嘉悦孝子「男らしき男[理想の男子]」『中学世界』九巻二号、一九〇六年二月
(46) 小松原英太郎「青年教育の指針」『斯民』四編二号、一九〇九年四月
(47) 佐野徳次郎「青年諸君に訴える」『ハツカリ』八号、一九〇七年九月
(48) 凡碌生「青年の元気」『初雁』九号、一九一〇年五月
(49) 「巻頭の辞」、安部立郎「同志会の新旗幟」『初雁』一二号、一九一一年七月
(50) 安丸良夫『日本の近代化と民衆思想』青木書店、一九七四年(平凡社ライブラリー、一九九九年)
(51) 前掲注28藤野『都市と民衆の暴力史』

(52) 三宅義子「明治期労働運動における男性労働者像の構築」前掲注10小玉編『現代のエスプリ』

(53) 片山潜・西川光二郎『日本の労働運動』岩波文庫、一九五二年

(54) 『労働世界』七五号、一九〇一年四月三日

(55) 「労働賃銀と婦人労働者」『週刊社会新聞』五三号、一九〇九年三月一五日

(56) 『週刊社会新聞』五五号、一九〇九年五月一五日

「LGBT」史研究と史資料

三橋順子

はじめに──「LGBT」とは

「LGBT」とは性的に非典型な主な四つのカテゴリーの英語の頭文字を合成したもので、Lはレズビアン(Lesbian:女性同性愛者)、Gはゲイ(Gay:男性同性愛者)、Bはバイセクシュアル(Bisexual:両性愛者)、Tはトランスジェンダー(Transgender:性別越境者)を表す。

本来、性的に非典型な人々が共通の政治・社会的課題に立ち向かう際の連帯を示す概念であり、最初から「LGBT」というカテゴリーやコミュニティがあるわけではなく、単なる性的少数者の置き換え語ではない。

ところが、この言葉が二〇〇〇年代中頃に日本に輸入されたときに、意味が微妙にずれてしまい、あたかも「LGBT」という人がいるかのような使い方がされるようになってしまった。たとえば、マスメディアに見られる「LGBT男性」「LGBT女性」という用法は、あきらかに誤りである。また「LGBT活動家」というのも首を傾げる。なぜなら一人がL・G・Bを兼ねることは不可能だからだ(L・G・BとTは兼ねられる)。

それはともかく、近年、日本社会で「LGBT」への注目が急速に高まり、それにともなって「LGBT」に関連する書籍の出版も急増している。しかし「LGBT」史ということになると、なかなか難しいものがある。

というのも、欧米の性的少数者の人権運動の中で「LGBT」という言葉が成立したのは、一九八〇年代末―九〇年代初頭のことで、まだ三〇年ほどの歴史しかない。まして、日本に「LGBT」という概念が輸入されてからは長く見ても一五年しかたっていなく、まだ歴史として論じる段階ではない(1)。

そこで、ここではL・G・B・Tそれぞれの歴史を考えることにする。しかし、それも簡単なことではない。同性愛にしろ、トランスジェンダーにしろ、欧米キリスト教社会で生まれた概念であり、それを日本史の中でどこまで遡上させて適用できるかは、かなり微妙かつ困難な問題になる。少なくとも、「平安時代の同性愛」とか、「江戸時代のトランスジェンダー」というような安易な概念遡及には、学問的に慎重でありたい(私も便宜的に使ってしまうことがあるのだが)。

なぜなら、ジェンダー&セクシュアリティの形態は、つねにその社会を背景にして成立しているもので、性愛文化はそれぞれの社会に固有のものだからだ。安易なグローバル化は固有の文化の破壊につながりかねない。ということで、これから述べることは、あくまで日本におけるL・G・B・T的な人たちの歴史ということになる。

一　「L・G・B・T」史研究の動向

ここでは、L・G・B・Tそれぞれの歴史研究の動向を概観する。まず、前近代についての研究状況に触れた後、近代以降を対象にした研究について述べよう。

1　L・女性同士の性愛史

前近代の女性同士の性愛について資料はきわめて少ない。そもそも男性同士の性愛を意味する「男色《なんしょく》」のような言葉がなく、概念化されていなかった。

一三世紀に書かれた『我身にたどる姫君』（一二五九―七八年頃成立）の第六巻に周囲の女性たちと次々に関係をもつ「前斎宮」が出てくる。[2] また、江戸時代、張形（勃起した陰茎を模《かたど》った性具、dildo）を使った女性同士の性愛を描いた浮世絵が数点残っているし、「双頭の張形」の実物も残っているので、女性同士の性愛が存在しなかったわけではない。[3] しかし、男尊女卑社会の中で、著述・出版のほとんどが男性によってなされていたため、記録に残らなかったと思われる。

近代の女性同士の性愛史の成果としては、赤枝香奈子『近代日本における女同士の親密な関係』

（角川学芸出版、二〇一一年）が圧倒的だ。女学生文化の中から生まれた女性同士の親密な関係「エス」、大正―昭和初期の「女性同性愛」概念の移入とその否定的な受容など、明治から昭和戦前期にかけての女性同士の性愛の歴史を丁寧にたどっている。

ただ、赤枝の研究は、昭和戦後期以降にはほとんど及んでいない。断片的ながら大正期から現代までを概観したものに三橋順子「日本におけるレズビアンの隠蔽とその影響」（小林富久子ほか編『ジェンダー研究／教育の深化のために――早稲田からの発信』彩流社、二〇一六年）がある。

戦後については、「日本におけるレズビアン・ミニコミ誌の言説分析――一九七〇年代から一九八〇年代前半まで」（『和光大学現代人間学部紀要』一〇号、二〇一七年）など、昭和戦後期以降のレズビアン・コミュニティの形成過程の分析を積み重ねている杉浦郁子の研究が一書にまとまるのが待たれる。

2　G・男性同士の性愛史

日本の男色文化は、ジェンダーの移行（女装）か、年長者が能動側、年少者が受動側として役割が固定される年齢階梯《かいてい》制（大人の男と少年、年長の少年と年少の少年の組み合わせ）のどちらか、もしくは両方をともなう形態であり、ジェンダーの移行も年齢階梯制もともなわない形態（大人の男性同士の組み合わせ）は、個人の欲望としてはともかく、社会的には存在しなかった。

唯一と言っていい例外である平安時代末期の最高貴族、藤原頼長のセクシュアリティについては、早く東野治之「日記にみえる藤原頼長の男色関係——王朝貴族のウィタ・セクスアリス」(『ヒストリア』八四号、一九七九年)が注目し、五味文彦「院政期政治史断章」(『院政期社会の研究』山川出版社、一九八四年)など、その政治的意味を考察する論考も出たが、近年、三橋順子「『台記』に見る藤原頼長のセクシュアリティの再検討」(倉本一宏編『日記・古記録の世界』思文閣出版、二〇一五年)が全面的な見直しを行った。その結果、年齢階梯制や身分秩序にかかわらない頼長のセクシュアリティの特異性と、それまでの女性を媒介にした権力構造に強く抵触する危険性を指摘した。

年齢階梯制をともなう、戦国—江戸時代の武士階層の男色「衆道《しゅどう》」については、氏家幹人『武士道とエロス』(講談社現代新書、一九九五年)を超える著作は現れていない。また、丹尾安典『男色の景色——いはねばこそあれ』(新潮社、二〇〇八年)は、絵画史料を用いた男色史の分析として注目される。

ただ、前近代の男色史研究は全体的に遅れていて、昭和初期の岩田準一の資料収集と研究のレベルを十分に超えているとは言い難い(4)。その一因として、鎌倉—室町時代に数多く作られた僧侶と稚《ち》児《ご》の恋物語である「稚児物語」や江戸時代に数多く書かれた「衆道物語」が一部を除いてほとんど翻刻されていないことなど、資料的な障害があると思われる(5)。

さて、先に述べたように、ジェンダーの移行もしくは年齢階梯制をともなう日本の「男色」と、それらをともなわない大人の男性同士の性愛を基本とする欧米の「男性同性愛」とは、性愛文化としてかなり明瞭に異なる。つまり、男色≠男性同性愛ではない。

しかし、両者は、日本近代のどこかで接続し、前者から後者へと移行する。その重要なテーマに挑んだのが、前川直哉『男の絆――明治の学生からボーイズ・ラブまで』（筑摩書房、二〇一一年）、同『〈男性同性愛者〉の社会史――アイデンティティの受容／クローゼットへの解放』（作品社、二〇一七年）である。とりわけ、後者は昭和戦後期の同性愛者の歩みを資料に基づいて丁寧にたどった力作で、資料として収集したいわゆる「変態雑誌」、「男性同性愛同人誌」の書誌研究としても有益である。両書合わせて、男性同性愛者の社会史研究を大きく進展させた。

個別の論考としては、古川誠「白袴隊」（井上章一ほか編『性的なことば』講談社現代新書、二〇一〇年）、同「原と坂――明治の東京、美少年のための安全地図」（井上章一・三橋順子編著『性欲の研究――東京のエロ地理編』平凡社、二〇一五年）が、明治期の新聞記事を資料に、男色青年が美少年を襲撃・レイプする男色文化の暴力的な側面を明らかにしている。

また、石田仁「いわゆる淫乱旅館について」『性欲の研究――東京のエロ地理編』）は、男性同性愛者の性愛の場である「ハッテン場《ば》」の歴史地理研究。石田仁・鹿野由行「戦後釜ヶ崎の周縁的セクシュアリティ」（『薔薇窗』二六号、二〇一五年）は、どうしても東京中心になりがちな研究状況の中で、大阪の男色・同性愛世界の分析として貴重である。

最近の注目点として、新宿二丁目「ゲイタウン」の成立事情がある。伏見憲明『新宿二丁目』（新潮新書、二〇一九年）は「ゲイタウン」形成の経緯を、聞き取り調査などから多角的に解明する。三橋順子「新宿二丁目「ゲイタウン」の形成過程」（『現代風俗学研究』一九号、現代風俗研究会・東京の会、二〇一九年)は、文献・地図資料の分析から「ゲイタウン」の成立が一九六〇年代末―七〇年代初頭であることを論証している。

今後の研究の深化によって、伝統的な男色文化から同性愛文化への移行、つまり、現在のような大人の男性同士の性愛がいつ、どのようなプロセスで主流化したのかが、より具体的に明らかにされることを期待したい。

3 B・両性愛の性愛史

井原西鶴『好色一代男』(一六八二年)に、主人公世之介が生涯に交わった人数として「たはふれし女三千七百四十二人。小人〔少年〕のもてあそび七百二十五人」と記されていることからわかるように、女色と男色が、現代の異性愛と同性愛のように固定されず、どちらに行くかに社会的制約がなかった時代には、両性愛的な概念は生じようがない。

現代の「LGBTブーム」の中にあっても、バイセクシュアルは、活動の場でも、学術・研究の場でも真空地帯的状況になっている。日本では、バイセクシュアル女性はレズビアンと活動をともにし、バイセクシュアルに特化した活動はほとんど見られなかった。したがって、今後もバイセクシュアル独自の歴史の記述は、かなり困難であると思う。

4　T・性別越境者の性愛史

古代から現代に至る女装の日本文化論、通史として、三橋順子『女装と日本人』(講談社現代新書、二〇〇八年)がある。また、佐伯順子『「女装と男装」の文化史』(講談社選書メチエ、二〇〇九年)は古今東西の異性装の演劇についての評論である。

その他、三橋には個別の論考も数多く、性別越境、とりわけ女装の歴史研究は「ＬＧＢＴ」史の中では、もっとも進んでいる(6)。

比較的豊富な女装の歴史研究に対して、男装の歴史研究はまだ蓄積が少ない。武田佐知子『衣服で読み直す日本史——男装と王権』(朝日選書、一九九八年)は、その中でも代表的なもので、卑弥呼男装説や男装の女性天皇説は衝撃的だった。

長島淳子『江戸の異性装者《クロスドレッサー》たち——セクシュアルマイノリティの理解のために』(勉誠出版、二〇一七年)は、丹念な史料収集と分析により、男装者「たけ」をはじめとする江戸時代後期の性別越境者の実像を解明した労作。今後、こうした地道な研究の積み重ねが待たれる。

日本史限定ではないが、服藤早苗・新實五穂編『歴史のなかの異性装』(勉誠出版、二〇一七年)は、古今東西の異性装についての論考一八本を収録し、トランスジェンダー文化の普遍性と多様性を知る上で有益である。

ところで、ＷＨＯ(世界保健機関)の疾患リストＩＣＤ－11が二〇二二年に発効することにより、

「性同一性障害」という病名（疾患名）は消滅することになった。「性同一性障害」という概念が、完全に過去のものになったことで、その在り様と意識を当事者の語りを素材に分析した鶴田幸恵『性同一性障害のエスノグラフィ――性現象の社会学』（ハーベスト社、二〇〇九年）は、今後「性同一性障害」概念の形成史として読まれることになるだろう。

二「L・G・B・T」の史資料

ここでは「L・G・B・T」の史資料について考える。その際、重要なことは、日本近代（明治―昭和戦前期）において「L・G・B・T」的な人々は、社会の片隅に追いやられ、ほとんどアンダーグラウンド化していたということだ。つまり光が当たらない存在であり、文字資料（文献）として記録されることは稀だった。何かの事情（多くは犯罪絡み）で社会の表面に出てくることはあっても、メイン・ステージに登場することはほとんどない。

そのため「L・G・B・T」的な性的マイノリティの史資料は膨大な量の性的マジョリティの史資料の中に埋もれて存在し、まずそれを発見し掘り起こす作業・労力が必要になる。

明治期の新聞に掲載された「L・G・B・T」的な記事や大正―昭和戦前期の学術文献は、古川誠・赤枝香奈子編・解説『戦前期同性愛関連文献集成』（不二出版、二〇〇六年）に、すべてではないが集成・翻刻されていて便利である。

しかし、昭和戦後期以降の記事や文献の集成・刊行はなされていない。新聞については『読売新聞』『朝日新聞』などは電子データ化され検索が可能だが、それだけでは不十分で、『内外タイムス』(二〇〇九年廃刊)のような性風俗頁をもつ夕刊紙などに関連記事が多く潜んでいる。

雑誌掲載の記事は、まず戦後混乱期(一九四五―四九年)に刊行された「カストリ雑誌」(7)に、女装男娼などの記事が数多く見られる。これらは占領軍の検閲関係者が対象書籍を保存してアメリカに持ち帰った「プランゲ文庫」の複製(マイクロ・フィッシュ)が国立国会図書館などにあり、閲覧することができる。また一九六〇年代に刊行され、同性愛や女装・男装の記事を多く含む月刊誌『風俗奇譚』は「会員制図書館・風俗資料館」(東京飯田橋・有料)に揃っている。むしろ、その中間の一九五〇年代の性風俗雑誌の閲覧が困難で、研究のネックになっている(自力で収集するしかないのが現状)。

戦後(一九五〇―九九年)の一般雑誌に掲載されている異性装・同性愛関連の記事は、「戦後日本社会史研究会」(代表 矢島正見)が収集し、目録も作成されている(8)が、コピーした資料は残念ながら未公開である。今後は、資料の公開・電子データ化と、二〇〇〇年以降の記事の集成が課題になる。

一九七〇年代になると商業的なゲイ雑誌が、八〇年代には女装雑誌やニューハーフ雑誌(ニューハーフについては後述)が刊行されるようになる(レズビアン&女性バイセクシュアル雑誌の刊行は九〇年代)。しかし、残念ながら、まとめて閲覧できる施設は、今のところ存在しない。

これら「専門雑誌」の分量は、ゲイ雑誌は主なものだけで約二〇〇〇冊、女装&ニューハーフ雑誌は約五〇〇冊、レズビアン&女性バイセクシュアル雑誌は約三〇冊で、総量約二五三〇冊と推定され、今度、それらの収集と公開が大きな課題になる。

こうした文献資料の不足を補うのが、当事者のライフヒストリー的な口述資料である。一九九〇年代に中央大学の矢島正見研究室によって『男性同性愛者のライフヒストリー』(学文社、一九九七年)、『女性同性愛者のライフヒストリー』(学文社、一九九九年)が刊行され、二〇〇〇年代になって、「戦後日本社会史研究会」が、三人の女装者と一人の女装者愛好男性(女装者が好きな男性)のインタビュー調査を行い、報告書が刊行された。その内、三人の分は『戦後日本女装・同性愛研究』(中央大学出版部、二〇〇六年)に収録されている。

しかし、こうした学術的なライフヒストリー調査は、その後、ほとんど行われていない。レズビアン活動家たちのトークを収録した『日本Lばなし――日本のレズビアンの過去・現在・未来をつなぐ』(パフスクール、二〇一七年)は私家版ながら資料として貴重だが、学術調査レベルではない。ゲイ世界は、さらに口述資料が乏しい。

昭和戦後期はもちろん平成期の「L・G・B・T」世界を担った人たちも高齢化し、中にはすでに鬼籍に入り、インタビュー調査的に「手遅れ」の事態も生じている。今すぐにでも、かなりの資源(人員・時間・費用)を投入してインタビュー調査、口述資料の作成、ライフヒストリー研究を進める必要がある。

次に、写真資料に触れておく。「戦後日本社会史研究会」で、一九六〇年代から九〇年代まで活躍された女装者、松葉ゆかりさんのライフヒストリーを作成したとき、アルバムの複写もお願いした。松葉さんは、個々の写真に思い出す限りのメモを付箋で貼り付けてくださり、とても有意義な資料となった。

後に、その松葉さんも所属した一九六〇―八〇年代に活動した女装秘密結社「富貴クラブ」関連の写真を三〇〇点ほど入手した。「富貴クラブ」の写真は解散時にすべて焼却されたことになっていたので、きわめて貴重な写真資料だが、残念ながらほとんどが撮影年次不明で、写っている女装者の名前すらわからないものが多い。また、最近、新宿二丁目のゲイバーの最古参の店主「洋ちゃん」(二〇二〇年一月逝去)のアルバムを寄託されたが、キャプションがまったくなく、資料的にはほとんど使えなかった。

やはり、写真を資料として生かすためには、インタビュー調査の際に、写真についても詳細な聞き取りをすることが必要である(次章で、その具体例を紹介する)。

最後に映像資料について。日本では一九六〇年代後半以降、女装者や同性愛者がテレビ番組に登場するようになる。これは欧米諸国に比べても格段に早く、同性愛者や異性装者の存在を否定する宗教規範が根強い欧米キリスト教社会と、そうした宗教規範がなく、異性装芸能の長く豊かな伝統をもつ日本社会との違いの現れとみることができる。また、性的マイノリティと放送文化の関係を物語るだけでなく、当時の性的マイノリティの実像を知る貴重な資料になる。

しかし、そうした映像は、放送局にはほとんど保存されておらず、個人が撮り溜めたビデオとして残っているに過ぎない。それらを収集して、ビデオ(ＶＨＳ)からＤＶＤに変換して整理・保全することが急がれる。

日本にはこれまで、欧米のいくつかの国のように「LGBT」のアーカイブ(archive)は存在しなかった。アーカイブとは、重要な記録を保存・活用し、未来に伝達する場所のことだ。記録の保全・活用のための「LGBT」アーカイブの必要性は数年前から語られるようになり、ようやく二〇二〇年一〇月設立のLGBTQの社会活動のセンター的施設「プライドハウス東京レガシー」(東京都新宿区新宿一丁目)に「LGBTQコミュニティ・アーカイブ」が付設された(Qはここでは Questioning＝未定性)。

オープンの時点で五五〇冊ほどの関連書籍が自由に閲覧でき便利ではあるが、書籍そのものは国会図書館などに収蔵されていて独自の価値はない。今後、どれだけオリジナルな資料を蓄積できるかがポイントになる。日本最初の本格的な「LGBT」に特化したアーカイブであり、これが計画通りに充実し、大勢の方が利用するようになれば、「L・G・B・T」の歴史研究に新たな地平が開けることになる。しかし、現状は恒久性と学術性に不安がある。恒久性については、財源、とりわけ国や自治体、さらには企業からの永続性のある支援が望まれる。学術性については、それぞれの分野の研究者との連携が不可欠であろう。

以下は、私が「LGBT」のアーカイブで収集すべき資料を体系化したものである。「L・G・B・T」の研究には、文献資料だけでなく多角的な資史料の収集が必要であることが、見て取れると思う。

A　書籍
①学術書・概説書　②ノンフィクション・自伝　③小説（フィクション）　④コミック　⑤写真集
B　雑誌・新聞
①商業誌（専門）　②同人誌・頒布誌　③性風俗雑誌　④一般雑誌　⑤新聞
C　学術論文
D　記録
①法律・裁判資料　②集会資料（配付物・レジュメ）
E　パンフレット、フライヤー
F　写真資料
①公表された写真　②個人の写真・アルバム
G　映像資料（DVD）
①映画　②テレビ番組の録画　③個人撮影の映像
H　音声資料（CD）
①ラジオなどの録音　②インタビュー
I　絵画資料
①春画　②挿絵・イラスト

J　記念物
ドラァグ・クイーン（女装のパフォーマー）の衣装など

三「L・G・B・T」史研究の実際——バブル期のニューハーフは語る

二〇一八年九月、知人から「一九八〇年代に六本木で活躍したニューハーフさんと知り合ったのだけど、順子姐《ねえ》さん、興味あります？」という連絡があり、約束の日時に、新宿二丁目のゲイブック・カフェ「オカマルト」で引き合わせてもらった。

ちなみに、ニューハーフとは、女装した男性、もしくは身体を女性化した男性であることをセールスポイントにした商業的なトランスジェンダーのことである(9)。

お会いしたのは真里さんという私と同年配（六〇代）の方で、その日は男装だった。驚いたことに、鞄から大量の写真やパンフレットが次々に出てくる。私にしてみるとどれも涎が垂れるほどの貴重な資料だ。

実は、二〇〇五年に、日本のニューハーフ・ショーの成立期（一九六〇—七〇年代）について論文(10)を書いたが、その後の状況については、十分な調査ができていなかった。

写真を見せていただきながら、いろいろお話をうかがい、真里さんがバブル経済の全盛期一九八〇年代に赤坂・六本木・西麻布界隈のニューハーフ・ショーパブで活躍され、さらにフランスまでショーの勉強に行かれた方であることがわかった。

資料と写真は「これで全部でなく、まだ家にあるわよ」ということなので、一括してお預かりし、整理するとともに、研究資料として必要なものを複写させてほしいとお願いした。後日「オカマルト」で大きな手提げ袋いっぱいの資料を受け取り、自宅に持ち帰り、数カ月かけて整理、補修、複写、電子データ化をするとともに調査、分析を行った。

そうして明らかになった真里さんのライフヒストリーをベースに二〇一九年二月、ご本人をお招きしてトークライブ「真里　華麗なる「女」の半生」(代官山・アマランスラウンジ)を開催した。全盛期を彷彿させる黒のロングドレス姿の真里さんは、私が作成したパワーポイント資料を見ながら、およそ三時間、楽しそうに語ってくださった(それにより修正・付加された点も多い)。

構成は、第一部「おいたち」、第二部「ニューハーフ・ショーの歴史」、第三部「ニューハーフ真里とその時代」、第四部「パリのクラブを訪ねる(一九八四年)」、おわりに「「黄金の時代」の終焉」。

真里さんは、一九五四年、神戸市の「鯨屋(鯨肉の仲買業)」の次男として生まれた。それなりに裕福な家庭の坊ちゃんとして育つが、一〇歳の時、教育実習の先生(男性)に心をときめかす。七三年、近畿大学に入学するも二年の前期で中退し、大阪の盛り場「北新地」などでセックス・ワーク(男娼稼ぎ)をして過ごした。

一九七五年、二一歳の時に上京し、六本木のニューハーフ・ショーパブ「ピープル」(「スクエアビル」六階)に入店。七九年、アメリカのセクシー映画女優マリリン・モンローの形態模写で、テレビ東京「ザ・そっくりショー」に出演して評判になる。そして、八一年、二七歳の時に、東京で最も有名で最も高級な西麻布のニューハーフ・ショーパブ「プティ・シャトー」に入る。

時は、日本経済が「Japan as Number One」の掛け声とともに「バブル」の頂点を目指して駆け上がっていった「黄金の八〇年代」。日経平均株価は、真里さんが入店した一九八一年に七〇〇〇円だったのが八年後一九八九年末には三万八九〇〇円まで上昇する。単純に言って八年間で経済が八倍に膨らんだ、今では想像できないような超好景気・お金余りの時代だった。

その黄金の舞台に咲く大輪の華のように真里さんは踊った。真里さんが舞台に立つのは週末の金・土・日曜の三日間だけだったが、それでも「座って飲むだけで五万円」と言われた超高級店、お客さんがダンサーに差し出すチップは一万円札。それが胸の谷間やタンガ(女性のダンサーが着用するTバックショーツ)に次々に差し込まれる。

細かくは聞けなかったが(野暮なので)、月収は少なくとも一五〇―二〇〇万円と推定される。しかし、使い方もすごい、住まいは港区麻布の高級マンション、日常の洋服やアクセサリーはさまざまなブランドもの、フランスのファッション雑誌『ヴォーグ』を見て気に入った七八万円のドレス(図1)を即座に発注。物価の上昇を考えると現在の一〇〇―一五〇万円くらいの感覚だろうか。それを着て一流写真館で撮影。デヴィ・スカルノ夫人など来店する有名人との交際。一九八二年には浅草のサンバ・カーニバルで踊る。

一九八四年には、ショービジネスの本場、フランスに出かける。パリの一流ショークラブ「ムー

図 1　『ヴォーグ』掲載のドレスを着た真里さん，「迎賓館赤坂離宮」前で（1984 年）

ラン・ルージュ」や「フォリー・ベルジェール」で本場のショーを見学し、そして、一九六三―六五年に来日公演をして、日本のトランスジェンダー・ショービジネス界に大きな衝撃と影響を与えた「カルーゼル CARROUSEL」を訪れ、来日公演のメンバーだったローラ・シャネルやキャプシーヌとツーショット写真を撮り、パンフレットにキスマーク付きのサインをもらっている（それだけのサービス、タダではない。日本円で一万円相当のチップを渡している）。

なんとも華やかで、景気の良い話が続く。しかも、豊富な写真や実物のパンフレット（画像）を見ながらだから、臨場感がすごい。

しかし、その一方で、「ピープル」や「プティ・シャトー」での写真に写っている同僚・先輩ニューハーフについて、「この人は亡くなった」という話が実に多い。二〇一九年現在で六五歳の方だから、（ママクラスは除き）先輩と言っても存命なら六〇代後半―七〇代のはず、まして同輩・後輩ならもっと若い。それで、半分近くが亡くなっている印象。明らかに短命だと思う。真里さんによれば「〔過剰な〕女性ホルモン〔投与〕とお酒で肝臓をやられちゃう人が多いのよ」とのこと。

さらに、自殺も多い。全部で三〇人ほどの人について語っているのに、「自殺しちゃって」という話が何度も出てくる。精神的な不安定、失恋、加齢に伴う生活の行き詰まりなどが原因とのこと。まさにニューハーフの光と影である。

真里さんは一九九〇年代のバブル崩壊期も、持ち前のダンスの才能と技能を生かし、お店を移りながら現役を続けた。しかし、長引く不況と加齢で仕事は次第に減り、現在は公的な扶助を受けて生活している。正直、あれだけの月収があったのに……と思うが、まさに「泡(バブル)のように消えてしまったわ」とのこと。

最後の質疑応答の際、男娼稼ぎの話になり、私が「「レンコン」ですか?」と水を向けると、真里さんは「そうよ、当たり前でしょ」と言いながら、絨毯の床に寝て「レンコン」の型の実演をしてくれた。「レンコン」とは、仰向けの姿勢で背中側からまわした片手を股間にあてがい、そこに男性器を誘導して女性の膣と錯覚させる一種の「詐交」のテクニックで、女性の娼婦であると客に思わせる女装男娼の秘技である[11]。私はすでに二人の先輩から「型」を教えてもらっていたが、真里さんの型は、身体をブリッジのように反らすダイナミックなもので、それによって「腰を浮かして男性器を誘いこむ空間を作る」という理にかなった(でも体力的にはきつい)ものだった。

ニューハーフのセックスワーカーがアナル・セックス(肛門性交)を常用する現代では、「レンコン」は滅びゆく技術で、真里さんは世代的に見て、おそらく最後の「レンコン」継承者と思われる。それを目の当たりにし動画も撮影できたことは、思いがけない幸いだった。

こうして口述資料と写真資料の突き合わせによって、一九八〇年代の東京六本木のニューハーフ・ショービジネス世界と、そこに生きた一人のニューハーフさんの「生と性」を浮かび上がらせることができた。

それもこれも「次の時代に伝えて」と貴重な資料を託してくださった真里さんの思いがあったからこそで、その希望にどれだけ応えられたかは心もとないが、できるだけの尽力をするのが研究者としての社会的責務だと思う。

おわりに

「ＬＧＢＴ」の史的研究は、全体にまだまだ不足している。その背景に研究者の絶対的な不足がある。それは、日本の歴史学界が「ＬＧＢＴ」としての当事者性をもつ研究者の存在を認めない閉鎖的な体質をもっていることが影響していると思う。社会学など隣接諸学界、あるいは欧米の歴史学界に比べて、その後進性は明白である。今後は、ぜひ性的多様性の承認という方向に意識を改革してほしい。

一方、「ＬＧＢＴ」の研究ではしばしば「当事者主義」が語られる。しかし、私は少なくともＴの歴史研究では必ずしもこだわる必要はないと考える。当事者でなければわからないことがある一方で、非当事者だからこそ客観的に見えてくることもあるはずだから。当事者と非当事者の協業によるいっそうの研究の進展を望みたい。

（1）石田仁・沢部ひとみ・谷口洋幸・三橋順子「日本のＬＧＢＴ三〇年史」（『ＢＥＹＯＮＤ』5号、特定非営利活動法人東京レインボープライド、二〇一九年）は、一九九〇―二〇一〇年代の「ＬＧＢＴ」略年表と主な事項をまとめている。
（2）徳満澄雄『我身にたどる姫君物語全註解』有精堂出版、一九八〇年
（3）田中優子『張形――江戸をんなの性』河出書房新社、一九九九年
（4）岩田準一「本朝男色考――歴史文学に現はれたる男色」（『犯罪科学』一巻三―七号、二巻一・二・四号、一九三〇―一九三一年、後に『本朝男色考』私家版、一九七三年）、同『男色文献書志』私家版、一九七三年）
（5）「稚児物語」としては『芦引絵』（続日本絵巻大成20、中央公論社、一九八三年）、堂本正樹「『稚児之草子』本文紹介」（『夜想』15、ペヨトル工房、一九八五年）。「衆道物語」としては「男色山路露」（『秘本　江戸文学選６』日輪閣、一九七八年）などがある。また近年、埋もれていた男装・女装の絵物語が解説付きで翻刻された（阿部泰郎監修、江口啓子他編『室町時代の少女革命――『新蔵人』絵巻の世界』笠間書院、二〇一四年、同『室町時代の女装少年×姫《ボーイ・ミーツ・ガール》――『ちごいま』物語絵巻の世界』笠間書院、二〇一九年）。
（6）三橋順子の論考としては、日本の「性転換」の歴史をたどった「性転換の社会史（１）――日本における「性転換」概念の形成とその実態、１９５０～６０年代を中心に」（矢島正見編著『戦後日本女装・同性愛研究』中央大学出版部、二〇〇六年）、「性転換の社会史（２）――「性転換」のアンダーグラウンド化と報道、１９７０～９０年代前半を中心に」（同）、トランスジェンダー興行の成立過程を明らかにした「トランスジェンダーと興行――戦後日本を中心に」（現代風俗研究会編『現代風俗２００４興行』新宿書房、二〇〇五年）、戦後東京の男色文化の変遷を概観した「戦後東京における「男色文化」の歴史地理的変遷――「盛り場」の片隅で」（『現代風俗学研究』12号、現代風俗研究会・東京の会、二〇〇六年）、昭和戦前―戦後期の女装男娼の実態と歴史を追った「女装男娼のテクニックとセクシュアリティ」（井上章一編著『性欲の文化史　１』講談社選書メチエ、二〇〇八年）、前近代と近代以降のジェンダー＆セクシュアリティの根本的差異を論じた「性と愛のはざま――近代的

ジェンダー・セクシュアリティ観を疑う」(苅部直ほか編『岩波講座日本の思想 第五巻 身と心——人間像の転変』岩波書店、二〇一三年)、古代のシャーマンから現代の「男の娘《こ》」までに通底する原理を探った「トランスジェンダー文化の原理——双性のシャーマンの末裔たちへ」(『ユリイカ』二〇一五年九月号、青土社)、近代以降のトランスジェンダーの略史「日本トランスジェンダー小史——先達たちの歩みをたどる」(『現代思想』二〇一五年一〇月号、青土社)、一九六〇—八〇年代に活動した謎に包まれた女装集団の実態を解明した「女装秘密結社「富貴クラブ」の実像」(服藤早苗・新實五穂編『アジア遊学210 歴史のなかの異性装』勉誠出版、二〇一七年)、明治期から現代までのトランスジェンダーをめぐる法律の変遷をたどった「トランスジェンダーと法」(綾部六郎・池田弘乃編著『クィアと法——性規範の解放/開放のために』日本評論社、二〇一九年)などがある。また、二〇世紀末の東京新宿のトランスジェンダー・コミュニティのフィールドワーク「現代日本のトランスジェンダー世界——東京新宿の女装コミュニティを中心に」(前掲『戦後日本女装・同性愛研究』)も、調査からすでに二〇年以上が経過し、歴史になりつつある。

(7) 昭和二〇年代前半(一九四六—五〇年)、戦後の混乱期、出版規制が解除されると、性風俗を主なテーマにした粗悪な紙質の短命な雑誌が数多く刊行された。それらは、三号くらいで出版元が倒れることから、三合飲むと悪酔いして倒れる粗悪な酒「カストリ」(酒粕から作ったとされる)にたとえて「カストリ雑誌」と呼ばれた。

(8) 研究チーム「セクシュアリティの歴史と現在」編『異性装・同性愛書誌目録——戦後日本〈トランスジェンダー〉社会史Ⅵ』中央大学社会科学研究所、二〇〇四年

(9) 三橋順子「ニューハーフ」井上章一&関西性欲研究会編『性の用語集』講談社現代新書、二〇〇四年

(10) 前掲注6三橋「トランスジェンダーと興行」

(11) 三橋順子「レンコン」前掲注9『性の用語集』、前掲注6三橋「女装男娼のテクニックとセクシュアリティ」

商業的性搾取に抗する闘いの歴史

古橋　綾

はじめに

近年、ＳＮＳから始まった性暴力を告発する #MeToo ムーブメントが世界各地で起こっている。日本では、二〇一七年五月に性暴力被害者が実名で被害を告発する記者会見を開いたこと(1)をきっかけに、若い世代を中心として性暴力に抗する感受性が培われ始め、セクシュアル・ハラスメントや性暴力被害の告発も増えている。二〇一七年には性犯罪に関連する刑法が改正されたが、一一〇年も前に作られて以来初めての見直しであった。この時の改正で被害者の訴えがなくても加害者を罪に問えることとなり、親から子への行為も犯罪となるなど、現在の状況に対応できるような仕組み作りが目指された。しかし、二〇一九年三月には性暴力事件の無罪判決が相次ぎ、その知らせに憤った市民たちが性暴力にノーを訴え集まった。フラワーデモと名付けられたその集まりは、四月に東京で行われると次第に開催地が増えていき、最終的には全ての都道府県に広がったことは記憶に新しいだろう。課題はありつつも、性暴力はいけないことであり対策が必要であるという認識が共有されてきたといえる。

一方で、「売春」「買売春」「性売買」などと称される商業的性搾取に関する議論は、あまり進んでいないのが現状である。アメリカのラディカル・フェミニストのロビン・モーガンが「ポルノは理論であり、レイプは実践である」と述べたように、アダルトビデオや性風俗店などで行われていることと、強かんなどの性暴力は地続きである。金銭を介した合意の上で行われているとされるそれらの行為において、女性たちは購買者である男性の意に沿う行動をしなければならず、サービスの途中に暴力を受けたとしても、加害者が適切に裁かれることはほとんどない。買う側である男性と買われる側である女性の力関係は明らかであり、また、女性を管理する男性による搾取も深刻である。結果として商品としての女性性が正当化され、女性差別をより強固にする効果も持つのである。最近ではＳＮＳの普及と相まって、困難を抱える少女たちが一夜の宿や食事を確保するために性暴力をうける事例も相次いでいる(2)。つまり、商業的性搾取は性暴力の延長線上にあり、さらには性差別の根源に関わる問題だといえる。

本稿では、「対償を受け、又は受ける約束で、不特定の相手方と性交する」（売春防止法第二条の定義）「売春」や、性器の挿入はないものの手や口などを使った性的サービスを提供する風俗店、キャバクラやガールズバーなどの接待を伴う飲食店、アダルトビデオなどのポルノのことを、商業的性搾取と呼ぶ。商業的性搾取という言葉は、一九九六年にストックホルムで開かれた「子どもの商業的性的搾取に反対する世界会議(the World Congress against Commercial Sexual Exploitation of Children)」で使われ始めたもので、子どもたちが性的対象や商業的対象として扱われている状況を批判的に捉えた表現である。子どもはもちろん、大人であっても性的・商業的対象として搾取されてはならない。しかし、「売春」・風俗店・接待を伴う飲食店・ポルノの現場にいる女性たちはそのような搾取の対象である可能性が高いことを鑑み、商業的性搾取という言葉でこれらを総称したい。なお、戦前からの廃娼運動の歴史を持ち、売春防止法制定にも中心的な役割を担った日本キリスト教婦人矯風会を母体とする「売春問題ととりくむ会」が、「売買春問題ととりくむ会」を経て、二〇一六年に「性搾取問題ととりくむ会」に名称変更したことからも(二〇一八年解散)、「売春」とそれに派生して生じている事象を商業的性搾取と呼ぶことは妥当であろう。

日本における商業的性搾取の歴史は長く、戦前までは公娼制のもとに国家公認で行われていた。公娼制は戦後に廃止されたが性搾取は多様な形で残り、「売春」を禁止するために一九五八年に完全施行された売春防止法は現在ではほとんど死文化している。本稿では、脈々と続いてきた商業的性搾取に市民たちがどのように抗してきたかについて考えていく。まず、関連する事柄の研究を整理し、次に、商業的性搾取に抗する市民運動に関する戦後の歴史を関連法の制定と社会状況を合わせて考察する。そして、これまで積み上げられてきた運動の成果をジェンダーの視座から分析し、残されている課題を提示したい。

一　先行研究の整理

1　公娼制・「慰安所」・ＲＡＡ・売春防止法

公娼制の研究は一九七〇年代から現在まで多くの蓄積がある。山崎朋子『サンダカン八番娼館』（一九七二年）[3]は「からゆきさん」として南洋に渡った女性の人生をじっくりと聞き取り、書き起こすことで性搾取の被害の深さをしみじみと語った。七〇年代後半からは地域女性史の発展により、各地に存在した遊廓の歴史が発掘され始める。[4]これは遊廓にいた女性を底辺女性と捉え、底辺女性の記述なしに女性の歴史は語れないという趣旨から、彼女たちの存在も地域の歴史として残す試みであった。九〇年代以降、公娼制の研究は飛躍的に増加する。『買売春問題資料集成』第一巻―三一巻（一九九七―二〇〇四年）[5]で膨大な資料が編集され復刻されたりもした。廃娼運動や遊廓に暮らす女性たちの闘争についての記録も細かく発掘され、研究が進められてきた。[6]

日本軍によって戦地に設置された「慰安所」についての研究は一九九〇年代以降に発展した。日本軍が「慰安所」設置に関与したことを示す史料の存在を最初に指摘した吉見義明による『従軍慰安婦』（一九九五年）[7]は「慰安所」制度に関する包括的な研究として現在も評価が高い。石田米子・内田知行『黄土の村の性暴力』（二〇〇四年）[8]は日本軍による戦地での性暴力や拉致監禁強かんの加害の様相をまとめ、「慰安所」と性暴力が密接に関わっていた実態を示した。資料集としては、国の調査チームがまとめた『政府調査「従軍慰安婦」関係資料集成』全五巻(一九九七—九八年)[9]と民間の研究者がまとめた『従軍慰安婦資料集』(一九九二年)や『日本軍「慰安婦」関係資料集成』上下(二〇〇六年)[10]がある。さらに、日本だけでなく世界各国のアーカイブで調査が行われており、新たな事実の発掘のための研究が続いている。また、「慰安婦」として被害にあった女性たちの聞き書きも熱心に行われてきた。沖縄で「慰安婦」として被害にあった朝鮮人女性の聞き書きをした川田文子『赤瓦の家』(一九八七年)[11]は他人の人生を聞くとはどのようなことなのかについて深く洞察しており、オーラルヒストリー研究の良著と名指されることも多い。近年では「慰安婦」をはじめとした性暴力被害者の声を聴く意味を思考するに至っており、日韓の研究者や活動家の文章を集めた『性暴力被害を聴く』(二〇二〇年)[12]ではオーラルヒストリー研究の方法論を深めている。

敗戦直後に占領軍の「性処理」のために設置されたRAA(特殊慰安施設協会)やそれに派生して登場した私娼に関する研究は、一九七一年に小林大治郎・村瀬明『国家売春命令物語』[13]が刊行されたが、本格的な研究が始まるのは二〇〇〇年代後半以降である。[14]また、近年、『日本占領期性売買関係GHQ資料』第一—九巻(二〇一六—一七年)[15]として関連資料が整理された。売春防止法に関しては、藤野豊『性の国家管理』(二〇〇一年)[16]が詳しい。吉見義明『買春する帝国』(二〇一九年)[17]は、システムを構築する側の歴史という視座から幕末から売春防止法制定までの時期の商業的性搾取のシステムを批判的に検討した。売春防止法以降の商業的性搾取を歴史として扱う研究はほとんどないが、一九四五年から六〇年までの性搾取の状況を示す資料は『性暴力問題資料集成』一—三六巻(二〇〇四

―〇六年)[18]でまとめられている。

以上のように、戦前までの公娼制および軍「慰安所」や関連する性暴力の研究は蓄積が多くあるが、戦後の商業的性搾取に関する研究はあまりにも少ないことが現状である。特に、売春防止法制定以降に関して歴史的な変化に沿い議論した研究はほとんど存在せず、研究が急がれる分野である。

2　売春防止法制定運動への評価

売春防止法制定のための運動に対し、これまで二つの異なった評価がなされてきた。第一に、処罰規定が設けられなかったこと(後述)は問題であるとしながらも、女性たちを支配しようとしている者の存在を明らかにし、「売春」を禁止したことは女性運動と女性議員たちが成し遂げた成果であるとする肯定的な評価である。[19]この評価に対し、筆者は商業的性搾取に対する規制をゼロから作り上げた運動には敬意を表しつつも、現在の視点から見たとき、風俗営業法などを通じて性風俗産業が法的根拠を持ち存続することで売春防止法が死文化させられてきた過程と現状を説明できないという問題があると考える。

第二に、売春防止法は「売春」を悪とする女性団体と女性政治家によって当事者の声を聞かないまま制定されたものであると捉え、「売春をすると犯罪になるという女性に対する新たな抑圧」を生じさせたため、「女性解放運動の敗北」であったとする否定的な評価である。[20]この評価には二つの問題がある。一つ目に、売春防止法制定のための運動が目指したものについての検討をしていないにもかかわらず、売春防止法制定運動を「売春婦」を差別するだけの集団であると捉えている点である。二つ目は商業的性搾取の問題を「売春婦」当事者に転嫁している点である。搾取されている側の個人的属性だけに注目し、その社会的位置を考慮しないとこのような誤謬を犯すことになりがちである。当事者のことを考えているように見せかけて意図せず異なった結果をもたらすことは商業的性搾取以外の事例でも見られる(21)。

本稿では、売春防止法制定のための運動とその後の過程を商業的性搾取という概念で捉えなおし、社会学的視点からその歴史をたどってみる。この方法により運動が買う側と斡旋者へ向けていた視点を明らかにし、これまでの成果と残されている課題について考えてみよう。

二　売春防止法をめぐって

一九〇〇年に公布された娼妓取締規則により制度化された公娼制は、敗戦後のGHQによる覚書「日本における公娼廃止に関する件」(一九四六年一月二一日)及び内務省令第三号(二月二日)により廃止された(22)。しかし政府は本人の意思による行為は取り締まりの対象にしないという通達を同時に出し、一一月には特殊飲食店を指定し地域を限定して営業を認めるとした。こうして登場した特殊飲食店街は赤線と呼ばれ(警察が許可された地域を地図上で赤い線で囲ったことによる)、営業が認められる地域となり、その周辺に青線と呼ばれる営業が黙認される地域も形成された。このような状況を憂慮したGHQは一九四七年一月にポツダム勅令第九号を出し、暴行や脅迫によらなくても女性を「困惑させて」営業させたり、契約させたりした者を処罰するとした[23]。女性の意思による行為という建前の裏には斡旋者の存在があることをGHQは見抜いており、勅令により搾取を斡旋した者の犯罪性を可視化したのであった。

一九四七年七月に政府は売春等処罰法案と風俗営業取締法案、性病予防法案をまとめて提出し、この時、風俗営業取締法(以下、風営法)と性病予防法は成立した。一方、売春等処罰法案は「健全な性道徳を破壊し、善良な風俗を紊乱《びんらん》」し、「恐るべき性病を蔓延《まんえん》せしめ」る「反文明的行為」であるので「絶滅」させるべきだとして、買われた側と斡旋者、買う側を全て厳罰するものであったが[24]、具体的な内容が詰められていないとして廃案となった。後に売春防止法制定に尽力する神近市子は、この時に売春等処罰法案が成立しなかったことに納得できないとしながらも、この法律が単独で成立しても意味はなく、女性たちが「働けば生活してゆけることを実証する」教育や勤労指導などの制度を作ることが大切だと主張し、同時に男性の性意識の再建の必要性も述べている[25]。

一方で、搾取の斡旋者に対する処罰を定めたポツダム勅令第九号が、日本の独立を認める講和条約締結後に無効となることを憂慮した矯風会を中心とした女性団体は、一九五一年に「公娼制度復活反対協議会」を結成し、勅令を法制化するように訴える署名活動を行い、九六万人余りの署名を国会に提出した[26]。その結果、ポツダム勅令第九号は一九五二年五月に施行された「ポツダム宣言の受諾に伴い発する命令に関する件に基く法務府関係諸命令の措置に関する法律」で、「将来存続すべき命令」に含まれ、以後も有効となった[27]。とはいえ、それだけでは当時の性搾取の状況に対応できなかったため改正法案を出すべきだと参議院で決議されたものの、政府提案は行われなかった[28]。「公娼制度復活反対協議会」は、一九五二年に「売春処罰法制定促進委員会」(五三年に売春禁止法制定促進委員会と改称)を発足させ、売春等処罰法案を成立させるために本格的に動きだす。同年に議員立法案として出された売春等処罰法案は第一条で「風紀の紊乱を防止」し、「婦女の基本的人権を保護することによつて社会の健全な秩序の維持に寄与しようとすること」を目的とした[29]。しかし、法案は国会に提出されては何度も廃案となった[30]。こうした雰囲気が変化するのは一九五四年から五五年に鹿児島で「少女売春」事件が摘発されたことによる。建設会社も営む料亭の経営者が少女たちを宴席に出し、客に「売春」させた事件だったが、少女を買った男性たちの中には地元の有力者が多く含まれており、さらには贈収賄事件にまで発展し、全国的に話題となった[31]。そして、この事件に憤った市民たちが売春等処罰法制定へ支持を表明するようになる。

売春等処罰法案は、一九五五年六月にあらためて国会へ提出されたが、七月に再び否決され、代わりに内閣に審議機関を設け総合的な対策を策定することを求める「売春等に関する決議」が可決された。これには業者から保守系議員への強い働きかけがあったとされている[32]。この決議に基づき、政府は五五年一〇月設置の売春問題連絡協議会を経て、五六年三月に売春対策審議会を設置し具体的な法案作りを行った。審議会では「売春行為」そのものを処罰の対象に含むのか、斡旋だけを取り締まるのかを巡り激論となった。社会党から審議会の委員となった神近市子を中心とした議員は

「売春行為」を処罰の対象とするよう強く求めていたが、その主張のうち、買われる側の女性の処罰に関する部分だけが取りざたされてしまう。しかし、神近は買う側の男性の処罰ができないことも重要な問題であると考えていた。[33] また、委員会の議論では「売春行為」の処罰をしなければ業者を罰する理由もないのではという質疑も交わされている。[34] つまり、売春等処罰法案を成立させるために動いていた市民や議員らにとって「売春行為」の処罰の力点は買う側と斡旋者にあったのにもかかわらず、買われる側の女性の問題へとすり替えられてしまったのである。審議会は五六年四月に答申を行い、「売春行為」は処罰の対象としないが有力な反対意見があるため今後も検討していくと結論づけた。[35] そうして作られた政府提案の売春防止法案が、同年五月二日に国会に提出され、短期間で審議、可決された後、同二四日に公布されるに至る。議論となっていた「売春行為」の処罰の是非については検討を継続するという附帯決議がつけられるにとどまった。そして、五七年四月一日に保護規定が施行され、五八年四月一日に刑事処罰規定も含め全面的に施行される。

売春防止法は、「売春」を「対償を受け、又は受ける約束で、不特定の相手方と性交する」ことと定義し(第二条)これを禁止した(第三条)。そして「売春を助長する行為」を処罰するとし、「売春を行うおそれのある女子に対する補導処分及び保護更生の措置を講ずる」としている(第一条)。つまり、男性器を女性器に挿入する性交(いわゆるホンバン)のみを「売春」と定義し、商業的性搾取の斡旋者を処罰し、買われた側(女性に限定)に対し補導や保護を行うというものであった。問題点として性交類似行為(口や手などで性処理をする場合)には適用されないこと、また買う側は罪に問われないことがあげられる。このような抜け穴だらけの売春防止法は、その後の商業的性搾取の発展を防ぐ存在としては、実際のところほとんど機能しなかった。

三　売春防止法施行から一九八〇年代まで

売春防止法の施行により商業的性搾取は縮小していくかのように見えたが、すぐに別の形で営業されるようになる。[36]政府も「売春」をなくすことに積極的ではなかった。政府は地方自治体に対し法で定められた婦人相談所や婦人保護施設の設置を促さなかったため、市民たちが設置を求める運動をしなければならなかった。[37]さらに、売春対策審議会も一九五八年に廃止の危機を迎えたが、売春対策国民協議会（売春防止法が制定したことを受け、売春禁止法制定促進委員会が一九五六年に改称）が廃止を阻止する運動をし、廃止を免れた。[38]

一方で、浴場の形式で性サービスを提供する特殊浴場（いわゆる「トルコ風呂」、現在の「ソープランド」）や、映画の深夜興行を行う建前で性サービスが提供される深夜映画、旅館や小料理屋の形態で営業をする店などはますます盛んになった。これを問題視した市民運動はきちんとした取り締まりが行われることを求め、売春防止法や風営法の改正を求めた要望活動を行う。しかし、政府は一九六六年の風営法改正にあたり、「浴場業の施設として個室を設け、当該個室において異性の客に接触する役務を提供する営業（以下個室付浴場業という）」という定義を追加してしまう。こうして法律で規定されたことにより、特殊浴場はむしろ拡大していく。また、都道府県条例で新設禁止除外地域を定めることとしたため、指定された地域では商業的性搾取が実質認められることとなった。東京では吉原、新宿、池袋が指定され、現在も性搾取営業が盛んな場所として残っている。以後、「売春対策国民協議会」は個室付浴場業を現代の公娼制と捉え、根絶を訴える活動を展開した(39)。七六年五月には超党派の女性議員たちが公衆浴場法改正案を提出するが廃案に終わっている。

一九七〇年代に入ってからは、運動が取り組むべき商業的性搾取の範囲がぐっと広くなる。七二年に沖縄がアメリカから「復帰」したことに伴い、沖縄でも売春防止法を施行することになる。沖縄では特に米軍基地周辺のバーなどで性サービスが盛んに提供されており、そこにいる女性たちの支援をするための団体、「沖縄の売春問題ととりくむ会」が発足し、東京からも連帯活動が活発に行われる。そして七三年一月には「売春対策国民協議会」と「沖縄の売春問題ととりくむ会」が合併し、「売春問題ととりくむ会」として活動を再編した(40)。

さらに、問題は国境をこえて広がっていく。一九七三年に韓国の女性たちから日本人による観光買春への抗議の声を受け取った女性たちは、日本でも反対運動を展開する。羽田空港で海外旅行に出かける男性ツアー客に対してデモ行動をしたり、旅行社へ申し入れをしたりした(41)。この過程で、買う側の行為を明確にする用語としての「買春」という言葉が作られた(42)(この言葉は日本のフェミニズムが作った言葉のうち最も普及し、定着したものとされている(43)、図1)。一九八〇年代には興行ビザで入国し、性搾取にあうアジアからの出稼ぎ女性の急増が話題となる。矯風会は八六年に国籍を問わず入所可能な「女性の家HELP」を開所し、外国人女性への支援にも乗り出した(44)。

しかし、一九八〇年代以降電話メディアの普及により、商業的性搾取の様態も変化する。「テレフォンクラブ」(一九八五年―)やNTTの「伝言ダイヤル」(一九八六年―)を利用した取引をはじめとし、商業的性搾取の斡旋勧誘の方法が多様化していったのである(45)。個人的な出会いという建前を通じて行われる性搾取に対しては、当時の運動は上手く対応できなかった。

このように性搾取を取り巻く様相が範囲を広げ複雑になり、さらにはメディア技術の発達に伴い多様化したことにより、商業的性搾取の全貌が把握しにくくなってしまった。そして、国内で起こっている商業的性搾取問題に抗する運動は、それに対応しきれなくなってしまったのである。

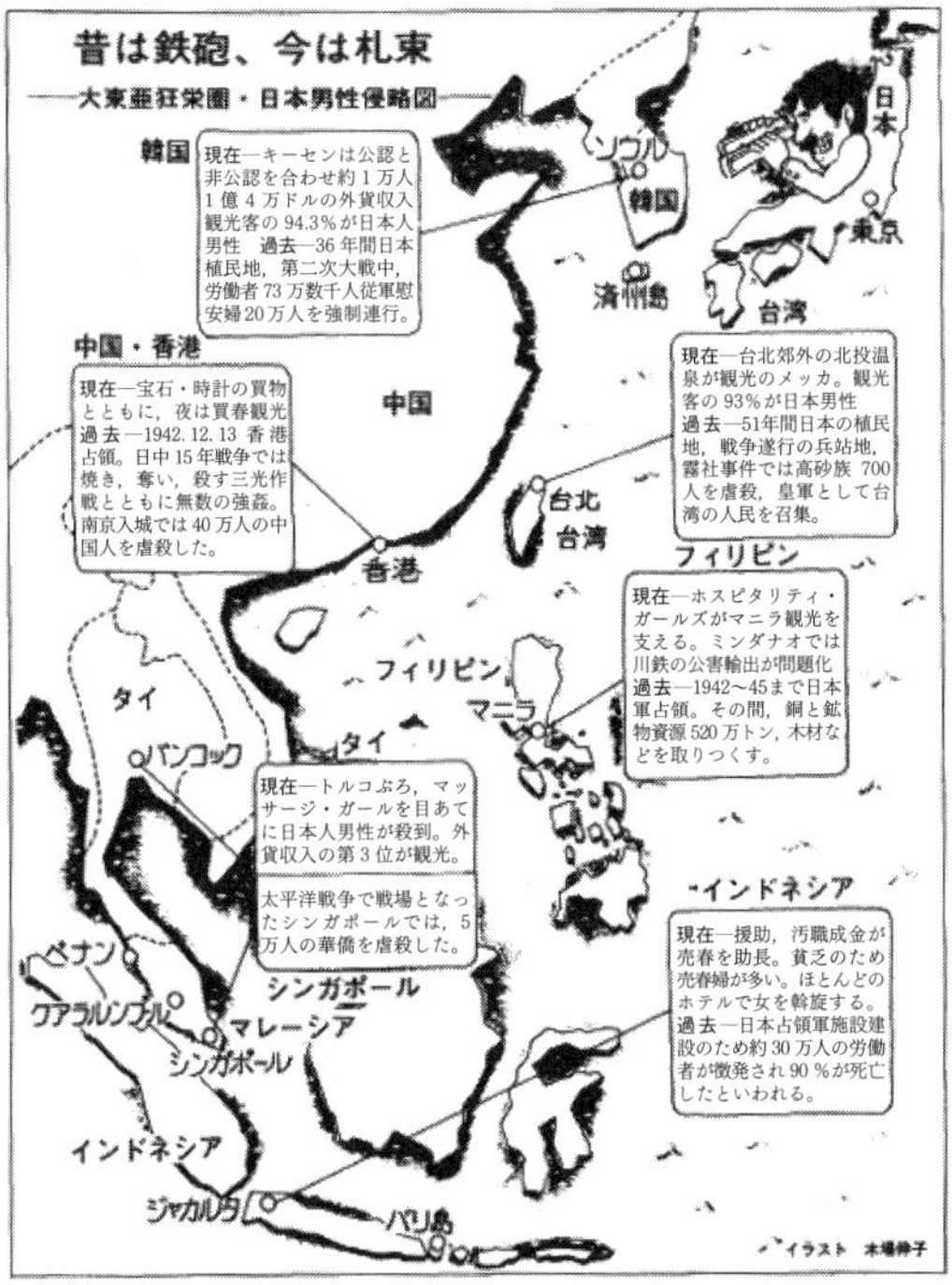

図1　「買春観光」を非難するアジアの女たちの会の会報の挿絵(注41『アジアと女性解放』No. 2，2頁)

四　一九九〇年代から現代まで

一九八六年四月に施行された男女雇用機会均等法により、女性が働く環境は格段に変化した。とはいえ、職場や社会の男尊女卑的な態度はすぐに変化するものではなく、女性に対する攻撃は社会の隅々に存在していた。女性たちは、職場などで行われる性的なからかいや嫌がらせを「セクシュアル・ハラスメント」であると概念化し、社会に問題提起をした(46)。この問題提起は大きな話題を呼び一九八九年には新語・流行語大賞の新語部門で金賞を取ったほど(47)、一九九七年の改正男女雇用機会均等法にも組み入れられた。名付けえぬ不快な経験を概念化したことで、多くの働く女性たちを勇気づけたが、声を上げる女性が可視化されることにより、女性抑圧を過去のものと見るような社会的雰囲気が醸成され、商業的性搾取の実態をさらに見えづらくさせてしまった。

少女買春はどの時代でも問題となり続けてきたが、一九九六年には「援助交際」という言葉が流行し少女買春の実態を覆い隠すようになる。少女たちが「ブランドの洋服や小遣い銭欲しさに」「何の罪の意識も無(48)」くそのような行為をしているとされる一方、買う男たちはお金が必要な少女を助けてあげる存在と見なされ、性搾取の原因が女性にあるとするイメージはますます強固になっていく。一方で、日本で少女買春が野放しになっていることは国際社会から注目されていた。一九九六年の「子どもの商業的性的搾取に反対する世界会議」で、日本は東南アジアにおける子ども買春の加害者であり、子どもポルノの生産地であるとの批判をあびたことから、九九年児童買春・児童ポルノ禁止法が制定された。

しかし、子ども以外の商業的性搾取への取り組みは後退の一途をたどる。売春対策審議会は一九九七年四月に設置された男女共同参画審議会へと統合されることになり廃止された（この時は、一九五八年に行われたような廃止反対の動きはなかった）。男女共同参画審議会が審議した男女共同参画社会基本法は一九九九年に制定されたが、性搾取に対しては「あらゆる形態の女性に対する暴力の根絶に向けて積極的に取り組む」という附帯決議がつけられただけである。さらに、二〇〇一年に施行された配偶者からの暴力の防止及び被害者の保護に関する法律（二〇一四年に配偶者からの暴力の防止及び被害者の保護等に関する法律と改称）により、婦人保護施設に家庭内暴力の被害から逃れてきた女性を受け入れることになり、商業的性搾取の問題に専門的に取り組む保護機関さえも失われていく。現在も婦人保護施設は売春防止法を根拠として運営されているが（二〇一八年現在全国四六カ所）[49]、厚生労働省の発表によると、二〇一八年度に婦人相談所で一時保護をした理由として、夫等からの暴力（六九・五％）、子・親・親族からの暴力（八・二％）、交際相手等からの暴力（六・一％）、暴力以外の家族親族の問題（一・五％）、男女・性の問題（二・八％）、その他の人間関係（〇・五％）、住居問題・帰住先なし（一〇・七％）、医療関係（〇・四％）、経済関係（〇・三％）である[50]。調査の項目にさえ「売春」の文字はなく、商業的性搾取の状況を全く把握できない状態となっている（ただし、東京都社会福祉協議会婦人保護部会・調査研究委員会の調査によると入所者の約四割は何らかの形で商業的性搾取にあっていたということ

表1　性行動の国際比較

過去1年間に買売春を経験した男性	
フランス(1992年)	1.1
イギリス(1990年)	0.6
オランダ(1989年)	2.8
ノルウェー(1992年)	1.8
スペイン(1990年)	11
米国(1992年)	0.3
日本(1999年)	13.6

対象者は18–49歳の男性
厚生省研究班『日本人のHIV/AIDS関連知識，性行動，性意識についての全国調査』2000年より筆者が一部加工

とが分かっている[51]。

では、実際に商業的性搾取は減少したのだろうか。厚生省の研究チームが二〇〇〇年に発表したＨＩＶ／ＡＩＤＳに関する調査では、買春経験がある男性の比率は他国に比べ極めて高いことが指摘されている(表1)。二〇年前の調査ではあるが、現在でも状況はほぼ変わっていないであろうし、そもそもそれ以降調査がされていないということに大きな問題がある。新宿の歌舞伎町や秋葉原などを歩くだけでも、商業的性搾取がいかに日常化しているかが分かるだろう。

一方で、二〇〇〇年代以降、性搾取は女性自身が望むものというイメージが社会の隅々にまで浸透していく。キャバ嬢全盛期と称される二〇〇〇年代後半は雑誌『小悪魔ａｇｅｈａ』[52]が中学生から高校生を中心に人気を集めた。また、「会いに行けるアイドル」ＡＫＢ48の登場と国民的人気の獲得は、性搾取をより見えにくくする効果をもっている。ファンによる投票でメンバーが入れ替わる様子をテレビで大々的に放映することにより、(主に)男性からの評価によって女性の価値が決められるという認識を若い世代に強固に植え付けた。さらに、誰でもアイドルになれることを謳う戦略は芸能界と一般社会の境界を曖昧にしている。アイドルになれるとだまされてアダルトビデオの撮影に同意させられる被害が続出しており[53]、全国各地に広がる地下アイドルグループにおける労働搾取や性被害の実態も深刻である[54]。

おわりに

以上のように、商業的性搾取に抗する市民運動は、最初からこれを女性の人権の問題であり、買う側と斡旋者の問題であると捉えていた。売春等処罰法制定運動においても一貫して買う側と斡旋者の存在を批判しながら「売春問題」を提起し続けて来たが、当時は「売春」という言葉しか存在しなかったため、「売春行為」を処罰するという訴えは、「売春女性」の処罰を求めているだけかのように読み替えられていく。「売春行為」に対する処罰規定がない売春防止法が一九五八年に全面施行された後も、その処罰についての議論を続けるとされたが、その後の議論は起こらなかった。売春防止法施行以降、違う形で存続した性搾取に対してもそれに抗する動きはあったが、芳しい結果を出すことはできなかった。一九八〇年代を過ぎると、商業的性搾取の広範囲化と多様化により市民団体が問題に対応する速度は落ちてしまう。また、それまで問題と認識されてこなかった女性を取り巻く様々な事柄が問題として提起されるようになると、商業的性搾取の問題はむしろ後景に退き、女性を取り巻く問題の一つと認識されつつも周辺化されてしまった。今日に至っては、商業的性搾取はますます多様化し、買う側にとっては望むものは全て手に入るような状況である。

これまで多様な研究者によって行われてきたジェンダー分析の方法は、個人の経験から社会を見ることを大切にしながら発展してきたが、その方法は問題を個人化することとは決定的に異なる。

商業的性搾取の問題を女性個人の問題として考えると、それが自発的なのか強制されたのかという議論に陥りやすい。誰しもその行為をせざるを得なかった理由があり、いかなる行為もある意味では自発的なものである。問題とされるべきことは、誰かの性を別の誰かが搾取することがいとも簡単にできてしまう社会構造にある。「売春」とそれに派生して生じている事柄を商業的性搾取という概念を用いて捉えなおし、買われる側ではなく買う側と斡旋者へと視点を移すことは、誰もが搾取されない社会を目指す第一歩になるのではないだろうか。

(1) 伊藤詩織『Ｂｌａｃｋ Ｂｏｘ』文藝春秋、二〇一七年
(2) 仁藤夢乃「「買われた」少女たちを支援する」北原みのり責任編集『日本のフェミニズム――ｓｉｎｃｅ１８８６性の戦い編』河出書房新社、二〇一七年
(3) 山崎朋子『サンダカン八番娼館――底辺女性史序章』筑摩書房、一九七二年
(4) 例えば、鈴木裕子編、足立女性史研究会『葦笛のうた――足立・女の歴史』ドメス出版、一九八九年、川崎市中小企業、婦人会館・川崎女性史編さん委員会編著『多摩の流れにときを紡ぐ――近代かわさきの女たち』ぎょうせい、一九九〇年、新宿区地域女性史編纂委員会編『新宿女たちの十字路――区民が綴る地域女性史』ドメス出版、一九九七年、など。
(5)『買売春問題資料集成』第一巻―三一巻、不二出版、一九九七―二〇〇四年
(6) 藤目ゆき『性の歴史学――公娼制度・堕胎罪体制から売春防止法・優生保護法体制へ』不二出版、一九九七年、小野沢あかね『近代日本社会と公娼制度――民衆史と国際関係史の視点から』吉川弘文館、二〇一〇年、山家悠平『遊廓のストライキ――女性たちの二十世紀・序説』共和国、二〇一五年
(7) 吉見義明『従軍慰安婦』岩波新書、一九九五年
(8) 石田米子・内田知行『黄土の村の性暴力――大娘(ダーニャン)たちの戦争は終わらない』創土社、二〇〇四

年
（9）女性のためのアジア平和国民基金編『政府調査「従軍慰安婦」関係資料集成』全五巻、龍溪書舎、一九九七―一九九八年
（10）吉見義明『従軍慰安婦資料集』大月書店、一九九二年、鈴木裕子・山下英愛・外村大編『日本軍「慰安婦」関係資料集成』上下、明石書店、二〇〇六年
（11）川田文子『赤瓦の家――朝鮮から来た従軍慰安婦』筑摩書房、一九八七年（新装版、高文研、二〇二〇年）
（12）金富子・小野沢あかね編『性暴力被害を聴く――「慰安婦」から現代の性搾取へ』岩波書店、二〇二〇年。ここで述べられた方法論を実践したものとして、韓国挺身隊問題対策協議会・二〇〇〇年女性国際戦犯法廷証言チーム著、金富子・古橋綾編訳『記憶で書き直す歴史――「慰安婦」サバイバーの語りを聴く』岩波書店、二〇二〇年、がある。
（13）小林大治郎・村瀬明『国家売春命令物語――みんなは知らない』雄山閣出版、一九七一年
（14）恵泉女学園大学平和文化研究所編『占領と性――政策・実態・表象』インパクト出版会、二〇〇七年、など。
（15）林博史監修『日本占領期性売買関係GHQ資料』第一―九巻、蒼天社出版、二〇一六―二〇一七年
（16）藤野豊『性の国家管理――買売春の近現代史』不二出版、二〇〇一年
（17）吉見義明『買春する帝国――日本軍「慰安婦」問題の基底』岩波書店、二〇一九年
（18）『性暴力問題資料集成』一―三六巻（別冊一）、不二出版、二〇〇四―二〇〇六年
（19）米田佐代子『近代日本女性史 下』新日本新書、一九七二年、二二〇―二二一頁、伊藤康子『戦後日本女性史』大月書店、一九七四年、一二四―一二五頁、吉見周子『売娼の社会史』雄山閣、一九八四年、二一七頁（増補改訂版、一九九二年）、など
（20）前掲注6藤目『性の歴史学』四〇二頁
（21）例えば、ALS患者で参議院議員の舩後靖彦は、二〇二〇年七月に起こったALS患者嘱託殺人事件に際し、安楽死の権利を認めろという主張は難病患者などを生きづらくさせる社会的圧力を形成することになりうると述べている。「事件の報道を受けての見解」『舩後靖彦 Official Site』(https://yasuhiko-funago.jp/page-200723-2/ 二〇二〇年八月三〇日最終閲覧)

（22）前掲注17吉見『買春する帝国』二二七頁
（23）売春対策審議会『売春対策関係資料』一九五七年、五五頁
（24）第二回国会参議院司法委員会、第四七号、一九四八年六月二五日(国会議事録検索システム https://kokkai.ndl.go.jp/#/detail?minId=100214390X04719480625&current=21 二〇二〇年一一月六日最終閲覧)
（25）神近市子「売淫禁止法はなぜ流れたか？」『読売新聞』一九四八年七月一八日
（26）日本キリスト教婦人矯風会編『日本キリスト教婦人矯風会百年史』ドメス出版、一九八六年、七一六―七一七頁
（27）前掲注23売春対策審議会『売春対策関係資料』五六頁
（28）前掲注17吉見『買春する帝国』二三四頁
（29）第一五回国会参議院法務・地方行政・厚生連合委員会、第一号、一九五三年三月一二日(国会議事録検索システム https://kokkai.ndl.go.jp/#/detail?minId=101515199X00119530312&current=24 二〇二〇年一一月六日最終閲覧)
（30）前掲注26日本キリスト教婦人矯風会編『日本キリスト教婦人矯風会百年誌』七一九―七二〇頁
（31）「制服の学生使い売春」『読売新聞』一九五五年五月一一日。疋田京子「「慰安婦」問題と鹿児島の女性たち」、「鹿児島、韓国　封印された歴史を解く」刊行委員会編『鹿児島、韓国　封印された歴史を解く』南方新社、二〇〇二年、八三―八六頁
（32）前掲注16藤野『性の国家管理』二三二―二三三頁
（33）神近市子「明日をうむために」同編『サヨナラ人間売買』、現代社、一九五六年、一一六頁(『性暴力問題資料集成』一二巻、不二出版、二〇〇五年)
（34）前掲注33神近「明日をうむために」一四〇頁
（35）前掲注23売春対策審議会『売春対策関係資料』四四―四五頁
（36）兼松左知子「売防法施行前後の売春の実態」『現代のエスプリ』一一四号、一九七七年
（37）前掲注26日本キリスト教婦人矯風会編『日本キリスト教婦人矯風会百年史』七六一頁
（38）前掲注26日本キリスト教婦人矯風会編『日本キリスト教婦人矯風会百年史』七六三頁

(39) 前掲注26日本キリスト教婦人矯風会編『日本キリスト教婦人矯風会百年史』七八二頁
(40) 売春問題ととりくむ会『売春問題ととりくむ会ニュース』第一号、一九七三年二月
(41) アジアの女たちの会『アジアと女性解放』No. 2、二頁、一九七七年一〇月
(42) 前掲注40売春問題ととりくむ会『売春問題ととりくむ会ニュース』第一号
(43) 「買売春」井上輝子・上野千鶴子・江原由美子・大沢真理・加納実紀代編『岩波女性学事典』岩波書店、二〇〇二年、三七四頁
(44) 売買春問題ととりくむ会『売買春問題ととりくむ会ニュース』第六四号、一九八六年五月
(45) 荻上チキ『セックスメディア30年史——欲望の革命児たち』ちくま新書、二〇一一年
(46) 働くことと性差別を考える三多摩の会編『女６５００人の証言——働く女の胸のうち』学陽書房、一九九一年
(47) 「現代用語の基礎知識」選ユーキャン新語・流行語大賞第六回一九八九年(https://www.jiyu.co.jp/singo/index.php?eid=00006 二〇二〇年八月三〇日最終閲覧)
(48) 「現代用語の基礎知識」選ユーキャン新語・流行語大賞第一三回一九九六年(https://www.jiyu.co.jp/singo/index.php?eid=00013 二〇二〇年八月三〇日最終閲覧)
(49) 厚生労働省編『平成三〇年社会福祉施設等調査の概況』二〇二〇年三月
(50) 厚生労働省子ども家庭局「婦人保護事業の現状について」二〇一九年二月
(51) 東京都社会福祉協議会婦人保護部会『婦人保護施設実態調査報告書 二〇一六年度・二〇一七年度・二〇一八年度』二〇二〇年、一四—一八頁
(52) 二〇〇五年に創刊されたギャル系ファッション雑誌。キャバクラで働く女性をメインターゲットとしていた。
(53) 宮本節子『ＡＶ出演を強要された彼女たち』ちくま新書、二〇一六年
(54) 日本エンターテイナーライツ協会(ＥＲＡ)「全国ブラックアイドル活動調査」二〇一九年(https://era-japan.org/blackidol_form_report 二〇二〇年八月三〇日最終閲覧)

あとがき

総合女性史学会は、一九八〇年に「総合女性史研究会」(初代代表 永原和子)として設立され、二〇二〇年に四〇周年を迎えました。一〇周年には『日本女性の歴史』三部作(角川書店)、二〇周年には『史料にみる日本女性のあゆみ』(吉川弘文館)、三〇周年には『時代を生きた女たち――新・日本女性通史』(朝日新聞出版)を刊行しました。

そして、二〇一三年には「総合女性史学会」と名称を変更し、現在に至ります。二〇一九年に就任した服藤早苗代表の提案を受け、本書『ジェンダー分析で学ぶ 女性史入門』が、四〇周年を記念した出版企画として取り組まれることになりました。

執筆陣には、ジェンダー分析による新しい視角から論文を発表されている方々に加わっていただきました。若手の研究者を中心にしながらも、学界をリードするベテランの研究者にも論考をお寄せいただくことができました。執筆者には、よりわかりやすく、しかも研究の最前線の成果を盛り込むという企画の意図をご理解いただき、初めて女性史を学ぶ人々、とりわけ学生にもわかりやすい叙述を最大限心がけることをお願いしました。

本書の刊行は、新型コロナウイルス感染症拡大にともない、総合女性史学会も活動の変容を求められるなかで進められました。二〇二〇年三月に予定されていた大会は「ジェンダー分析で学ぶ女性史」をテーマに掲げ、準備を進めていました。しかし、大会は中止、例会開催も延期せざるを得ませんでした。「緊急事態宣言」が全国に拡大されるなか、五月にやっと書面総会やオンラインリモートで役員会を開催することができ、二〇二〇年度がスタートしました。

こうしたなかで、本書の刊行を引き受けていただいた岩波書店編集部のご協力を得て、六月に計四回のオンラインリモートによる執筆者会議を開催することができました。執筆者と編集委員、岩波書店の編集者も参加した議論の内容は、論考に反映されたと自負しています。パンデミックに直面し、リモート授業の実施や研究会開催など、かつてない対応を迫られたなかで、論考を練り上げて下さった執筆者に心からお礼申し上げます。

二〇二一年になっても、感染症拡大が続き、二度目の「緊急事態宣言」が首都圏に発出されました。このような困難ななかでも、本書『ジェンダー分析で学ぶ　女性史入門』が一三本の論考を掲載して刊行できることは、大変嬉しいことです。本書が、多様な視角からの女性史研究の一層の発展に寄与することと確信いたします。多くの方にお読みいただきたいと願っております。

最後になりましたが、この企画にご助力いただきました岩波書店編集部の吉田浩一さん、北城玲奈さんに厚くお礼申し上げます。

二〇二一年一月一一日

総合女性史学会
（文責　石月静恵）

〔編集委員〕
服藤早苗（代表）　伊集院葉子（事務局長）
石月静恵（会誌『総合女性史研究』編集長）
伊藤めぐみ　具知會　小西洋子　瀬上ゆき　高松百香　辻浩和
友野清文　中臺希実　長谷川良子　平間充子　宮下美砂子

宮下美砂子（みやした みさこ）
小田原短期大学．絵本研究，表象文化論，子ども文化史，ジェンダー史．「いわさきちひろの画業の変遷を考える――同時代の「主婦・母親観」との関わりにおいて」『総合女性史研究』32 号，2015 年．

友野清文（ともの きよふみ）
昭和女子大学，1958 年生．教育史，ジェンダー論．『ジェンダーから教育を考える』丸善プラネット，2013 年．

柳原 恵（やなぎわら めぐみ）
立命館大学，1985 年生．ジェンダー研究．『〈化外〉のフェミニズム――岩手・麗ら舎読書会の〈おなご〉たち』ドメス出版，2018 年．

加藤千香子（かとう ちかこ）
横浜国立大学名誉教授，1957 年生．日本近現代史．『近代日本の国民統合とジェンダー』日本経済評論社，2014 年．

三橋順子（みつはし じゅんこ）
明治大学，1955 年生．性社会・文化史．『女装と日本人』講談社現代新書，2008 年．

古橋 綾（ふるはし あや）
岩手大学，1984 年生．歴史社会学，ジェンダー研究．「（連載）現代韓国フェミニズム」『POSSE』43 号，2019 年～．

〈執筆者〉

服藤早苗（ふくとう さなえ）
埼玉学園大学名誉教授，1947 年生．日本古代史．『人物叢書 藤原彰子』吉川弘文館，2019 年．

伊集院葉子（いじゅういん ようこ）
専修大学，1959 年生．日本古代史．『日本古代女官の研究』吉川弘文館，2016 年．

日高 慎（ひだか しん）
東京学芸大学，1968 年生．日本考古学．『東国古墳時代の文化と交流』雄山閣，2015 年．

高松百香（たかまつ ももか）
東京学芸大学，1973 年生．日本中世史，ジェンダー史．『藤原道長を創った女たち――〈望月の世〉を読み直す』明石書店，2020 年(共編著)．

小西洋子（こにし ようこ）
北陸大学，1968 年生．日本中世史，地域史，女性史．「中世村落寺院における尼僧の存在意義――加賀国長福寺の事例より」『総合女性史研究』35 号，2018 年．

中臺希実（なかだい のぞみ）
明治大学．日本近世史，社会文化史，家族史，ジェンダー史．「一九世紀，歌舞伎から読み取る「所帯」イメージと生存」『人民の歴史学』218 号，2018 年．

人見佐知子（ひとみ さちこ）
近畿大学．日本近現代史，女性史，ジェンダー史．『近代公娼制度の社会史的研究』日本経済評論社，2015 年

吉良智子（きら ともこ）
日本女子大学，1974 年生．近代日本美術史，ジェンダー史，表象文化論．『戦争と女性画家――もうひとつの近代「美術」』ブリュッケ，2013 年．

〈編者〉
総合女性史学会
1980年，総合的な女性史研究の向上・発展・普及に寄与することを目的に「総合女性史研究会」として設立．2013年，現名称に変更．

ジェンダー分析で学ぶ 女性史入門

2021年3月9日 第1刷発行
2023年6月5日 第2刷発行

編 者 総合《そうごう》女性《じょせい》史《し》学会《がっかい》

発行者 坂本政謙

発行所 株式会社 岩波書店
〒101-8002 東京都千代田区一ツ橋2-5-5
電話案内 03-5210-4000
https://www.iwanami.co.jp/

印刷・精興社 製本・牧製本

ISBN 978-4-00-061456-6 Printed in Japan

語る歴史、聞く歴史
——オーラル・ヒストリーの現場から
大門正克
岩波新書
定価九四六円

性からよむ江戸時代
——生活の現場から
沢山美果子
岩波新書
定価九〇二円

シリーズ 日本の中の世界史
買春する帝国
——日本軍「慰安婦」問題の基底
吉見義明
四六判二八二頁
定価二六四〇円

性暴力被害を聴く
「慰安婦」から現代の性搾取へ
金富子
小野沢あかね 編
四六判二八四頁
定価二六四〇円

歴史の中の多様な「性」
——日本とアジア 変幻するセクシュアリティ
三橋順子
四六判三八四頁
定価三四一〇円

岩波書店刊

定価は消費税10% 込です
2023年6月現在